本书是中国教育科学研究院2023年度基本科研业务费专项资金所级部门项目"新时代大中小学思想政治教育一体化建设研究"（批准号：GYI2023009）成果。

新时代大中小学思想政治教育一体化建设研究

赵小红　等著

XINSHIDAI DAZHONGXIAOXUE
SIXIANG ZHENGZHI JIAOYU YITIHUA
JIANSHE YANJIU

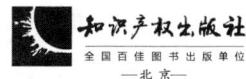

全国百佳图书出版单位
—北京—

图书在版编目（CIP）数据

新时代大中小学思想政治教育一体化建设研究 / 赵小红等著. —北京：知识产权出版社，2025.3. —ISBN 978-7-5130-9755-0

Ⅰ. G641；G631

中国国家版本馆 CIP 数据核字第 2025C8V752 号

责任编辑：王颖超　　　　　　　　　责任校对：王　岩
封面设计：乾达文化　　　　　　　　责任印制：刘译文

新时代大中小学思想政治教育一体化建设研究

赵小红　等著

出版发行：知识产权出版社有限责任公司	网　　址：http：//www.ipph.cn
社　　址：北京市海淀区气象路 50 号院	邮　　编：100081
责编电话：010-82000860 转 8655	责编邮箱：wangyingchao@cnipr.com
发行电话：010-82000860 转 8101/8102	发行传真：010-82000893/82005070/82000270
印　　刷：三河市国英印务有限公司	经　　销：新华书店、各大网上书店及相关专业书店
开　　本：720mm×1000mm　1/16	印　　张：15.5
版　　次：2025 年 3 月第 1 版	印　　次：2025 年 3 月第 1 次印刷
字　　数：240 千字	定　　价：98.00 元
ISBN 978-7-5130-9755-0	

出版权专有　侵权必究

如有印装质量问题，本社负责调换。

前　言

　　教育兴则国家兴，教育强则国家强。❶ 党的十八大以来，以习近平同志为核心的党中央坚持把教育作为国之大计、党之大计，作出加快教育现代化、建设教育强国的重大决策，推动新时代教育事业取得历史性成就、发生格局性变化。在思想政治教育方面，党中央先后召开全国高校思想政治工作会议、学校思想政治理论课教师座谈会等系列重要会议，高度重视学生思想政治教育和思政课建设，作出一系列重要部署，为新时代推进思政课改革创新及大中小学思想政治教育一体化建设指明了方向。

　　在党的十八大、十九大与二十大报告中，均强调了"立德树人"根本任务。2022 年，党的二十大报告描绘了全面建设社会主义现代化国家、实现第二个百年奋斗目标的宏伟蓝图，将教育、科技、人才列为专章，明确提出到 2035 年建成教育强国，强调育人的根本在于立德，用社会主义核心价值观铸魂育人，完善思想政治工作体系，推进大中小学思想政治教育一体化建设。❷ 2023 年 5 月 29 日，习近平总书记在中共中央政治局第五次集体学习时发表的重要讲话中，深刻阐释建设什么样的教育强国、怎样建设教育强国这一重大课题，强调"培养什么人、怎样培养人、为谁培养人是教育的根本问题，也是建设教育强国的核心课题"，为我国教育强国建设提供了根本遵循。❸ 2024 年

---

❶ 习近平. 论教育［M］. 北京：中央文献出版社，2024：228.
❷ 习近平. 高举中国特色社会主义伟大旗帜　为全面建设社会主义现代化国家而团结奋斗——在中国共产党第二十次全国代表大会上的报告［EB/OL］.（2022-10-26）［2024-10-20］. https：//cpc.people.com.cn/20th/n1/2022/1026/c448334-32551867.html.
❸ 习近平在中共中央政治局第五次集体学习时强调　加快建设教育强国　为中华民族伟大复兴提供有力支撑［EB/OL］.（2023-05-29）［2024-10-20］. http：//www.moe.gov.cn/jyb_xwfb/s6052/moe_838/202305/t20230529_1061907.html.

7月，党的二十届三中全会通过《中共中央关于进一步全面深化改革、推进中国式现代化的决定》，其中强调完善立德树人机制，推进大中小学思政课一体化改革创新。❶ 2024年9月，全国教育大会在北京召开，习近平总书记出席大会并发表重要讲话。习近平总书记强调："我们要建成的教育强国，是中国特色社会主义教育强国，应当具有强大的思政引领力、人才竞争力、科技支撑力、民生保障力、社会协同力、国际影响力，为以中国式现代化全面推进强国建设、民族复兴伟业提供有力支撑。"❷在教育强国的六大特质中，思政引领力排在首位。2025年1月，中共中央、国务院印发《教育强国建设规划纲要（2024—2035年）》，其中强调，"全面构建固本铸魂的思想政治教育体系"，"塑造立德树人新格局，培养担当民族复兴大任的时代新人"。❸新时代新征程，必须把全面实施《教育强国建设规划纲要（2024—2035年）》与学习贯彻习近平总书记关于教育的重要论述，特别是在全国教育大会上的重要讲话精神和习近平同志《论教育》结合起来，必须深入学习贯彻习近平总书记关于完善思想政治工作体系及推进大中小学思想政治教育一体化建设的重要论述精神，坚持不懈用新时代中国特色社会主义思想铸魂育人，实施新时代立德树人工程。

思政课是落实立德树人根本任务的关键课程。思政课肩负着重要的育人使命和维护国家意识形态安全、培养社会主义建设者和接班人的政治使命。立足百年未有之大变局、党和国家事业发展全局，思政课建设事关社会主义办学方向，事关青少年健康成长，事关党和国家长治久安。当前，思政课建设整体上进入质量提升和内涵发展的新阶段，迫切需要从纵横两方面着力，纵向以大中小学思想政治教育一体化建设为抓手，横向以"大思政课"建设为抓手，坚持问题导向、目标导向相统一，持续推动思政课和思想政治教育高质量发展。课题组聚焦大中小学思想政治教育一体化建设，系统开展了理

---

❶ 本书编写组.《中共中央关于进一步全面深化改革、推进中国式现代化的决定》辅导读本[M]. 北京：人民出版社，2024：26.

❷ 习近平在全国教育大会上强调　紧紧围绕立德树人根本任务　朝着建成教育强国战略目标扎实迈进[EB/OL].（2024-09-10）[2024-10-20]. http://www.moe.gov.cn/jyb_xwfb/s6052/moe_838/202409/t20240910_1150246.html.

❸ 中共中央　国务院印发《教育强国建设规划纲要（2024—2035年）》[EB/OL].（2025-01-19）[2025-01-30]. http://www.moe.gov.cn/jyb_xxgk/moe_1777/moe_1778/202501/t20250119_1176193.html.

论探讨、政策梳理与调查研究,以期为推进新时代大中小学思想政治教育一体化建设提供参考与借鉴。本书主要特点如下:

一是学理阐释力求有深度。党的十八大以来,习近平总书记高度重视学校思想政治教育工作及思政课建设,发表了系列重要讲话,作出系列重要指示批示。本书对习近平总书记关于"大中小学思想政治教育一体化建设"的重要论述进行梳理与学习研究,尝试对相关重要论述的重大意义与重要内涵进行阐释。研究认为,习近平总书记关于大中小学思想政治教育一体化建设的重要论述丰富和发展了马克思主义教育思想,完善了学校思想政治教育的育人体系,为新时代学校思想政治教育提供了行动指南。从内涵上看,大中小学思想政治教育一体化建设的根本目的是铸魂育人,根本遵循是育人规律,根本方法是坚持系统观念。

二是政策解读力求有高度。梳理相关政策发现,从1994年发布的《中共中央关于进一步加强和改进学校德育工作的若干意见》明确提出"整体规划学校的德育体系",到2005年发布的《教育部关于整体规划大中小学德育体系的意见》就整体规划大中小学德育体系进行专门部署,到《国家中长期教育改革和发展规划纲要(2010—2020年)》强调"构建大中小学有效衔接的德育体系",到2013年发布的《中共中央办公厅关于培育和践行社会主义核心价值观的意见》强调"把培育和践行社会主义核心价值观融入国民教育全过程",再到2019年发布的《中共中央办公厅、国务院办公厅关于深化新时代学校思想政治理论课改革创新的若干意见》要求"统筹大中小学思政课一体化建设",同时伴随着以习近平新时代中国特色社会主义思想为核心内容的思政课课程群建设,思政课程课标修订,思想政治(道德与法治)、语文、历史三科教材统编等,尤其是《教育强国建设规划纲要(2024—2035年)》的发布与实施,大中小学思想政治教育一体化建设的政策发展脉络清晰可见。改革开放以来,尤其是党的十八大以来,以立德树人为根本任务,以"全过程""一体化""系统规划""整体推进"等为主题词,以大中小学德育体系整体规划为进阶基础,以"大中小学思政课一体化建设"为关键链条,以"大中小学思想政治教育一体化"为核心枢纽,以"全面构建固本铸魂的思想政治教育体系"为总体要求,覆盖整个教育体系的全方位、立体化、系统化、专门化强力推进大中小学思想政治教育系统跃升的政策体系日趋完善。

三是调查研究力求有厚度。本研究立足教师视角，兼顾东中西部地区和城乡分布，以1.2万余名中小学教师为对象，通过问卷调查考察了大中小学思想政治教育一体化建设状况及中小学"大思政课"建设状况。在大中小学思想政治教育一体化建设方面，研究发现：大中小学思想政治教育一体化建设氛围浓厚、教师参与广泛；大中小学思政课一体化建设雷达图显示"三个优势两个弱项"，即思政课程内容一体化设计、思政课程教学实施一体化建设以及课程目标一体化设计相对较好，思政课程评价及思政课程设置一体化建设相对薄弱；大中小学课程思政一体化推进状况良好；大中小学思想政治教育一体化支持系统建设大有作为。在"大思政课"建设方面，研究发现：一方面，"大思政课"建设成效明显。具体表现为：地方高度重视，教师积极参与；思政课主渠道改革创新与资源平台建设稳步推进；"大思政课"师资队伍建设得到加强，思政课教师专业认同感较高，专业发展路径得到拓展；课程思政全面推进。另一方面，"大思政课"建设仍有短板。具体表现为："大思政课"建设支持政策有待完善；相关政策和理论培训尚不能满足教师需求；农村地区"大思政课"建设略显薄弱。

四是案例分享力求有温度。党的十八大以来，各地结合中小学生特点和地方实际，在推进学校思想政治教育建设方面积极行动，扎实实践，积累了丰富的经验，涌现出了许多典型的案例。本研究分享了一些地方和学校推动思想政治教育工作的经验。其一，基于辽宁、北京、上海、山西等地实践，总结了地方推进大中小学思想政治教育一体化建设的典型经验。其二，收集了9所学校（6所小学、2所高中、1所中专）开展思政教育工作的典型案例。案例一为北京市海淀区民族小学将社会主义核心价值观融入学校思政教育一体化建设的实践探索；案例二为北京市海淀区中关村第一小学以"大思政课"为引领开展德育工作的实践探索；案例三为重庆市九龙坡区九龙小学"大思政课"建设的实践探索；案例四为辽宁省大连市庄河市实验小学多维推进思政教育的实践探索；案例五为辽宁省大连市旅顺经济开发区中心小学思政教育一体化建设的实践探索；案例六为甘肃省敦煌市北街小学德育创新实践探索；案例七为中国人民大学附属中学一体化教研促进思政课教师专业成长的实践探索；案例八为辽宁省大连市普通高中创新实践学校整体推进思政教育一体化建设的实践探索；案例九为河北省衡水科技工程学校（衡水技师学校）构建"三全育人"格局的实践探索。

本书是中国教育科学研究院2023年度基本科研业务费专项资金所级部门项目"新时代大中小学思想政治教育一体化建设研究"（批准号：GYI2023009）成果之一。该项目负责人为赵小红研究员，项目研究设计、论证研讨、全书统稿与修改由赵小红负责，浦小松副研究员协助开展了部分工作。中国教育科学研究院原副院长、《教育研究》杂志原总编高宝立研究员、中国教育科学研究院陈如平副院长对书稿提出了宝贵意见。项目推进得到了中国教育科学研究院科研处及德育与学校党建研究所的大力支持，得到了中国教育科学研究院退休专家詹万生研究员、课程与教学研究所副所长王鑫研究员等专家的悉心指导；调查研究得到了甘肃省教育科学研究院、辽宁省大连教育学院、大连理工大学马克思主义学院、河北省衡水市教科所、重庆市九龙坡区教师进修学院、海南琼台师范学院教师教育学院、山西省晋中市教育局、中国人民大学附属中学、山西省昔阳中学、陕西省榆林中学、河南省漯河高中等单位的鼎力相助。在此一并致谢！

各章执笔人如下：第一、二、五、七章：赵小红。第三章：金维民。第四章：赵小红、王建洲。第六章：浦小松。第八章，地方经验：赵小红、杨阳、李莉；案例一：周静；案例二：边颖、姚慧玥、张清玉；案例三：牟春涛；案例四：都利玲；案例五：宋波；案例六：冯国福；案例七：张帅；案例八：郭锋；案例九：杨超。

由于作者水平有限，书中难免出现错误与不足，敬请读者批评指正！

课题组
2025年1月

目 录

第一章 绪 论 ………………………………………………………… 1
 一、研究背景 ………………………………………………………… 3
 二、研究意义 ………………………………………………………… 9
 三、概念界定 ………………………………………………………… 10
第二章 习近平总书记关于大中小学思想政治教育一体化建设的重要
   论述学习研究 ………………………………………………… 23
 一、习近平总书记相关重要论述梳理 …………………………………… 26
 二、习近平总书记相关重要论述的重大意义 …………………………… 34
 三、习近平总书记相关重要论述的主要内涵 …………………………… 38
第三章 新时代大中小学思想政治教育一体化相关研究进展 …………… 41
 一、研究方法 ………………………………………………………… 44
 二、研究结果 ………………………………………………………… 44
 三、研究展望 ………………………………………………………… 59
第四章 新时代大中小学思想政治教育一体化建设的政策沿革 ………… 61
 一、德育一体化建设的重点政策简述 …………………………………… 64
 二、大中小学思政课一体化建设的重点政策简述 ……………………… 71
 三、大中小学思想政治教育一体化建设的重点政策简述 ……………… 80
 四、加强党对思政工作的全面领导重点政策简述 ……………………… 92
 五、大中小学思想政治理论课程改革的重点政策简述 ………………… 97
 六、《教育强国建设规划纲要（2024—2035年）》对思想政治教育的
   系统部署简述 ……………………………………………………… 103
 七、小 结 …………………………………………………………… 105
第五章 新时代大中小学思想政治教育一体化建设的基本情况与问题
   调查研究 ……………………………………………………… 107
 一、研究方法 ………………………………………………………… 109

二、研究结果 …………………………………………………… 110
　　三、小　结 …………………………………………………… 141
第六章　新时代"大思政课"建设的基本情况与问题调查研究 …… 145
　　一、研究方法 …………………………………………………… 147
　　二、研究结果 …………………………………………………… 148
　　三、小　结 …………………………………………………… 173
第七章　推进大中小学思想政治教育一体化建设的对策 ………… 177
　　一、聚焦关键课程，推进大中小学思政课一体化建设 ……… 179
　　二、聚焦其他各类课程，推进大中小学课程思政一体化建设 … 181
　　三、聚焦师资队伍，推进大中小学思政课教师队伍一体化建设 … 182
　　四、善用"大思政课"，助力大中小学思想政治教育一体化质量提升 … 183
　　五、强化资源保障，倾斜支持农村地区思政课建设 ………… 184
　　六、加强党的领导，保障大中小学思想政治教育一体化有力推进 … 184
第八章　思想政治教育典型经验与案例 ……………………………… 187
　　一、地方推进大中小学思想政治教育一体化建设的典型经验 … 189
　　二、中小学开展思想政治教育的典型案例 …………………… 193
　　　案例一：北京市海淀区民族小学将社会主义核心价值观融入学校思政
　　　　　　　教育一体化建设的实践探索 ………………………… 193
　　　案例二：北京市海淀区中关村第一小学以"大思政课"为引领开展
　　　　　　　德育工作的实践探索 …………………………………… 199
　　　案例三：重庆市九龙坡区九龙小学"大思政课"建设的
　　　　　　　实践探索 ………………………………………………… 206
　　　案例四：辽宁省大连市庄河市实验小学多维推进思政教育的
　　　　　　　实践探索 ………………………………………………… 209
　　　案例五：辽宁省大连市旅顺经济开发区中心小学思政教育一体化
　　　　　　　建设的实践探索 ………………………………………… 213
　　　案例六：甘肃省敦煌市北街小学德育创新实践探索 ………… 218
　　　案例七：中国人民大学附属中学一体化教研促进思政课教师专业
　　　　　　　成长的实践探索 ………………………………………… 222
　　　案例八：辽宁省大连市普通高中创新实践学校整体推进思政教育
　　　　　　　一体化建设的实践探索 ………………………………… 224
　　　案例九：河北省衡水科技工程学校（衡水技师学校）构建"三全育人"
　　　　　　　格局的实践探索 ………………………………………… 228

第一章

绪 论

党的十八大以来，中国特色社会主义进入新时代。党对思政课建设的领导全面加强，各级各类学校社会主义办学方向更加鲜明。立足新时代，推进大中小学思想政治教育一体化建设迎来新机遇，大中小学思想政治教育的战略地位更加突出，基础与条件更加坚实，研究更加深入，实践更加丰富。同时，也面临挑战。新时代大中小学思想政治教育一体化建设新要求的提出，是对百年未有之大变局带来的挑战的回应，也是培养一代又一代社会主义建设者和接班人的重要保障。

一、研究背景

（一）新时代推进大中小学思想政治教育一体化建设迎来新机遇

1. 大中小学思想政治教育战略地位更加突出

党的十八大以来，党对思政课建设的领导全面加强，以习近平同志为核心的党中央高度重视大中小学思想政治教育和思政课建设，作出一系列重要部署，为新时代推进思政课改革创新及大中小学思想政治教育一体化建设指明了方向。

思想政治理论课（简称思政课）是落实立德树人根本任务的关键课程。2019年，习近平总书记在学校思政课教师座谈会上指出，"办好思想政治理论课，最根本的是要全面贯彻党的教育方针，解决好培养什么人、怎样培养人、为谁培养人这个根本问题"，强调"在大中小学循序渐进、螺旋上升地开设思想政治理论课非常必要，是培养一代又一代社会主义建设者和接班人的重要保障"，"要把统筹推进大中小学思政课一体化建设作为一项重要工程，推动思政课建设内涵式发展"。❶ 2021年3月，习近平总书记再次强调，"思政课不仅应该在课堂上讲，也应该在社会生活中来讲"，"'大思政课'我们要善用之"。❷ 党的二十大报告明确提出，育人的根本在于立德。全面贯彻党的教育方针，落实立德树人根本任务，培养德智体美劳全面发展的社会主义建设者和接班人。强调用社会主义核心价值观铸魂育人，完善思想政治工作体系，推进大中小学思想政治教育一体化建设。❸ 新时代实现思想政治教育高质量发展，要系统深入学习二十大精神，协同推进大中小学思想政治教育一体化发展。2023年，习近平总书记在中共中央政治局第五次集体学习讲话中强调，坚持改革创新，推进大中小学思想政治教育一体化建设，提高思政课的针对性和吸引力。❹ 这些重要论述为新时代学校思政课和思想政治教育高质量发展提供了根本遵循与行动指南。同时，近年来，中共中央办公厅、国务院办公厅印发的《关于深化新时代学校思想政治理论课改革创新的若干意见》、教育部办公厅发布的《关于开展大中小学思政课一体化共同体建设的通知》、教育部等十部门印发的《全面推进"大思政课"建设的工作方案》等一系列政策出台为推进大中小学思想政治教育一体化建设提供了更好的保障。2025年1月，中共中央、国务院颁布实施的《教育强国建设规划纲要（2024—2035年）》强调，"全面构建固本铸魂的思想政治教育体系"，并对落实立德树人根本任务，培养担当民族复兴大任的时代新人作出系统部署，必将推动思想政治教育开创新局面。❺

2. 大中小学思想政治教育基础与条件更加坚实

党的十八大以来，以习近平同志为核心的党中央把人民对美好生活的向

---

❶ 习近平. 论教育 [M]. 北京：中央文献出版社，2024：183-200.
❷ "大思政课"我们要善用之（微镜头·习近平总书记两会"下团组"·两会现场观察）[N]. 人民日报，2021-03-07（1）.
❸ 习近平. 高举中国特色社会主义伟大旗帜　为全面建设社会主义现代化国家而团结奋斗——在中国共产党第二十次全国代表大会上的报告 [EB/OL]. (2022-10-26) [2023-11-25]. https://cpc.people.com.cn/20th/n1/2022/1026/c448334-32551867.html.
❹ 习近平. 论教育 [M]. 北京：中央文献出版社，2024：230.
❺ 中共中央　国务院印发《教育强国建设规划纲要（2024—2035年）》[EB/OL]. (2025-01-19) [2025-01-30]. http://www.moe.gov.cn/jyb_xxgk/moe_1777/moe_1778/202501/t20250119_1176193.html.

往作为奋斗目标，统筹推进"五位一体"总体布局、协调推进"四个全面"战略布局，坚持以中国式现代化推进中华民族伟大复兴，党和国家事业取得历史性成就、发生历史性变革，为实现中华民族伟大复兴提供了更为完善的制度保证、更为坚实的物质基础、更为主动的精神力量。2019年3月，习近平总书记在学校思政课教师座谈会上的重要讲话中指出："我们对思想政治工作高度重视，始终坚持马克思主义指导地位，大力推进中国特色社会主义学科体系建设，为思政课建设提供了根本保证。我们对共产党执政规律、社会主义建设规律、人类社会发展规律的认识和把握不断深入，开辟了中国特色社会主义理论和实践发展新境界，中国特色社会主义取得举世瞩目的成就，中国特色社会主义道路自信、理论自信、制度自信、文化自信不断增强，为思政课建设提供了有力支撑。中华民族几千年来形成了博大精深的优秀传统文化，我们党带领人民在革命、建设、改革过程中锻造的革命文化和社会主义先进文化，为思政课建设提供了深厚力量。思政课建设长期以来形成的一系列规律性认识和成功经验，为思政课建设守正创新提供了重要基础。"❶此外，从时代发展来看，当前数字技术正以新理念、新业态、新模式全面融入人类经济、政治、文化、社会、生态文明建设各领域和全过程，给人类生产生活带来广泛而深刻的影响。同样，数字技术的飞速发展为未成年人思想道德建设提供了新的手段和途径，数字技术增强了学习的互动性、获取信息和交流思想的便捷性，打破了时空限制，提升了思想道德教育参与度。要运用新媒体，借助大数据、人工智能等新技术手段，创新教育方式，推动思想政治工作传统优势同信息技术高度融合，增强时代感和吸引力。同时要提升数据跟踪、监测水平，动态评估监测未成年人的思想道德发展状况，为优化教育方式提供实证依据。

3. 大中小学思想政治教育相关研究更加深入

已有研究围绕热词"德育一体化""思政课一体化""思想政治教育一体化"进行深入探讨。在中国知网数据库平台，关于德育一体化最早的2篇文

---

❶ 习近平主持召开学校思想政治理论课教师座谈会［EB/OL］.（2019-03-18）［2024-10-20］. https://www.xuexi.cn/8a8b171af204689b99b8cd2d10a20511/cf94877c29e1c685574e0226618fb1be.html.

献发表于 1991 年，即《德育一体化——朝天路小学教育整体改革经验》❶ 和《学校、家庭、社会德育一体化课题研究报告》❷。关于思政课一体化的相关文献在 2019 年后迅猛增长。总体而言，研究者围绕大中小学德育一体化、思想政治教育一体化、思政课一体化的概念、内涵、模式、问题等进行了研究，许多地方则在大中小学德育一体化、思想政治教育一体化建设等方面进行了积极的实践探索。

一是学习习近平总书记在学校思想政治理论课教师座谈会上的重要讲话精神笔谈类文章，引领思想政治教育一体化研究不断深化。2019 年 3 月 18 日，习近平总书记在学校思想政治理论课教师座谈会重要讲话发表后，全国各地学校都在迅速认真学习领会和贯彻落实讲话中提出的各项要求，开展了各类专项工作，相关研究迅速升温。例如，《北京工业大学学报（社会科学版）》2020 年第 1 期发表了西安交通大学马克思主义学院、上海交通大学马克思主义学院等单位作者撰写的《统筹推进大中小学思政课一体化建设研究——学习习近平总书记在学校思想政治理论课教师座谈会上的重要讲话精神笔谈》❸，该组笔谈发表以后，在同类文献中被引用率排在首位。

二是突出问题导向，关注大中小学德育一体化、思想政治教育一体化、思政课一体化建设面临的问题。例如，有研究者指出了大中小学德育一体化面临的四大问题：大中小学思想政治理论课课程体系，包括大学阶段高职高专、本、硕、博阶段课程体系的区分度和衔接思路还不够清晰、不够明确，尤其是高职的思想政治理论课与普通高校相比是少两门课，而不是反映同样理论课程的职业特点；各学段甚至同一学段不同德育课程在教材内容上仍然存在简单重复的问题；大中小学德育课程教材部分内容在循序渐进、螺旋上升方面还有很大的改进余地；德育一体化思路下思想政治理论课教材建设的

---

❶ 欧永佳，詹斌. 德育一体化——朝天路小学教育整体改革经验 [J]. 广州教育，1991（2）：31-33，40.

❷ 张健，潘国梁. 学校、家庭、社会德育一体化课题研究报告 [J]. 上海教育科研，1991（2）：46-48.

❸ 卢黎歌，耶旭妍，王世娟，等. 统筹推进大中小学思政课一体化建设研究——学习习近平总书记在学校思想政治理论课教师座谈会上的重要讲话精神笔谈 [J]. 北京工业大学学报（社会科学版），2020，20（1）：9-25.

理论研究不足。❶ 也有研究者指出，思政课一体化建设存在如下问题：课程理念脱离实践，融通性不足；课程内容重复赘余，连贯性不强；课程设计缺乏整体安排，衔接性不够；课程教学相互独立，合作性不频；课程评价欠缺量化统一，标准不清等。❷ 还有研究者指出，思政课一体化建设的主要问题表现为各学段课程标准修订步调不一、课程目标设置的整体性和明确性尚需加强、教材编写机构的合力有待形成、教材内容重复的现象较为突出、教学方法的创新与衔接不够、教学评价方式亟待完善等。❸ 也有研究者专门针对思政课教师队伍建设问题展开研究，认为在实践中，教育主体相对封闭，缺乏互通性，各学段思政课教师熟悉所授学段课程的目标、内容、要求，对其他学段的课程目标、内容及与自身学段的联系不关心，不同学段思政课教师交流沟通不足。❹

三是高等院校马克思主义学院关于大中小学思想政治教育一体化建设内在规律、机制、体系构建等方面的文章广受关注。在"大中小学思想政治教育一体化"研究的相关文献中，被引用率较高的文献如《关于构建大中小学思想政治教育一体化建设沟通机制的思考》（作者单位为华中师范大学马克思主义学院）❺、《论"四史"教育融入大中小学思想政治理论课一体化建设》（作者单位为中国人民大学马克思主义学院）❻、《把握新时代大中小学思想政治教育一体化建设内在规律》（作者单位为北京师范大学马克思主义学院）❼。换言之，"马院"在大中小学思想政治教育一体化建设中发挥着引领作用。

综上所述，研究者在科学内涵、价值维度、问题困境以及方法路径方面

---

❶ 韩震. 大中小学德育一体化思路下的德育教材体系建设 [J]. 教育研究，2020，41（3）：14-18.
❷ 马宝娟，张婷婷. 大中小学思政课一体化：问题与对策 [J]. 思想政治课教学，2020，457（2）：4-8.
❸ 刘力波，黄格. 大中小学思政课教材一体化建设面临的问题及破解路径 [J]. 马克思主义与现实，2020，165（2）：187-192.
❹ 宋道雷，谭金欣，叶靖. 大中小学思政课一体化成效与影响因素研究：基于教师的视角 [J]. 复旦教育论坛，2021，19（4）：42-51.
❺ 谢守成，程仕波，张淼. 关于构建大中小学思想政治教育一体化建设沟通机制的思考 [J]. 思想理论教育，2020，489（1）：84-89.
❻ 宋学勤，罗丁紫. 论"四史"教育融入大中小学思想政治理论课一体化建设 [J]. 思想教育研究，2021，321（3）：73-79.
❼ 冯刚，徐文倩. 把握新时代大中小学思想政治教育一体化建设内在规律 [J]. 中国高等教育，2020，642（2）：17-19.

对德育一体化、思政课一体化及思想政治教育一体化建设的深入探讨具有理论价值和实践价值,为推进大中小学思想政治教育一体化建设研究奠定了较好的基础。但已有研究仍有一些不足:一是在研究方法上,大多采用理论思辨的研究范式,缺乏调查实证研究;二是在研究主题上,关注思想政治教育课程与教材一体化建设等方面的宏观研究,缺乏对思想政治教育教师队伍等相关要素一体化建设的深入研究;三是在研究主体上,较有影响力的研究文献主要集中于高等院校的"马院",基层中小学教师队伍的研究缺乏引领,成果质量有待提升,或者说"马院"教师队伍与中小学教师队伍的合作研究成果不足。上述不足为本研究的设计与推进提供了切入点,或者说本研究将尝试在大中小学思想政治教育一体化建设的研究重点、研究方法、研究团队等方面有所突破。

(二) 新时代推进大中小学思想政治教育一体化建设面临新挑战

1. 百年未有之大变局

当今世界范围思想文化交流交融交锋之下价值观较量日趋激烈。"乌卡"(VUCA)时代,不稳定性(volatile)、不确定性(uncertain)、复杂性(complex)、模糊性(ambiguous)共存。世界各国共同面临气候变化、减贫、反恐、网络安全、生物安全和地区安全等全球性问题。军备竞赛、军事威胁和战争等传统安全问题与经济安全、金融安全、生态环境安全、信息安全、恐怖主义等非传统安全问题并存。[1] 单边主义、保护主义、霸权主义、强权政治对世界和平与发展威胁上升,"逆全球化""反全球化"思潮加剧了世界经济社会发展的风险和不确定性。面对百年未有之大变局,源于多元化的意识形态观念、信息时代的挑战、全球化的影响,使得不同文化和意识形态相互混合和碰撞,国际间意识形态斗争复杂多变。争夺接班人的斗争尖锐复杂。加之数字时代,随着互联网、大数据和人工智能等技术的普遍应用及数字技术的飞速发展,在数字化的信息空间,信息量呈几何级数增长,传播主体隐蔽,互联网信息内容良莠不齐、价值多元性,极易导致消极舆论借助新媒体被扩

---

[1] 张男星,王新凤. 乌卡时代高等教育发展的境遇及其应对思考 [J]. 中国高教研究, 2022 (9): 83-87.

散，甚至颠倒黑白、混淆视听，对主流舆论、核心价值观带来消极影响。可以说，抓好青少年思想政治教育的任务艰巨而紧迫。

2. 思想政治教育的现实问题

新时代大中小学思想政治教育机遇与挑战并存。思政课建设整体上进入质量提升和内涵发展的新阶段，但一些地方和学校还存在开门办思政课、调动各种社会资源的意识和能力不够强，课程教材体系有待完善，思政课吸引力与针对性不强等问题。同时，家庭、学校、社会协同育人机制有待完善，还存在职责定位不够清晰、协同机制不够健全、条件保障不够到位等问题。可以说，推进大中小学思想政治教育一体化建设是应对思想政治教育现实问题、落实立德树人根本任务的必然要求。

二、研究意义

（一）理论意义

理论创新从问题开始。在新时代背景下，坚持问题导向，通过发现与研究思想政治教育尤其是思想政治教育一体化建设方面的问题，准确把握大中小学思想政治教育一体化建设的内在要求，探究大中小学思想政治教育一体化建设的科学内涵、核心要素、建设路径及典型经验，有利于进一步丰富和完善新时代中国特色的思想政治教育理论体系。

（二）实践意义

在理论探究和调查研究基础上，系统总结大中小学思想政治教育一体化建设的实践经验，分析存在的问题，探讨建设路径，有利于实现大中小学思想政治教育一体化建设理论与实践的深度融合和双向互动，推进各地大中小学思想政治教育一体化建设不断创新发展，培养德智体美劳全面发展的社会主义建设者和接班人。同时，相关研究也对完善大中小学思想政治教育一体化建设的相关政策提供了参考。

三、概念界定

（一）德育与思想政治教育

1. 德育的基本概念

依据《中国大百科全书：教育卷》中的界定，德育是教育者根据一定社会或阶级的要求，有目的、有计划、有组织地对受教育者施加系统的影响，把一定的社会思想和道德转化为个体思想意识和道德品质的教育。❶鲁洁等研究者认为，德育是教育者根据一定社会和受教育者的需要，遵循品德形成的规律，采用言教、身教等有效手段，在受教育者的自觉积极参与的互动中，通过内化和外化，发展受教育者的思想、政治、法制和道德几个方面素质的系统活动过程。❷上述定义较全面地揭示了德育的内涵、本质属性、原则等。

2. 思想政治教育的基本概念

随着社会的发展以及人们在理论研究和思想观念上的不断变化发展，研究者对"思想政治教育"的理解和界定也不断发展。思想政治教育是思想政治工作的基本内容，而不是思想政治工作的全部，它是受政治制约的思想教育和侧重于思想理论方面的政治教育。从外延来分析，思想政治教育包括政治教育、思想教育、道德教育等内容。

韦冬雪指出，学界对于"思想政治教育"概念的界定，多采用张耀灿等著的《现代思想政治教育学》中所作的界定，即思想政治教育是指一定的阶级、政党、社会群体按照一定的思想观念、政治观念、道德规范，对其成员施加有目的、有计划、有组织的影响，使他们形成符合一定社会、一定阶级所需要的思想品德的社会实践活动。❸

张国启等分析认为，在对"施加论"、"转化论"、"内化论"和"发展论"的思想政治教育观进行分析的基础上，思想政治教育的科学内涵进一步

---

❶ 中国大百科全书：教育卷 [Z]. 北京：中国大百科全书出版社，1985：59.
❷ 鲁洁，王逢贤. 德育新论 [M]. 南京：江苏教育出版社，2004：129.
❸ 韦冬雪. 对"道德教育"、"德育"与"思想政治教育"概念之辨析 [J]. 探索，2007（1）：120-123.

被揭示，即思想政治教育是教育者与受教育者根据社会和自身发展的需要，以正确的思想道德为指导，在促进社会和学校智育、体育发展的过程中，不断提高学生思想道德素质和坚持全面发展的过程。作为社会实践活动的思想政治教育有"泛指"和"特指"两种含义，思想政治教育"泛指"即人类所有阶级社会共有的从思想政治品德上培养教育人的活动，"特指"即无产阶级从思想政治品德上培养教育人的活动。一般来讲，我们所研究的思想政治教育是特指的思想政治教育，即特指现代中国的思想政治教育。❶

史宏波等依据实践视角对思想政治教育进行定义，认为思想政治教育是指一定的阶级或政治集团，为促使社会成员的发展需求与社会主流意识形态的要求相统一，用以社会主义核心价值观为核心的理想信念、价值理念、道德观念，引导其成员改造主客观世界的社会实践活动。研究者希望通过这一概念界定推动思想政治教育研究由"体系范式"转向"实践范式"。❷

董雅华指出，思想政治教育是指一定的阶级、政党、社会群体与政治共同体成员，根据社会和人的发展需要，通过教育者与受教育者互动交往的过程，培养形成特定的思想政治道德素质和行动力的社会实践活动。❸ 这一定义彰显社会发展需要与个人发展需要的统一，体现教育者主导作用与受教育者主体作用的统一，涵盖对思想政治教育过程中普遍适用的规则和方法的中性化描述。

3. 德育与思想政治教育的联系

德育与思想政治教育两个概念之间有着密切的联系。有研究者指出，两者在目标、内容、理论基础、功能作用和教育途径等方面都有许多相似之处。从广义上的德育含义来看，其概念应该包含道德教育、政治教育、思想教育、法制教育和心理健康教育这五个主要方面的内容，狭义上的德育则主要指的是道德教育。❹ 也有研究者认为，德育是在学校教育这个特定范围，以学生为

---

❶ 张国启，张皓．改革开放 30 年思想政治教育概念内涵的嬗变及启示［J］．广西教育学院学报，2009（4）：1-4.

❷ 史宏波，谭帅男．"思想政治教育"概念重述与研究范式的转向［J］．思想教育研究，2021（10）：40-46.

❸ 董雅华．思想政治教育概念厘定的向度和要义［J］．思想理论教育导刊，2020（9）：116-121.

❹ 吕晓霞．大中小德育一体化保障体系研究［D］．上海：上海师范大学，2017.

教育对象，以育人为基本任务的教育，主要包括思想、政治、道德、法纪等方面的教育。思想政治教育，通常是指政党、政府、阶级、团体组织的思想政治工作的一部分，是在特定的思想体系指导下的政治教育。与德育相比较，思想政治教育适用的领域既包括学校，还包括政党、阶级、机关、团体、部队、企事业、农村、街道，以至整个社会；其对象既可以是学生，还可以是教师、干部、工人、农民、军人、居民，乃至所有的社会成员。❶ 思想政治教育是学校教育的重要组成部分，当它面向学生时，与德育是同等的概念。❷

  从现行政策来看，中小学的德育工作范畴中包含思想政治教育。例如，依据 2017 年教育部发布的《中小学德育工作指南》，德育总体目标为：培养学生爱党爱国爱人民，增强国家意识和社会责任意识，教育学生理解、认同和拥护国家政治制度，了解中华优秀传统文化和革命文化、社会主义先进文化，增强中国特色社会主义道路自信、理论自信、制度自信、文化自信，引导学生准确理解和把握社会主义核心价值观的深刻内涵和实践要求，养成良好政治素质、道德品质、法治意识和行为习惯，形成积极健康的人格和良好心理品质，促进学生核心素养提升和全面发展，为学生一生成长奠定坚实的思想基础。德育内容主要包括如下五个方面：理想信念教育、社会主义核心价值观教育、中华优秀传统文化教育、生态文明教育、心理健康教育。依据 2014 年发布的《中等职业学校德育大纲（2014 年修订）》规定，中等职业学校德育目标是：把学生培养成为爱党爱国、拥有梦想、遵纪守法、具有良好道德品质和文明行为习惯的社会主义合格公民，成为敬业爱岗、诚信友善，具有社会责任感、创新精神和实践能力的高素质劳动者和技术技能人才，成为中国特色社会主义事业合格建设者和可靠接班人。德育内容以中国特色社会主义理论体系为统领，具体教育教学内容包括如下六个方面：理想信念教育、中国精神教育、道德品行教育、法治知识教育、职业生涯教育、心理健康教育。

  全面推进课程思政建设是落实立德树人根本任务的战略举措。在当前推

---

❶ 刘绍龙. 关于德育与思想政治教育、思想政治工作的思辨 [J]. 江西师范大学学报，1990 (4)：151-155.

❷ 张国启, 张皓. 改革开放 30 年思想政治教育概念内涵的嬗变及启示 [J]. 广西教育学院学报，2009 (4)：1-4.

进"大思政课"建设的背景下，学校的思想政治教育与德育范畴是等同的。学校的思想政治理论课简称"思政课"，思政课是落实立德树人根本任务的关键课程，小学与初中阶段的"道德与法治"课、高中的"思想政治"课等统称为思想政治教育课程；每门课程都蕴含思政资源，都具有德育功能，要将课程思政有机融入各类课程教学，发挥综合育人效果。2019年，中共中央办公厅、国务院办公厅印发的《关于深化新时代学校思想政治理论课改革创新的若干意见》指出，调整创新思政课课程体系。结合大中小学各学段特点构建形成必修课加选修课的课程体系。全国重点马克思主义学院率先全面开设"习近平新时代中国特色社会主义思想概论"课。高中阶段开设"思想政治"必修课程，围绕学习习近平总书记最新重要讲话精神开设"思想政治"选择性必修课程。初中、小学阶段开设"道德与法治"必修课程，可结合校本课程、兴趣班开设思政类选修课程。2020年教育部发布的《高等学校课程思政建设指导纲要》指出，课程思政建设内容要紧紧围绕坚定学生理想信念，以爱党、爱国、爱社会主义、爱人民、爱集体为主线，围绕政治认同、家国情怀、文化素养、宪法法治意识、道德修养等重点优化课程思政内容供给，系统进行中国特色社会主义和中国梦教育、社会主义核心价值观教育、法治教育、劳动教育、心理健康教育、中华优秀传统文化教育。2022年教育部发布的《关于进一步加强新时代中小学思政课建设的意见》指出，扎实推进习近平新时代中国特色社会主义思想进教材进课堂进学生头脑。要求有针对性地进行中国特色社会主义和中国梦教育、社会主义核心价值观教育、法治教育、铸牢中华民族共同体意识教育、劳动教育、生态文明教育、心理健康教育等；常态化制度化开展理想信念教育，持续抓好党史学习教育，加强爱国主义、集体主义、社会主义教育，持续深化党的领导、社会主义先进文化、革命文化、中华优秀传统文化等各类主题教育。强调从提高课程思政水平、创新德育工作途径、加强校园文化建设三方面"构建大思政课体系"。从上述政策要求可以看出，"大思政课"建设背景下，大中小学的思想政治教育范畴与德育范畴等同。

（二）思政课与课程思政

坚持社会主义办学方向，离不开思想政治工作。"课程思政"建设对高校坚持社会主义办学方向，落实立德树人根本任务，确保育人工作贯穿教育教学全过程具有重要意义。

1. 思政课

赵继伟认为，从"思想政治教育"这一社会实践活动包括思想政治理论教育和思想政治实践教育这一现实来看，思想政治理论课是思想政治教育的主渠道，因为思想政治理论课既包括课堂教学，也包括实践教学，其中，思想政治理论教育以课堂教学为主要形式，思想政治实践教育以实践教学为主要形式。换言之，思想政治理论课教学本身就属于思想政治教育。❶

教育部 2022 年发布的《关于进一步加强新时代中小学思政课建设的意见》规定，思政课是落实立德树人根本任务的关键课程，事关社会主义办学方向，事关亿万学生健康成长。要坚定不移用新时代党的创新理论铸魂育人，充分彰显思政课政治引领和价值引领功能。

如前文所述，思政课不应理解为一门课，而是一组课程群。中共中央办公厅、国务院办公厅 2019 年发布的《关于深化新时代学校思想政治理论课改革创新的若干意见》规定，思政课在课程体系中具有政治引领和价值引领作用，要统筹大中小学思政课一体化建设。要加强以习近平新时代中国特色社会主义思想为核心内容的思政课课程群建设。在保持思政课必修课程设置相对稳定的基础上，结合大中小学各学段特点构建形成必修课加选修课的课程体系。例如，初中、小学阶段开设"道德与法治"必修课程，可结合校本课程、兴趣班开设思政类选修课程。在课程内容方面，要坚持用习近平新时代中国特色社会主义思想铸魂育人，以政治认同、家国情怀、道德修养、法治意识、文化素养为重点，统筹推进思政课课程内容建设。

2. 课程思政

高德毅等介绍了上海基于"学科德育"的探索经验，在高校探索试点"课程思政"的情况。这项改革的框架及路线图，就是从国家意识形态战略高度出发，既牢牢把握思想政治理论课在思想政治教育中的核心课程地位，又充分发挥其他所有课程育人价值，构建思想政治理论课、综合素养课程、专

---

❶ 赵继伟."课程思政"：涵义、理念、问题与对策［J］.湖北经济学院学报，2019（2）：114-119.

业课程三位一体的高校思想政治教育课程体系。认为"课程思政"的实质不是增开一门课，也不是增设一项活动，而是将高校思想政治教育融入课程教学和改革的各环节、各方面，实现立德树人润物无声。围绕"知识传授与价值引领相结合"的课程目标，强化显性思政，细化隐性思政，构建全课程育人格局。显性课程即高校思想政治理论课（四门必修课+形势政策课），是对大学生进行社会主义核心价值观教育中的核心课程，在大学生思想政治教育中发挥价值引领作用；隐性课程包含综合素养课程（通识教育课、公共基础课等）和专业教育课程（包含哲学社会科学课程和自然科学课程）。通过推动思想政治理论课显性育人与其他所有课程隐性育人相结合，实现在课堂教学主渠道中全方位、全过程、全员立体化育人。"课程思政"充分体现每一门课程的育人功能，使思想政治教育从专人转向人人。[1]

邱伟光认为，"课程思政"指向一种新的思想政治工作理念，即"课程承载思政"与"思政寓于课程"。这一理念注重在价值传播中凝聚知识底蕴，在知识传播中强调价值引领，注重课堂教学、社会实践、网络运用三维课程的统一。[2]

何红娟认为，课程思政是对传统思政教育在观念上的突破、队伍上的扩充、载体上的拓展、内容上的丰富和方法上的创新。通过创新思政教育理念，主动转变思路，充分挖掘和充实各类课程的思政教育资源，促进包括通识课、专业课在内的各类课程与思想政治教育有机融合，从而扩展思想政治教育内涵及外延，实现全员育人、全过程育人的大思政局面。[3]

赵继伟认为，"思政"一般是对"思想政治"或"思想政治教育"的简称，"课程思政"中的"思政"专指"思想政治教育"这样一种社会实践活动。"课程思政"类似于教育学中所谓的"学科德育"，即在学科课程教学中渗透德育，而目前高校的学科课程主要是思想政治理论课、专业课和通识课，"课程思政"之"课程"在理论上应该包括思想政治理论课、专业课和通识

---

[1] 高德毅，宗爱东. 从思政课程到课程思政：从战略高度构建高校思想政治教育课程体系[J]. 中国高等教育，2017（1）：43-46.

[2] 邱伟光. 课程思政的价值意蕴与生成路径[J]. 思想理论教育，2017（7）：10-14.

[3] 何红娟. "思政课程"到"课程思政"发展的内在逻辑及建构策略[J]. 思想政治教育研究，2017（5）：60-64.

课等课程在内。"课程思政"的含义可概括为依托、借助于专业课、通识课而进行的思想政治教育实践活动，或者是将思想政治教育寓于、融入专业课、通识课的教育实践活动。❶

刘建军认为，课程思政就是通过高等学校课程建设和课堂教学来对大学生进行的思想政治教育。这里的"课程"一词具有广义与狭义两种含义：在广义上，指的是包括思想政治课在内的全部课程；狭义上，指的只是思想政治课之外的其他课程。正因如此，课程思政这一概念也就有了广义与狭义之分，而且它实际上有一个从广义到狭义的演变过程。在广义的课程思政中，又有思想政治课程的思政和其他课程的思政之分。其中，思想政治课程又具有更直接更关键的意义。"课程思政"从广义转向狭义，并在约定俗成中固定在思想政治课之外的其他课程上。现在，在大多数情况下，当我们谈到"课程思政"的时候，指的都是把思想政治课之外的其他课程利用起来，发挥其育人的思想政治功能。❷

依据中共中央办公厅、国务院办公厅2019年发布的《关于深化新时代学校思想政治理论课改革创新的若干意见》的规定，高校语境中的"课程思政"与中小学语境中的"学科德育"内涵一致。该文件中指出，整体推进高校课程思政和中小学学科德育。深度挖掘高校各学科门类专业课程和中小学语文、历史、地理、体育、艺术等所有课程蕴含的思想政治教育资源，解决好各类课程与思政课相互配合的问题，发挥所有课程育人功能，构建全面覆盖、类型丰富、层次递进、相互支撑的课程体系，使各类课程与思政课同向同行，形成协同效应。建成一批课程思政示范高校，推出一批课程思政示范课程，选树一批课程思政教学名师和团队，建设一批高校课程思政教学研究示范中心。

2020年教育部发布的《高等学校课程思政建设指导纲要》，全面推进高校课程思政建设的工作目标就是，立足于解决培养什么人、怎样培养人、为谁培养人这一根本问题，围绕全面提高人才培养能力这个核心点，在全国所有高校、所有学科专业全面推进，让课程思政的理念在各地各高校形成广泛

---

❶ 赵继伟. "课程思政"：涵义、理念、问题与对策 [J]. 湖北经济学院学报, 2019 (2)：114-119.
❷ 刘建军. 课程思政：内涵、特点与路径 [J]. 教育研究, 2020 (9)：28-33.

共识，全面提升广大教师开展课程思政建设的意识和能力，建立健全协同推进课程思政建设的体制机制，构建全员全程全方位育人大格局，努力培养担当民族复兴大任的时代新人，培养德智体美劳全面发展的社会主义建设者和接班人。该纲要中，根据不同课程的学科专业特点和育人要求，按照公共基础课、专业课、实践类课程三种课程类型，分别明确了每类课程进行课程思政建设的重点。其中，又按照学科专业特点，分别提出文史哲类、经管法类、教育学类、理工类、农学类、医学类、艺术类七大类专业课程的具体建设目标。

依据教育部2022年发布的《关于进一步加强新时代中小学思政课建设的意见》，在"构建大思政课体系"部分指出，提高课程思政水平。具体要求如下：省级教育行政部门要研究制定中小学学科德育指南，充分发挥道德与法治（思想政治）课主阵地作用，深入挖掘语文、历史和其他学科蕴含的思政资源，强化体育、美育、劳动教育的德育功能，准确把握各门学科育人目标，将课程思政有机融入各类课程教学，深入实施跨学科综合育人。可见，此处的"课程思政"是广义的课程思政，即包含思想政治课程的思政和其他课程的思政。

综上所述，"课程思政"一词开始时主要用于高等教育阶段的思想政治教育语境。当前，"课程思政"范围更广，面向中小学阶段的思想政治教育语境，多数情况下等同于"学科德育"。本研究中，除引用相关文献外，"课程思政"主要取其狭义，即指思政课程之外，在其他课程中挖掘思政资源，开展思政教育。

（三）德育一体化

德育一体化是为了推进德育科学化、增强德育系统性、提高德育实效性，逐步形成的理念。有研究者指出，德育是指教育者按照一定社会的要求，有目的、有计划、有组织地对受教育者进行系统的影响，通过教育者和受教育者双主体在实践活动中的互动，把一定社会的政治准则、思想观点、道德规范、法纪规范和心理要求，内化为受教育者个体的政治素质、思想素质、道德素质、法纪素质和心理素质的教育。德育内容包括"五大要素"，即政治教育、思想教育、道德教育、法纪教育和心理教育。这"五大要素"各有自己的特定内涵，但又互相联系、互相渗透、互为条件、互相制约，构成了德育内容的统一体。学校德育是一个系统，整体构建学校德育体系，就是要使德育目标、德育内容、德育途径、德育方法、德育管理、德育评价等要素系统横向贯通，环环相扣，形成合力，以保证在整个德育过程中要素结构的完整性和连续性。同时，使小学德育、中学德育（中职德育）、大学德育等层次系统纵向衔接、分层递进、螺旋上升，以保证各个教育阶段德育工作的层次性和渐进性。❶

关于德育一体化的内涵，也有学者进行了综合性的概括，认为德育一体化要以马克思主义唯物辩证法为方法论指导，运用全面、联系和发展的观点，从宏观、微观、内部、外部、纵向、横向等多侧面、多角度系统地对学校德育进行综合的整体设计。❷ 还有学者从教育的空间、环境视域进行考察，认为德育一体化是以学校德育为主渠道，沟通学校与家庭、社会（以社区或街道行政区为核心）之间的横向联系，对青少年的思想品德教育形成三者整体的正向合力，打造德育一体化的网络系统。❸

（四）大中小学思政课一体化

研究者虽然对大中小学思政课一体化的概念界定不尽相同，但总体来看，都强调大中小学等不同学段思政课循序渐进、螺旋上升地衔接与贯通。冯建军认为，一体化是指将两个或两个以上相对独立的主体通过某种方式逐步结合成单一实体的过程。大中小学思政课一体化，就是以人的品德发展的阶段性为基础，以大中小学学段为经，以思政课程要素为纬，形成一个纵向衔接、横向贯通、螺旋上升的思政课体系，表现为课程性质、课程目标、课程内容、

---

❶ 詹万生. 整体构建学校德育体系研究报告 [J]. 教育研究，2001（10）：8-13.
❷ 张孝宜，李辉，李萍. 德育一体化研究 [M]. 广州：广东高等教育出版社，1997：2. 转引自：李明，高向辉，孙佳星，等. 大中小学思想政治教育一体化体系构建 [J]. 现代教育管理，2020（6）：14-19.
❸ 张健，潘国梁. 学校、家庭、社会德育一体化课题研究报告 [J]. 上海教育科研，1991（2）：46-48.

教学方式、课程评价一体化。❶

文天天等认为，大中小学思政课一体化就是基于立德树人的根本目标，在大中小学各个学段根据横向贯通、纵向衔接的原则，遵循不同学段学生的身心成长规律与接受机理，在教学要素的不同方面探索一体化架构，以期形成思政课教学循序渐进、螺旋上升的教学序列，不断提升思政课教学的成效。❷

李东坡等在考察新时代大中小学思政课一体化建设的科学内涵时认为，"一体化"作为一个被普遍使用的概念，在思政课建设工作中具有特殊指向性，主要是指把思政课建设作为一项铸魂育人的系统工程，将大学、中学、小学不同学段具有相对独立性的思政课，从立德树人的整体性视角出发，统筹设计与安排、协同教学与育人、调和部分与整体、优化衔接与融合、规范内容与运行，在循序渐进、螺旋上升的过程中，打造大中小学各学段纵向衔接、横向贯通、有机融合、不可分割的立体化、协同性、链条式的思政课课程体系、教学体系和育人体系。❸

付清松等认为，从原初语境看，大中小学思政课一体化的本义应该被理解为大中小学等不同学段思政课之间的纵向一体化，其外延应主要包括大中小学不同学段的思政课在观念、课程、教材、教学、师资和管理等方面的纵向一体化。❹

（五）大中小学思想政治教育一体化

研究者对大中小学思想政治教育一体化的概念及内涵进行了讨论，有的强调教育共同体的构建，有的强调思想政治教育系统的构建。王穗洁在考察大中小学思想政治教育一体化建设的内涵时认为，大中小学思想政治教育一

---

❶ 冯建军. 大中小学思政课一体化的内容要求与推进措施 [J]. 课程·教材·教法，2023（2）：59-66.

❷ 文天天，陈大文. 论大中小学思政课一体化的由来、科学内涵与基本要求 [J]. 学校党建与思想教育，2021（7）：68-71.

❸ 李东坡，王学俭. 新时代大中小学思政课一体化建设的内涵、挑战与对策 [J]. 新疆师范大学学报（哲学社会科学版），2021（3）：60-69.

❹ 付清松，王增福. "大中小学思政课一体化"概念再辨析 [J]. 思想政治课研究，2023（2）：129-137.

体化建设的根本任务是立德树人，关键是遵循学生成长规律，核心是"循序渐进、螺旋上升"。❶

冯刚等认为，大中小学思想政治教育一体化是指在加强顶层设计、全面协调的前提下，对大中小学的思想政治教育进行逻辑分层设计，系统构建，使其有机衔接、层层递进，形成横向贯通、纵向连接的教育共同体。大中小学思想政治教育一体化建设着眼"三全育人"，其真正要旨是构筑纵横结合的立体化网络化育人新格局。❷

李明等认为，大中小学思想政治教育一体化，就是要遵循青少年身心成长规律和思想政治教育规律，坚持以学生为中心，注重学生成长过程中思想政治素质养成的整体性、一贯性，凸显学生在思想政治教育过程中的主体性、实践性，塑造学生思想政治素质养成递进性与学校教育阶段性互相映射的双螺旋教育结构，有意识地系统化配置思想政治教育资源，最终达到立德树人的教育根本目的。思想政治教育"一体化"是时间性与空间性、历时性与共时性的矛盾统一体。我们研究中的思想政治教育一体化体系更多地是空间性与共时性的现实体现，它是指面向全体大中小学生，覆盖大中小学各个学段，构建教材体系、教学体系、评价体系、实践育人体系、师资队伍建设体系、保障体系等子系统，以及通过体制机制的建立，使得思想政治教育一体化复杂系统内各子系统能够整体、协同发挥功能，促进学生思想政治素质的养成与提升。❸ 可以说，思想政治理论课是对学生进行思想政治教育的主渠道，大中小学思政课一体化是大中小学思想政治教育一体化的重要组成部分。

"大中小学思想政治教育一体化"是对"大中小学思政课一体化"在更高层面的统摄，在内涵上更具包容性。学校思想政治教育是一项复杂的系统工程，需要各部门的有效参与。在高校，主要体现在包括课程、科研、实践、文化、网络、心理、管理、服务、资助、组织等十大"育人"在内的工作体

---

❶ 王穗洁. 新时代大中小学思想政治教育一体化建设的内涵、瓶颈和突破路径[J]. 新经济，2021（6）：93-97.

❷ 冯刚，徐文倩. 把握新时代大中小学思想政治教育一体化建设内在规律[J]. 中国高等教育，2020（2）：17-19.

❸ 李明，高向辉，孙佳星，等. 大中小学思想政治教育一体化体系构建[J]. 现代教育管理，2020（6）：14-19.

系；在中小学，主要体现在以团组织、少先队组织建设、班集体建设为主要内容的德育工作体系。其中既有思想政治理论课的参与，还包括日常思想政治工作以及其他学科类课程。因此，"思想政治教育一体化"的提出，并不是要忽视、否定或取代"思政课一体化"，而是对学校内部所有育人要素和力量的系统性整合。加强大学、中学、小学各学段思政课程一体化、课程思政一体化、日常思政一体化，推动形成主线贯穿、有机衔接的完整育人格局，应当成为深入把握推进大中小学思想政治教育一体化建设内涵要求的重要切入点。❶

（六）小　结

借鉴前人相关研究，本研究中，思想政治教育特指现代中国的思想政治教育。本研究认为，大中小学思想政治教育一体化建设，就是在习近平新时代中国特色社会主义思想指导下，以立德树人为根本，以中国特色社会主义取得的举世瞩目成就为内容支撑，以中华优秀传统文化、革命文化和社会主义先进文化为力量根基，遵循学生身心成长发展规律和思想政治教育规律，坚持循序渐进、螺旋上升的原则，对大中小学各学段的思想政治教育进行统筹安排，实现大中小学思想政治教育的纵向衔接贯通与横向资源要素整合，增强全员、全程、全方位育人合力。新时代大中小学思想政治教育一体化建设新要求的提出，是对百年未有之大变局带来的挑战的回应，也是培养一代又一代社会主义建设者和接班人的重要保障。

本研究将大中小学思政课一体化作为大中小学思想政治教育一体化建设的重要组成部分及研究重点，但不限于对大中小学思政课一体化建设的研究，而是对覆盖大中小学各个学段，包括思政课程体系、教材体系、教学体系、评价体系、实践育人体系、师资队伍建设体系、保障体系等子系统在内的思想政治教育一体化复杂系统的建设研究。从内容来讲，涵盖对大中小学思政课一体化、大中小学课程思政一体化和大中小学日常思政一体化等方面的研究，同时也会结合"大思政课"建设展开探讨。

---

❶ 杨晓慧，弓昭民. 新时代推进大中小学思想政治教育一体化建设［J］. 思想理论教育导刊，2023（1）：119-125.

第二章

习近平总书记关于大中小学思想政治教育一体化建设的重要论述学习研究

第二章　习近平总书记关于大中小学思想政治教育一体化建设的重要论述学习研究

党的十八大以来，习近平总书记多次强调，教育是国之大计、党之大计，把教育摆在优先发展的战略位置。习近平总书记就教育改革发展提出一系列新理念、新思想和新观点，构建全面系统的理论体系，体现了中国特色社会主义教育理论的本体论、价值论和方法论的有机统一，形成习近平总书记关于教育的重要论述。❶ 习近平总书记关于教育的重要论述，是习近平新时代中国特色社会主义思想的重要组成部分，是对马克思主义教育思想的继承、丰富和发展，是系统科学的新时代中国特色社会主义教育理论体系。❷ 习近平总书记关于教育的重要论述科学总结了我国社会主义教育事业发展的历史经验，深刻回答了"培养什么人、怎样培养人、为谁培养人"等关键性问题，为中国特色社会主义教育事业发展指明了方向，为新时代我国教育改革发展提供了根本遵循。❸ 其中，习近平总书记在2018年全国教育大会、2023年主持中共中央政治局第五次集体学习和2024年全国教育大会的三次重要讲话，主题一以贯之，内容前后相承，逻辑层层递进，对教育强国谋篇布局，构成具有典型意义的战略布局。❹ 2024年9月，中共中央党史和文献研究院编辑的习近平同志《论教育》一书出版发行。该书收入习近平同志2013年5月至2024年7月关于教育的重要文稿47篇。其中，多篇文献专门聚焦学校思想政治教育及思政课建设。《论教育》是指导我国从教育大国迈向教育强国的经典

---

❶ 李永智，邓友超，李红恩. 习近平总书记关于教育的重要论述体系化学理化研究［J］. 中国高校社会科学，2024（4）：21-31，156.

❷ 崔保师. 深刻学习领会习近平总书记关于教育的重要论述的科学内涵［J］. 教育研究，2018（9）：4-8.

❸ 王定华，祝军. 深刻理解习近平总书记关于教育重要论述的科学内涵［N］. 中国社会科学报，2023-09-05（1）.

❹ 陈如平. 教育强国建设的战略布局——从2018年全国教育大会到2024年全国教育大会［J］. 中小学管理，2024（10）：9-12.

文献，为教育强国建设提供了思想先导和行动指南。❶ 本章重点对习近平总书记关于"大中小学思想政治教育一体化建设"的部分重要论述进行初步的学习研究，也是《论教育》一书相关篇目的学习体会。其中，论述梳理以时间为序。

一、习近平总书记相关重要论述梳理

2012年11月，党的十八大报告中指出，把立德树人作为教育的根本任务。党的十八大以来，党对思政课建设的领导全面加强，以习近平同志为核心的党中央高度重视大中小学生思想政治教育和思政课建设，作出一系列重要部署，为新时代推进思政课改革创新及大中小学思想政治教育一体化建设指明了方向。

（一）意识形态工作是党的一项极端重要的工作（2013年）

2013年8月，党中央召开了全国宣传思想工作会议，这是党的十八大之后一次重要的全局性会议。习近平总书记在会上发表重要讲话，强调经济建设是党的中心工作，意识形态工作是党的一项极端重要的工作。宣传思想工作就是要巩固马克思主义在意识形态领域的指导地位，巩固全党全国人民团结奋斗的共同思想基础。要树立大宣传的工作理念，动员各条战线各个部门一起来做。❷

（二）培育和弘扬社会主义核心价值观必须从小抓起、从学校抓起（2014年）

2014年2月24日，习近平总书记在中共中央政治局第十三次集体学习时指出："少成若天性，习惯之为常。"培育和弘扬社会主义核心价值观必须从

---

❶ 郝文武，姜朝晖，王洪才，等. 开创中国式现代化，推进教育强国建设——学习习近平《论教育》笔谈［J］. 重庆高教研究，2024（6）：3-17.

❷ 习近平在全国宣传思想工作会议上强调 胸怀大局把握大势着眼大事 努力把宣传思想工作做得更好［EB/OL］.（2013-08-20）［2023-11-20］. https：//news.12371.cn/2013/08/20/VIDE1376998202283659.shtml.

小抓起、从学校抓起。要把社会主义核心价值观的基本内容和要求渗透到学校教育教学之中，体现在学校日常管理之中，做到进教材、进课堂、进头脑。❶

（三）要把爱国主义教育贯穿国民教育和精神文明建设全过程（2015年）

2015年12月30日，习近平总书记在中共中央政治局第二十九次集体学习时强调："弘扬爱国主义精神，必须把爱国主义教育作为永恒主题。要把爱国主义教育贯穿国民教育和精神文明建设全过程。"❷

（四）把思想政治工作贯穿教育教学全过程（2016年）

2016年12月7—8日，全国高校思想政治工作会议在北京举行。习近平总书记在全国高校思想政治工作会议上强调，高校思想政治工作关系高校培养什么样的人、如何培养人以及为谁培养人这个根本问题。要坚持把立德树人作为中心环节，把思想政治工作贯穿教育教学全过程，实现全程育人、全方位育人。做好高校思想政治工作，要因事而化、因时而进、因势而新。要遵循思想政治工作规律，遵循教书育人规律，遵循学生成长规律，不断提高工作能力和水平。要用好课堂教学这个主渠道，思想政治理论课要坚持在改进中加强，提升思想政治教育亲和力和针对性，满足学生成长发展需求和期待，其他各门课都要守好一段渠、种好责任田，使各类课程与思想政治理论课同向同行，形成协同效应。❸

（五）落实立德树人根本任务（2017年）

2017年10月18日，党的十九大报告（习近平总书记在中国共产党第十

---

❶ 习近平关于全面建成小康社会论述摘编［M］．北京：中央文献出版社，2016：113．

❷ 习近平在中共中央政治局第二十九次集体学习时强调要大力弘扬爱国主义精神 让爱国主义精神在青少年心中牢牢扎根［EB/OL］．（2015-12-31）［2023-11-20］．http://www.moe.gov.cn/jyb_xwfb/s6052/moe_838/201512/t20151231_226536.html.

❸ 习近平出席全国高校思想政治工作会议并发表重要讲话［EB/OL］．（2016-12-08）［2023-12-05］．http://www.81.cn/sydbt/2016-12/08/content_7398877.htm?from=singlemessage.

九次全国代表大会上的报告）中指出，"优先发展教育事业"。强调要全面贯彻党的教育方针，落实立德树人根本任务，发展素质教育，推进教育公平，培养德智体美全面发展的社会主义建设者和接班人。在培育和践行社会主义核心价值观方面，强调要以培养担当民族复兴大任的时代新人为着眼点，强化教育引导、实践养成、制度保障。❶

（六）我国社会主义教育就是要培养社会主义建设者和接班人（2018年）

2018年5月2日，习近平总书记在北京大学师生座谈会上的讲话中指出："培养社会主义建设者和接班人，是我们党的教育方针，是我国各级各类学校的共同使命。大学对青年成长成才发挥着重要作用。高校只有抓住培养社会主义建设者和接班人这个根本才能办好，才能办出中国特色世界一流大学。"习近平总书记强调，要抓好三项基础性工作。第一，坚持办学正确政治方向。强调"古今中外，每个国家都是按照自己的政治要求来培养人的"。我国社会主义教育就是要培养社会主义建设者和接班人。要抓好马克思主义理论教育。第二，建设高素质教师队伍。强调教师思想政治状况具有很强的示范性。要坚持教育者先受教育，让教师更好担当起学生健康成长指导者和引路人的责任。第三，形成高水平人才培养体系。强调人才培养体系必须立足于培养什么人、怎样培养人这个根本问题来建设。强调人才培养体系涉及学科体系、教学体系、教材体系、管理体系等，而贯通其中的是思想政治工作体系。加强党的领导和党的建设，加强思想政治工作体系建设，是形成高水平人才培养体系的重要内容。❷

（七）抓住青少年价值观形成和确定的关键时期（2018年）

2018年8月，全国宣传思想工作会议召开，习近平总书记在会上发表重

---

❶ 习近平. 决胜全面建成小康社会 夺取新时代中国特色社会主义伟大胜利——在中国共产党第十九次全国代表大会上的报告［EB/OL］.（2017-10-27）［2023-12-20］. https：//www.gov.cn/zhuanti/2017-10/27/content_5234876.htm.

❷ 习近平在北京大学师生座谈会上的讲话［EB/OL］.（2018-05-02）［2023-12-22］. https：//www.xuexi.cn/d16c5a05af79f9ba1998c685d5008ea/e43e220633a65f9b6d8b53712cba9caa.html.

要讲话。习近平总书记指出：宣传思想工作是做人的工作的，要把培养担当民族复兴大任的时代新人作为重要职责。重中之重是要以坚定的理想信念筑牢精神之基，坚定对马克思主义的信仰，对社会主义和共产主义的信念，对中国特色社会主义道路、理论、制度、文化的自信。要强化教育引导、实践养成、制度保障，把社会主义核心价值观融入社会发展各方面，引导全体人民自觉践行。强调要抓住青少年价值观形成和确定的关键时期，引导青少年扣好人生第一粒扣子。提出将"九个坚持"作为做好宣传思想工作的根本遵循。习近平总书记强调，在实践中，我们不断深化对宣传思想工作的规律性认识，提出了一系列新思想新观点新论断，这就是坚持党对意识形态工作的领导权，坚持思想工作"两个巩固"的根本任务，坚持用新时代中国特色社会主义思想武装全党、教育人民，坚持培育和践行社会主义核心价值观，坚持文化自信是更基础、更广泛、更深厚的自信，是更基本、更深沉、更持久的力量，坚持提高新闻舆论传播力、引导力、影响力、公信力，坚持以人民为中心的创作导向，坚持营造风清气正的网络空间，坚持讲好中国故事、传播好中国声音。这些重要思想，是做好宣传思想工作的根本遵循，必须长期坚持、不断发展。❶

（八）坚持把立德树人作为根本任务（2018年）

2018年9月10日，习近平总书记在全国教育大会上发表重要讲话。习近平总书记指出："培养什么人，是教育的首要问题。我国是中国共产党领导的社会主义国家，这就决定了我们的教育必须把培养社会主义建设者和接班人作为根本任务，培养一代又一代拥护中国共产党领导和我国社会主义制度、立志为中国特色社会主义奋斗终身的有用人才。"❷习近平总书记强调了推进我国教育改革发展的"九个坚持"。例如，在"坚持党对教育事业的全面领导"方面指出："加强党的领导是做好教育工作的根本保证。必须牢牢掌握

---

❶ 习近平出席全国宣传思想工作会议并发表重要讲话［EB/OL］.（2018-08-22）［2023-12-20］. https：//www. gov. cn/xinwen/2018-08/22/content_5315723. htm? eqid = 9cc2dd0d0002e311000000066486a42a.

❷ 习近平出席全国教育大会并发表重要讲话［EB/OL］.（2018-09-10）［2023-12-20］. https：//www. gov. cn/xinwen/2018-09/10/content_5320835. htm.

党对教育工作的领导权，始终坚持马克思主义指导地位，把思想政治工作贯穿学校教育管理全过程，使教育领域成为坚持党的领导的坚强阵地。"在"坚持把立德树人作为根本任务"方面强调："立德树人关系党的事业后继有人，关系国家前途命运。必须把立德树人成效作为检验学校一切工作的根本标准，把师德师风作为评价教师队伍素质的第一标准，全力培养社会主义建设者和接班人，培养社会发展、知识积累、文化传承、国家存续、制度运行所要求的人。不管什么时候，为党育人的初心不能忘，为国育才的立场不能改。"❶

关于社会主义建设者和接班人应该具备什么样的基本素质和精神状态，应该如何培养，习近平总书记强调了"六个下功夫"：一是要在坚定理想信念上下功夫；二是要在厚植爱国主义情怀上下功夫；三是要在加强品德修养上下功夫；四是要在增长知识见识上下功夫；五是要在培养奋斗精神上下功夫；六是要在增强综合素质上下功夫。在厚植爱国主义情怀方面，习近平总书记强调："弘扬爱国主义精神要从少年儿童抓起，要把爱国主义贯穿教育和精神文明建设全过程。"在加强品德修养方面，习近平总书记强调："德育既是学生入学的第一课，也是学生离校前的最后一课，必须贯穿学生学习始终，贯穿学校工作各方面各环节，使学校真正成为化育为人的天地，而不仅仅是教授技能、发放文凭的场所。"❷此外，习近平总书记指出："要努力构建德智体美劳全面培养的教育体系，形成更高水平的人才培养体系。要把立德树人融入思想道德教育、文化知识教育、社会实践教育各环节，贯穿基础教育、职业教育、高等教育各领域，学科体系、教学体系、教材体系、管理体系要围绕这个目标来设计，教师要围绕这个目标来教，学生要围绕这个目标来学。凡是不利于实现这个目标的做法都要坚决改过来。"❸

在加强党对教育工作的全面领导方面，习近平总书记强调，要建立健全党委统一领导、党政齐抓共管、部门各负其责的教育领导体制。各级各类学校党组织要把党建工作作为办学治校的重要工作，把抓好学校党建工作作为

---

❶ 习近平. 论教育 [M]. 北京：中央文献出版社，2024：3.
❷ 习近平. 培养德智体美劳全面发展的社会主义建设者和接班人 [M]//习近平著作选读（第二卷）. 北京：人民出版社，2023：196-200.
❸ 习近平. 培养德智体美劳全面发展的社会主义建设者和接班人 [M]//习近平著作选读（第二卷）. 北京：人民出版社，2023：203.

第二章　习近平总书记关于大中小学思想政治教育一体化建设的重要论述学习研究

办学治校的基本功，把党的教育方针全面贯彻到学校工作各方面。思想政治工作是学校各项工作的生命线，各级党委、各级教育主管部门、学校党组织都必须紧紧抓在手上。❶

（九）把统筹推进大中小学思政课一体化建设作为一项重要工程（2019年）

2019年3月18日，习近平总书记在学校思想政治理论课教师座谈会上发表重要讲话。2020年9月1日，《求是》杂志第17期发表习近平的重要文章《思政课是落实立德树人根本任务的关键课程》，文章是"3·18"讲话中的重要部分。文中强调："青少年阶段是人生的'拔节孕穗期'，这一时期心智逐渐健全，思维进入最活跃状态，最需要精心引导和栽培。""思政课是落实立德树人根本任务的关键课程，思政课作用不可替代，思政课教师队伍责任重大。""办好思政课，最根本的是要全面贯彻党的教育方针，解决好培养什么人、怎样培养人、为谁培养人这个根本问题。"文中指出："在大中小学循序渐进、螺旋上升地开设思政课非常必要，是培养一代又一代社会主义建设者和接班人的重要保障。人的成长、成熟、成才不是一蹴而就的，而是一个渐进的过程，就跟人的生理发育一样，所以要把这几个阶段都铺陈好。""大中小学思政课一体化建设初显成效"，"大中小学思政课一体化建设需要深化"。"要把统筹推进大中小学思政课一体化建设作为一项重要工程，坚持问题导向和目标导向相结合，坚持守正和创新相统一，推动思政课建设内涵式发展。要针对不同学段，根据思想政治理论教育规律和学生成长规律科学设置具体教学目标，抓好教学目标设计、课程设置、教材编写、教学改革、教师培养、考核评价等环节，既不能揠苗助长、操之过急，又不能刻舟求剑、故步自封。课程设置要相对稳定，坚持大中小学纵向主线贯穿、循序渐进，各类课程横向结构合理、功能互补的原则，确保教材的政治性、科学性、时代性、可读性。"在思政课教师队伍建设方面强调，"办好思想政治理论课关键在教师"，对思政课教师提出了"政治要强""情怀要深""思维要新""视野要广""自律要严""人格要正"六个方面的具体要求。此外强调，"加强

---

❶ 习近平. 论教育［M］. 北京：中央文献出版社，2024：22-23.

党对思想政治理论课建设的领导","要建立党委统一领导、党政齐抓共管、有关部门各负其责、全社会协同配合的工作格局,推动形成全党全社会努力办好思政课、教师认真讲好思政课、学生积极学好思政课的良好氛围"。❶

(十)"大思政课"我们要善用之(2021年)

2021年3月6日,习近平总书记在看望参加全国政协十三届四次会议的医药卫生界、教育界委员时强调,"思政课不仅应该在课堂上讲,也应该在社会生活中来讲","'大思政课'我们要善用之,一定要跟现实结合起来。上思政课不能拿着文件宣读,没有生命、干巴巴的"。❷

(十一)青少年思想政治教育是一个接续的过程(2022年)

2022年4月25日,习近平总书记考察中国人民大学时强调:"为谁培养人、培养什么人、怎样培养人始终是教育的根本问题。""青少年思想政治教育是一个接续的过程,要针对青少年成长的不同阶段,有针对性地开展思想政治教育。希望人民大学绵绵用力,久久为功,止于至善,为全国大中小学思政课教学提供更多'金课'。也鼓励各地高校积极开展与中小学思政课共建,共同推动大中小学思政课一体化建设。"❸

(十二)完善思想政治工作体系,推进大中小学思想政治教育一体化建设(2022年)

2022年10月16日,习近平总书记在党的二十大报告第五部分"实施科教兴国战略,强化现代化建设人才支撑"中指出:"培养什么人、怎样培养人、为谁培养人是教育的根本问题。育人的根本在于立德。全面贯彻党的教育方针,落实立德树人根本任务,培养德智体美劳全面发展的社会主义建设

---

❶ 习近平. 思政课是落实立德树人根本任务的关键课程[EB/OL]. (2020-08-31)[2024-08-10]. https://www.ccdi.gov.cn/toutiao/202008/t20200831_224694.html.

❷ "大思政课"我们要善用之(微镜头·习近平总书记两会"下团组"·两会现场观察)[N]. 人民日报,2021-03-07(1).

❸ 习近平在中国人民大学考察时强调:坚持党的领导传承红色基因扎根中国大地 走出一条建设中国特色世界一流大学新路[EB/OL]. (2022-04-25)[2023-12-28]. https://www.gov.cn/xinwen/2022-04/25/content_5687105.htm.

第二章　习近平总书记关于大中小学思想政治教育一体化建设的重要论述学习研究

者和接班人。"在第八部分"推进文化自信自强，铸就社会主义文化新辉煌"中指出："用社会主义核心价值观铸魂育人，完善思想政治工作体系，推进大中小学思想政治教育一体化建设。"❶

（十三）推进大中小学思想政治教育一体化建设（2023年）

2023年5月29日，习近平总书记在主持中共中央政治局第五次集体学习时，发表了关于"建设教育强国"的重要讲话，科学回答"建设什么样的教育强国、怎样建设教育强国"这一重大时代课题。这是习近平总书记对教育工作的又一次极具政治性、思想性、战略性、全局性、指导性的重要讲话。习近平总书记强调："我们要建设的教育强国，是中国特色社会主义教育强国，必须以坚持党对教育事业的全面领导为根本保证，以立德树人为根本任务，以为党育人、为国育才为根本目标，以服务中华民族伟大复兴为重要使命，以教育理念、体系、制度、内容、方法、治理现代化为基本路径，以支撑引领中国式现代化为核心功能，最终是办好人民满意的教育。""培养什么人、怎样培养人、为谁培养人是教育的根本问题，也是建设教育强国的核心课题。我们建设教育强国的目的，就是培养一代又一代德智体美劳全面发展的社会主义建设者和接班人，培养一代又一代在社会主义现代化建设中可堪大用、能担重任的栋梁之才，确保党的事业和社会主义现代化强国建设后继有人。"习近平总书记指出，"要坚持不懈用新时代中国特色社会主义思想铸魂育人"，"要坚持改革创新，推进大中小学思想政治教育一体化建设，提高思政课的针对性和吸引力"。❷

（十四）深入推进大中小学思想政治教育一体化建设（2024年）

2024年5月11日，新时代学校思政课建设推进会在北京召开。会上传达了习近平总书记的重要指示。习近平总书记指出："要坚持以新时代中国特色社会主义思想为指导，全面贯彻党的教育方针，落实立德树人根本任务，坚

---

❶ 习近平. 高举中国特色社会主义伟大旗帜　为全面建设社会主义现代化国家而团结奋斗——在中国共产党第二十次全国代表大会上的报告［EB/OL］.（2022-10-26）［2023-11-25］. https：//cpc.people.com.cn/20th/n1/2022/1026/c448334-32551867.html.

❷ 习近平. 论教育［M］. 北京：中央文献出版社，2024：229-230.

持思政课建设与党的创新理论武装同步推进，构建以新时代中国特色社会主义思想为核心内容的课程教材体系，深入推进大中小学思想政治教育一体化建设。"❶

（十五）教育强国"应当具有强大的思政引领力"（2024年）

2024年9月9—10日，全国教育大会在北京召开，习近平总书记出席大会并发表重要讲话。习近平总书记强调，"我们要建成的教育强国，是中国特色社会主义教育强国，应当具有强大的思政引领力、人才竞争力、科技支撑力、民生保障力、社会协同力、国际影响力，为以中国式现代化全面推进强国建设、民族复兴伟业提供有力支撑"。习近平总书记指出，要坚持不懈用新时代中国特色社会主义思想铸魂育人，实施新时代立德树人工程。不断加强和改进新时代学校思想政治教育，教育引导青少年学生坚定马克思主义信仰、中国特色社会主义信念、中华民族伟大复兴信心，立报国强国大志向、做挺膺担当奋斗者。注重运用新时代伟大变革成功案例，充分发挥红色资源育人功能，不断拓展实践育人和网络育人的空间和阵地。加大国家通用语言文字推广力度，促进铸牢中华民族共同体意识。❷

二、习近平总书记相关重要论述的重大意义

习近平总书记关于思想政治教育的重要论述始终坚持马克思主义立场、观点和方法，面对百年未有之大变局，立足推进强国建设与民族复兴伟业的新时代，从党和国家事业发展全局出发，着力解决思想政治教育发展面临的突出矛盾与问题，兼具理论性与实践性、思想性与政策性，为新时代加强和改进思想政治教育提供了根本遵循。

---

❶ 习近平对学校思政课建设作出重要指示强调：不断开创新时代思政教育新局面 努力培养更多让党放心爱国奉献担当民族复兴重任的时代新人 ［EB/OL］. （2024-05-11）［2024-05-20］. https：//www.gov.cn/yaowen/liebiao/202405/content_6950473.htm.

❷ 习近平在全国教育大会上强调 紧紧围绕立德树人根本任务 朝着建成教育强国战略目标扎实迈进 ［EB/OL］. （2024-09-10）［2024-10-20］. http：//www.moe.gov.cn/jyb_xwfb/s6052/moe_838/202409/t20240910_1150246.html.

第二章　习近平总书记关于大中小学思想政治教育一体化建设的重要论述学习研究

（一）习近平总书记关于大中小学思想政治教育一体化建设的重要论述丰富和发展了马克思主义教育思想

马克思主义是科学的理论、人民的理论、实践的理论、不断发展的开放的理论。马克思主义是我国教育最鲜亮的底色，马克思主义教育理论是马克思主义经典作家运用马克思主义立场、观点、方法分析和解决教育问题所形成的基本观点和学说。❶ 无产阶级政党从一登上历史舞台就十分重视对群众的思想发动和教育工作。早在1847年，马克思、恩格斯就在起草的《共产主义者同盟章程》里明确提出，参加同盟的每个成员都要"具有革命毅力并努力进行宣传工作"。1902年前后，列宁创办布尔什维克党的时候，提出了"政治工作"和"政治教育工作"的概念。思想政治教育是中国共产党的优良传统。自成立之日起，中国共产党就以实现中国人民当家作主和中华民族伟大复兴为己任，伴随着党的诞生、成长和发展，思想政治工作一直是重要的"生命线"。1957年，毛泽东在《关于正确处理人民内部矛盾的问题》中指出："现在需要加强思想政治工作。不论是知识分子，还是青年学生，都应该努力学习。除了学习专业之外，在思想上要有所进步，政治上也要有所进步，这就需要学习马克思主义，学习时事政治。"❷ 邓小平多次提出："思想政治工作和思想政治工作队伍都必须大大加强，决不能削弱。"❸

党的十八大以来，习近平总书记从"教育是国之大计、党之大计"的战略高度，对思政课建设及思想政治教育作出系列重要论述，突出强调了思想政治教育的政治属性与育人属性，指明了思想政治教育的方向性原则和服务性原则。习近平总书记提出，"意识形态工作是党的一项极端重要的工作"，"思想政治工作是学校各项工作的生命线"，要"加强党对思想政治理论课建设的领导"，"要全面贯彻党的教育方针，解决好培养什么人、怎样培养人、为谁培养人这个根本问题"，"要坚持马克思主义指导地位，贯彻新时代中国特色社会主义思想，坚持社会主义办学方向，落实立德树人的根本任务，坚

---

❶ 李永智，邓友超，李红恩．习近平总书记关于教育的重要论述体系化学理化研究［J］．中国高校社会科学，2024（4）：21-31，156．

❷ 教育部思想政治工作司．思想政治教育原理与方法［M］．北京：高等教育出版社，2010：21-23．

❸ 顾海良．邓小平思想政治教育理论研究［J］．高校理论战线，2004（8）：4-9．

持教育为人民服务、为中国共产党治国理政服务、为巩固和发展中国特色社会主义制度服务、为改革开放和社会主义现代化建设服务"。突出强调了思想政治教育的方法论。习近平总书记指出,"思政课是落实立德树人根本任务的关键课程","在大中小学循序渐进、螺旋上升地开设思政课","把推进大中小学思政课一体化建设作为一项重要工程",坚持问题导向和目标导向相结合,推动思政课建设内涵式发展,"完善思想政治工作体系,推进大中小学思想政治教育一体化建设"。习近平总书记的这些重要论述,继承和发展了马克思主义教育思想,把党对教育本质的认识提高到新水平,❶ 深化了新时代思想政治教育原理与方法论,为新时代思想政治教育指明了方向。

（二）习近平总书记关于大中小学思想政治教育一体化建设的重要论述完善了学校思想政治教育的育人体系

"大中小学思想政治教育一体化建设"理念与话语的提出经历了一个演进过程。1994 年,《中共中央关于进一步加强和改进学校德育工作的若干意见》明确提出"整体规划学校的德育体系"。2005 年,《教育部关于整体规划大中小学德育体系的意见》就整体规划大中小学德育体系进行专门部署,在总体要求方面提出,把理想信念教育、爱国主义教育、公民道德教育和基本素质教育贯穿始终,使大中小学德育纵向衔接、横向贯通、螺旋上升。2016 年 12 月,习近平总书记在全国高校思想政治工作会议上强调："要坚持把立德树人作为中心环节,把思想政治工作贯穿教育教学全过程,实现全程育人、全方位育人。"2019 年 3 月,习近平总书记在学校思想政治理论课教师座谈会上的讲话中提出"推进大中小学思政课一体化建设",这一理念是对大中小学德育一体化的理念创新,强化了大中小学德育课程的政治属性。2021 年 3 月,习近平总书记提出"'大思政课'我们要善用之"。2022 年 7 月,教育部等十部门关于发布《全面推进"大思政课"建设的工作方案》,要求坚持开门办思政课,强化问题意识、突出实践导向,充分调动全社会力量和资源用于学校思政课、课程思政和日常思政教育活动。

---

❶ 孟庆涛,齐媛,侯金芹,等. 为担当民族复兴大任的时代新人培根铸魂——习近平总书记关于教育的重要论述学习研究之一［J］. 教育研究,2022（1）：11-22.

第二章　习近平总书记关于大中小学思想政治教育一体化建设的重要论述学习研究

2022年10月，习近平总书记在党的二十大报告中提出"大中小学思想政治教育一体化建设"，这一理念体现了"大思政课"的思维，是"推进大中小学思政课一体化建设"理念的新发展。"大中小学思政课一体化"强调，发挥思政课的思想政治教育主渠道作用和落实立德树人根本任务的关键课程优势。"大中小学思想政治教育一体化"强调，完善大中小学思想政治教育体系，全面落实立德树人根本任务，形成强大育人合力。推进大中小学思政课一体化建设是推进大中小学思想政治教育一体化建设的关键内容，二者既内在统一，又各有侧重，需要协同推进，提高思想政治教育效能。"大中小学思想政治教育一体化建设"理念的提出，体现了全面加强学校思政教育的育人要求，完善了学校思政教育的育人体系，打通了学校思政教育的育人话语。❶

（三）习近平总书记关于大中小学思想政治教育一体化建设的重要论述为新时代学校思想政治教育提供了行动指南

习近平总书记关于思想政治教育和大中小学思想政治教育一体化建设的思想和主张，是在对当今世界百年未有之大变局和我国社会发展新形势、新情况与新问题进行全面深刻审视基础之上形成的，是立足世情、国情、党情、民情，站在历史与时代的制高点而提出的，具有重要的现实意义和实践指导价值，为新时代思想政治教育指明了方向，提供了原理，设计了践行方略。

习近平总书记对学校办学方向、思想政治教育的根本任务、根本途径、思政课改革创新等有系统论述。在大中小学思想政治教育一体化建设方面，习近平总书记指出，"在大中小学循序渐进、螺旋上升地开设思政课"，"坚持大中小学纵向主线贯穿、循序渐进，各类课程横向结构合理、功能互补的原则，确保教材的政治性、科学性、时代性、可读性"。"各类课程与思想政治理论课同向同行，形成协同效应。""思政课不仅应该在课堂上讲，也应该在社会生活中来讲"，"'大思政课'我们要善用之"。这些论述为大中小学思想政治教育一体化建设明确了方向，提出了要求，指明了路径。党的十八大以来，党对思政课建设的领导全面加强，各级各类学校社会主义办学方向更加

---

❶ 石书臣.推动大中小学思想政治教育一体化建设和大中小学思政课一体化建设协同发展［J］.青年学报，2023（1）：22-27.

鲜明，思政课发展环境和整体生态发生全局性、根本性转变。

三、习近平总书记相关重要论述的主要内涵

（一）大中小学思想政治教育一体化建设的根本目的是铸魂育人

回顾党的历史，我们党对教育政治方向的强调始终如一，"培养社会主义建设者和接班人"的目标一以贯之。❶ 课程教材集中体现党和国家意志，是育人的载体。在落实立德树人根本任务的各门课程中，思政课具有鲜明意识形态特征和价值导向，其关键地位和作用不可替代。习近平总书记在2019年3月18日学校思政课教师座谈会上的讲话中指出，"办好思想政治理论课，最根本的是要全面贯彻党的教育方针，解决好培养什么人、怎样培养人、为谁培养人这个根本问题"，强调"必须培养一代又一代拥护中国共产党领导和我国社会主义制度、立志为中国特色社会主义事业奋斗终身的有用人才。在这个根本问题上，必须旗帜鲜明、毫不含糊"。2018年8月，习近平总书记在全国宣传思想工作会议会上的讲话中指出，"宣传思想工作是做人的工作的，要把培养担当民族复兴大任的时代新人作为重要职责"。作为以开展马克思主义理论教育为根本任务的思政课，肩负着重要的育人使命和维护国家意识形态安全、培养社会主义建设者和接班人的政治使命。立足百年未有之大变局、党和国家事业发展全局，思政课建设事关社会主义办学方向，事关青少年健康成长。办好思政课，深入推进大中小学思想政治教育一体化建设，就是要肩负为党育人、为国育才的光荣使命，聚焦立德树人根本任务，强化思政课的育人属性与政治属性，坚持不懈用新时代中国特色社会主义思想铸魂育人，引导学生扣好人生第一粒扣子，树立正确的世界观、人生观、价值观，将实现个人价值同党和国家前途命运紧密联系，增强"四个自信"，把爱国情、强国志、报国行自觉融入实现中华民族伟大复兴的奋斗之中。

（二）大中小学思想政治教育一体化建设的根本遵循是育人规律

习近平总书记指出，"人的成长、成熟、成才不是一蹴而就的，而是一个

---

❶ 翁铁慧. 以一体化建设引领推动新时代思政教育高质量发展［N］. 人民日报，2024-07-22（9）.

渐进的过程，就跟人的生理发育一样，所以要把这几个阶段都铺陈好"。根据辩证唯物主义的发展观，在个体与环境相互作用过程中，人的心理发展是一个连续的过程，同时，人的心理发展又是分阶段的，不同的阶段具有各自质的规定性和相对一致的年龄区间（年龄特征）。❶ 瑞士心理学家皮亚杰用认知发展的观点来解释道德发展，提出了道德发展的四阶段理论，即前道德阶段（0—2岁）、他律道德阶段（2—8岁）、自律道德阶段（8—10岁）、公正阶段（10—12岁）。美国心理学家和教育学家柯尔伯格提出了三种水平六个阶段的道德发展阶段理论，认为个体道德发展处于不断的建构或结构的重建之中。做好思想政治工作，要"遵循思想政治工作规律，遵循教书育人规律，遵循学生成长规律"。根据青少年身心发展的连续性和阶段性特征，"在大中小学循序渐进、螺旋上升地开设思政课"，有针对性地制定课程目标、选择内容与适当的方法加强思想政治教育，统筹推进大中小学思想政治教育一体化建设，遵循了辩证唯物主义的发展观，符合教育对象的实际，符合思想政治教育规律和学生成长规律，也是引领推动新时代思想政治教育高质量发展的必然要求。

（三）大中小学思想政治教育一体化建设的根本方法是坚持系统观念

系统观念是辩证唯物主义的重要认识论和方法论，是具有基础性的思想和工作方法。全面地而不是片面地、系统地而不是零散地、普遍联系地而不是孤立地、发展地而不是静止地观察事物、分析问题、解决问题，是学习和掌握唯物辩证法的基本要求。❷ 系统观念强调以系统理论的科学思维分析、解决问题，是贯穿习近平新时代中国特色社会主义思想的重要立场观点方法之一。❸ 党的二十大报告强调，继续推进实践基础上的理论创新，首先要把握好新时代中国特色社会主义思想的世界观和方法论，其中的"六个必须坚持"之一就是"坚持系统观念"。党的二十届三中全会强调，要"坚持系统观

---

❶ 陈琦，陈儒德. 当代教育心理学［M］. 北京：北京师范大学出版社，1997：25-27.

❷ 《马克思主义哲学》编写组. 马克思主义哲学［M］. 2版. 北京：高等教育出版社，2009：73-76, 95.

❸ 许瑞芳，纪晨毓. 系统论视域下大中小学思想政治教育一体化探赜［J］. 思想理论教育，2023（6）：27-32.

念",增强改革系统性、整体性、协调性。

　　思想政治教育是一个复杂的系统。坚持系统观念,推进大中小学思想政治教育一体化建设,要把握大中小学思想政治教育一体化在教育强国建设和文化强国建设中的重要位置与作用。在文化强国建设和教育强国建设的大系统中,大中小学思想政治教育一体化建设是重要"要素",通过大中小学思想政治教育一体化建设,完善大中小学思想政治教育体系、思想政治工作体系、意识形态工作体系,"广泛践行社会主义核心价值观",增强文化自信,"举旗帜、聚民心、育新人、兴文化、展形象",落实立德树人根本任务,培养德智体美劳全面发展的社会主义建设者和接班人。坚持系统观念,推进大中小学思想政治教育一体化建设,要注重发挥大中小学思想政治教育系统各要素的功能,注重协同推进,形成育人合力,提高思想政治教育效能。发挥好思政课落实立德树人根本任务关键课程的作用,"在大中小学循序渐进、螺旋上升地开设思政课","要用好课堂教学这个主渠道","使各类课程与思想政治理论课同向同行,形成协同效应"。坚持"八个相统一",即政治性和学理性相统一、价值性和知识性相统一、建设性和批判性相统一、理论性和实践性相统一、统一性和多样性相统一、主导性和主体性相统一、灌输性和启发性相统一、显性教育和隐性教育相统一,推动思想政治理论课改革创新坚持,实现全员全程全方位育人。坚持系统观念,要把"党委统一领导、各部门各方面齐抓共管的工作格局"贯穿大中小学思想政治教育一体化的育人过程。

第三章

新时代大中小学思想政治教育一体化相关研究进展

第三章　新时代大中小学思想政治教育一体化相关研究进展

党的十八大以来，党中央高度重视思政课建设及思政教育工作。习近平总书记在学校思想政治理论课教师座谈会上的重要讲话指出，在大中小学循序渐进、螺旋上升地开设思政课非常必要，是培养一代又一代社会主义建设者和接班人的重要保障。❶ 2019 年，中共中央办公厅、国务院办公厅印发《关于深化新时代学校思想政治理论课改革创新的若干意见》，指出"统筹大中小学思政课一体化建设"。党的二十大报告进一步指出，"用社会主义核心价值观铸魂育人，完善思想政治工作体系，推进大中小学思想政治教育一体化建设"❷。为贯彻落实党的二十大精神，2022 年，教育部办公厅发布《关于开展大中小学思政课一体化共同体建设的通知》，进一步推动全国大中小学开展思政课一体化的理论研究和实践探索。2023 年初，全国教育工作会议将坚持不懈用习近平新时代中国特色社会主义思想铸魂育人作为教育工作的主攻方向和重点任务。

思想政治教育是思想政治教育研究中的根本性理论命题，也是思想政治教育理论的立论之本，不仅在学科上决定了思想政治教育的属性，在实践上也客观决定着思想政治教育的任务和方向。❸ 思想政治教育的一项重要任务，就是要引导人们正确地解决主观和客观的矛盾，使主观正确反映客观并形成正确的思想认识。❹ 关于大中小学思政课一体化及思政教育一体化建设，近年来，学界进行了积极探索。如冯建军提出，大中小学思政课一体化表现在课程性质、课程目标、课程内容、教学方式、课程评价的一体化。❺ 李明等认

---

❶ 习近平. 思政课是落实立德树人根本任务的关键课程 [J]. 新长征（党建版），2021（3）：4-13.
❷ 习近平. 高举中国特色社会主义伟大旗帜　为全面建设社会主义现代化国家而团结奋斗——在中国共产党第二十次全国代表大会上的报告 [N]. 人民日报，2022-10-26（1）：44.
❸ 郗铮. 新时代思想政治教育理论研究 [M]. 哈尔滨：黑龙江人民出版社，2019：2.
❹ 骆郁廷. 思想政治教育引论 [M]. 北京：中国人民大学出版社，2018：3.
❺ 冯建军. 大中小学思政课一体化的内容要求与推进措施 [J]. 课程·教材·教法，2023，43（2）：59-66.

为，大中小学思想政治教育一体化体现在同一学生个体思想政治素质养成的"一体化"需求。❶ 新时代，加强对思政教育的系统深入研究对推进大中小学思想政治教育一体化建设具有重要意义。本研究运用 CiteSpace 可视化分析工具，利用文献计量学客观地呈现该领域的研究样态，着重对其研究热点和前沿问题进行剖析，以为相关研究提供参考，为实践推进提供理论支撑。

一、研究方法

本文采用文献研究法，即在搜索整理相关研究文献的基础上，进行文献综述。通过中国知网数据库，检索新时代大中小学思想政治教育一体化相关研究，具体检索条件如下：一是在中国知网主题检索"中文数据库"的"学术期刊"数据库分别以"德育一体化""思政课一体化""思想政治教育一体化"为关键词，期刊限定类型为"全部期刊"，进行"篇名"检索；二是检索时间确定为党的十八大以来（2012—2023 年，检索时间为 2023 年 9 月 18 日），通过依次阅读文献标题、摘要、全文，剔除无关文献，最终共检索得到与大中小学思想政治教育一体化相关的文献 1326 篇。

二、研究结果

（一）研究文献的基本特点

1. 年度载文量

从发文数量及趋势来看，2012 年以来，关于大中小学思想政治教育一体化的相关研究在数量上呈现逐年上升的态势。其中，由于《关于深化新时代学校思想政治理论课改革创新的若干意见》的出台，2019 年起相关文献数量急速增长，关于大中小学思想政治教育一体化的研究已经成为一个热点议题，而且关注度居高不下。

---

❶ 李明，高向辉，孙佳星，等. 大中小学思想政治教育一体化体系构建［J］. 现代教育管理，2020（6）：14-19.

2. 来源期刊

从文献来源期刊上看，涵盖了《中学政治教学参考》《思想政治课教学》《中国高等教育》《学校党建与思想教育》等多种期刊，表3-1提供了关于新时代以来大中小学思想政治教育一体化文献来源前十名期刊的发文量。

表3-1 2012—2023年大中小学思想政治教育一体化文献来源期刊（Top10）

序号	名称	篇数
1	《中学政治教学参考》	207
2	《现代教学》	76
3	《中国德育》	74
4	《思想政治课教学》	71
5	《上海教育》	48
6	《中国高等教育》	43
7	《学校党建与思想教育》	40
8	《文教资料》	36
9	《北京教育（普教版）》	34
10	《中小学德育》	33

（二）关键词共现分析

关键词又称主题词，是在论文中起关键作用的、最具概括性说明问题的、代表论文特征的名词或词组。运用CiteSpace软件进行关键词共现分析，以进一步确定党的十八大以来大中小学思想政治教育一体化建设研究的趋势与现状。按照参数属性绘制出关键词共现图谱，获得442个网络节点、849条网络连接图谱。每个节点都代表一个关键词，而节点字号大小、节点之间连接程度分别代表了关键词频次高低，以及各关键词间联系的密切程度。字体大小也同样反映了该关键词的中心性，字体越大代表着相应关键词的中心性越强，也就是说该关键词在共现图谱中的影响力越大（见图3-1）。

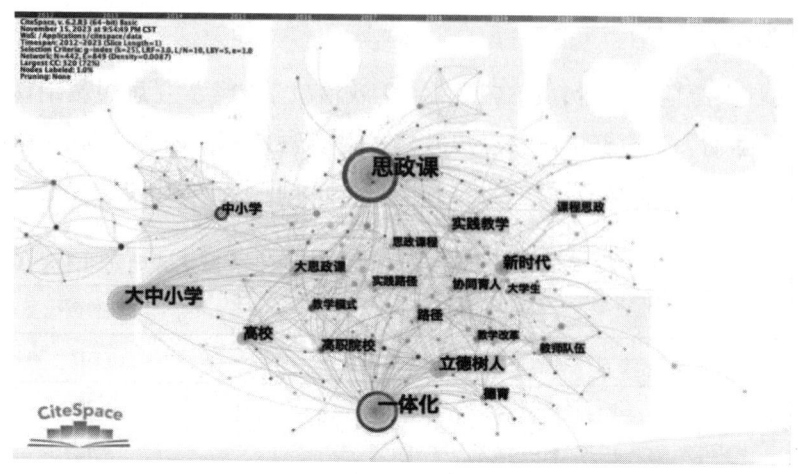

图 3-1　关键词共现图谱

构建党的十八大以来大中小学思想政治教育一体化建设研究领域中的关键词（研究热点）共现网络，需运用 CiteSpace 软件分析党的十八大以来（2012—2023 年）检索的 1326 篇文献中的高频关键词和中介中心性高的关键词，以此能够初步识别出该领域的研究热点。依据约瑟夫·唐纳林（Joseph C. Donohue）教授提出的高频词边界公式 $T=\dfrac{-1+\sqrt{1+8I}}{2}$ 统计计算检索文献的高频关键词（其中 T 为高频关键词阈值，I 为关键词个数）。[1] 通过 CiteSpace 的 Netwok Summary as HTML, TSV, RIS 功能分析得到 I 为 442，计算 T 值为 29.24，即频次≥29.24 次的关键词可以确定为高频关键词。由表 3-2 的数据显示，目前该领域的高频关键词为思政课（372 次）、一体化（208 次）、大中小学（192 次）、立德树人（68 次）、新时代（53 次）、高校（47 次）、实践教学（38 次）等。因此，初步探索结论为上述高频关键词是党的十八大以来研究者对于大中小学思想政治教育一体化建设研究的热点问题。

---

[1] 王立柱，何云峰. 基于 CiteSpace 的我国课程思政研究可视化分析［J］. 教育理论与实践，2022，42（24）：27-31.

表 3-2　高频关键词（TOP 10）

序号	频次	中心性	关键词
1	372	0.58	思政课
2	208	0.31	一体化
3	192	0.07	大中小学
4	68	0.05	立德树人
5	53	0.05	新时代
6	47	0.06	高校
7	38	0.03	实践教学
8	29	0.02	高职院校
9	28	0.22	中小学
10	27	0.05	大思政课

（三）研究方法的特点

通过对 1326 篇文献进行分析发现，研究方法以非实证研究为主，主要包括文献分析法、经验总结法、个案研究法、比较研究法、自然观察法等。也有少量调查研究与实证分析，如有的高校马院研究者在一定区域范围内以思政课教师队伍为研究对象开展了大学与中学思政课教学一体化建设调查；❶ 有的高校课程思政研究中心基于实证，选取 50 门课程思政示范课程作为研究对象，分析了这些课程普遍坚持的教学原则与采取的教学方法。❷

（四）主要研究内容概述

1. 关于大中小学思想政治教育一体化建设的内涵研究

习近平总书记在学校思想政治理论课教师座谈会上指出："要把统筹推进

---

❶ 李忆华，张俊波. 大学与中学思政课教学一体化建设的困境与破解——基于我国湘南地区大学与中学的调查［J］. 未来与发展，2022，46（12）：107-112.

❷ 谭红岩. 课程思政教学设计的原则与方法——基于示范课程的实证分析［J］. 化工高等教育，2022，39（4）：9-15.

大中小学思政课一体化建设作为一项重要工程，推动思政课建设内涵式发展。"❶ 正确认识大中小学思想政治教育一体化建设的内涵将对全面推进大中小学思想政治教育一体化建设、落实好立德树人根本任务有着重要作用。许多研究者从根本任务、关键、核心等角度对大中小学思想政治教育一体化建设的内涵进行了分析。

(1) 大中小学思想政治教育一体化建设的根本任务是立德树人。

教育是国之大计，党之大计。习近平总书记在学校思想政治理论课教师座谈会上指出，办好思政课，最根本的是要全面贯彻党的教育方针，解决好培养什么人、怎样培养人、为谁培养人这个根本问题。❷《关于深化新时代学校思想政治理论课改革创新的若干意见》明确指出："思政课是落实立德树人根本任务的关键课程，发挥着不可替代的作用。"❸ 各级各类学校要牢记立德树人根本任务，加强学校的思想政治教育工作。金剑琳等提出立德树人是高校思政教育之核心任务，也是高校思政教育工作之中心环节，蕴含着对青年学生成长成才的整体性关切，体现了对青年学生德智体美劳多方面发展的全面性关怀。❹ 冯刚等认为立德树人是中国教育现代化的核心，培养德智体美劳全面发展的社会主义建设者和接班人是中国教育现代化发展的方向和目标。❺ 詹万生提出德育是素质教育的首要任务，大德育政策是社会和教育发展的必然结果，培育和践行社会主义核心价值观是贯彻落实立德树人根本任务的必然要求。❻ 可以说，大中小学思政教育一体化建设是对德育认识的深化。

基于立德树人根本任务开展大中小学思政教育一体化是促进学生全面发展的内在要求。任志锋等认为，推进大中小学思想政治教育一体化建设，是

---

❶ 习近平主持召开学校思想政治理论课教师座谈会强调：用新时代中国特色社会主义思想铸魂育人　贯彻党的教育方针落实立德树人根本任务 [N]．人民日报，2019-03-19 (1)．
❷ 习近平．思政课是落实立德树人根本任务的关键课程 [J]．新长征（党建版），2021 (3)：4-13.
❸ 中共中央办公厅　国务院办公厅印发《关于深化新时代学校思想政治理论课改革创新的若干意见》[N]．人民日报，2019 (8)：15.
❹ 金剑琳，李朝阳．新时期高校思政教育落实立德树人任务的策略 [J]．山西财经大学学报，2022，44 (S2)：57-60.
❺ 冯刚，徐文倩．把握新时代大中小学思想政治教育一体化建设内在规律 [J]．中国高等教育，2020 (2)：17-19.
❻ 詹万生．我国大德育政策的产生与发展 [J]．中国德育，2015 (13)：21-26.

一项以培育和践行社会主义核心价值观为主线的战略工程，其目的在于全面贯彻落实立德树人根本任务，培养和造就德智体美劳全面发展的社会主义建设者和接班人，回答和解决"培养什么人、怎样培养人、为谁培养人"这一教育根本问题，体现了"围绕学生、关照学生、服务学生"的育人理念和价值取向。❶李昕提出要通过把握政治要求、聚焦培养目标、创新工作方法、协同育人资源等方式深刻把握"一体化"内涵，用习近平新时代中国特色社会主义思想铸魂育人。❷

（2）大中小学思想政治教育一体化的关键是遵循学生成长规律。

人的思想政治素质和价值观念的形成，是一个渐进发展的过程。大中小学思想政治一体化的建设需遵循学生的成长规律以及教师的教书育人规律。齐勋等认为，思政教育需结合新时代发展要求，不断创新教育教学方式方法，充分考虑学生主体性，结合其身心发展规律科学规划教育教学内容有利于促进学生多方面发展。❸王穗洁认为，学生首先要从实践中获得思想品德的基本认识，再通过内在思想的矛盾运动，逐渐形成思想品德的认知，进而将社会主义主流价值观念内化于心、外化于行。❹蒋桂芳等认为，遵循教书育人规律推进大中小学思政课课程内容一体化建设，有助于思政课教师培养学生思想品德、知识学识、创新能力、动手能力、劳动技能等方面的协同发展，以及有利于一线教师依据学生认知发展规律，循序渐进地纵向设计科学有序、有效衔接的"五育"内容，提供既符合学生认知水平又符合全面发展人才培养目标的思想政治教育养分。❺

---

❶ 任志锋，王天娇. 大中小学思想政治教育一体化建设：内涵、理念与行动［J］. 青年学报，2023（1）：16-21.

❷ 李昕. 统筹推进大中小学一体化　推动思政课建设内涵式发展［J］. 中国高等教育，2019（7）：10-12.

❸ 齐勋，徐杉. 基于立德树人的思政教育创新［J］. 中学政治教学参考，2022（43）：97.

❹ 王穗洁. 新时代大中小学思想政治教育一体化建设的内涵、瓶颈和突破路径［J］. 新经济，2021（6）：93-97.

❺ 蒋桂芳，王贝贝. 新时代深化大中小学思政课课程内容一体化建设研究［J］. 北京教育（德育），2023（4）：37-44.

（3）大中小学思想政治教育一体化的核心是遵循"循序渐进、螺旋上升"原则。

《关于深化新时代学校思想政治理论课改革创新的若干意见》指出，在大中小学循序渐进、螺旋上升地开设思政课，引导学生立德成人、立志成才，树立正确世界观、人生观、价值观。❶ 刘晨晔等认为，思想政治教育一体化理念要求在课程设置上体现梯度性，保证教育内容由浅入深、层层递进、有序过渡，从而最大限度地满足不同学段学生的思想品德发展要求，促进学生的全面发展。❷ 韩震认为要加强基础理论研究，把统筹推进大中小学思想政治理论课一体化作为一项重要工程，按照大中小学纵向贯穿、循序渐进，各类课程横向结构合理、功能互补的原则，系统设计德育教材，确保教材的政治性、科学性、时代性、可读性。❸ 王偼婷等提出推进大中小学思政课一体化建设，要在系统化目标的指引下根本解决各学段思政课客观存在的各类具体问题，在教育目标的具体设计上体现差异性、连续性，在逻辑关系上呈现渐进性、上升性，使受教育者在循序渐进、螺旋上升的连贯思想政治教育过程中，逐渐成长为德智体美劳全面发展的社会主义建设者和接班人。❹

当前，在改进大中小学思想政治教育一体化建设的问题中，需要重视课程体系建设，重视不同阶段学生的课程体系的区分度和衔接思路，突出专业特点；避免各学段的不同思想政治教育课程在教材内容上简单重复，应做到思想聚焦、突出重点，循序渐进、螺旋上升地做好各阶段学生的思想政治教育工作。

2. 关于大中小学思想政治教育一体化建设中的教学与教师教育模式探讨

通过虚拟仿真实验的教学模式实现大中小学思政课网络教学一体化、利用"U-G-S"模式以及闭路回环模式深化大中小学思想政治教育一体化的整体性以及连贯性是近年来研究者关注的热点问题。

---

❶ 中共中央办公厅　国务院办公厅印发《关于深化新时代学校思想政治理论课改革创新的若干意见》[J]. 中华人民共和国教育部公报，2019（9）：2-7.

❷ 刘晨晔，孙擎. 推进思想政治教育一体化建设的有效路径[J]. 思想政治课教学，2023（4）：17-21.

❸ 韩震. 大中小学德育一体化思路下的德育教材体系建设[J]. 教育研究，2020，41（3）：14-18.

❹ 王偼婷，刘华. 大中小学思政课一体化建设的实践路径研究[J]. 中国高等教育，2023（9）：37-40.

（1）虚拟仿真实验为大中小学思政课网络教学一体化建设提供了新平台。

随着"互联网+"时代的到来，近年来，时间碎片化、多样化等特点日益明显，学校进行思想政治教育的外部环境和现实要求也发生了重大变化，如何推动思政课与"互联网+"深度融合，利用学习资源多元、学习方式多样、学习平台日益完善的大环境重拾时间碎片，合理高效地开展思想政治理论课学习成为研究热点。李后东等认为这得益于近些年来"互联网+"技术在大中小学多学科课程建设和教学模式改革中的探索和运用。❶ 例如，新冠疫情期间，在多方支持下，中小学实现了"停课不停教、停课不停学"，"全国大学生同上一堂疫情防控思政大课"等思政"云课堂"也深受学生欢迎。

虚拟仿真实验教学是高等教育信息化建设和实验教学示范中心建设的重要内容，是学科专业与信息技术深度融合的产物。❷ 其主要依托虚拟现实、多媒体、人机交互、数据库和网络通信等技术，构建高度仿真的虚拟实验环境和实验对象，学生在虚拟环境中开展实验，达到教学大纲所要求的教学目的。近年来，国家发布相关政策，持续开展虚拟仿真实验教学中心建设工作，相关研究也较为丰富。姜金良等研究认为，虚拟仿真实验设计主要用于虚拟难以身临其境的行为环境、突发性偶发性场景、特殊行为对象接触交往场景、多流程的实践操作程序、历史或者精神场景。基于对65个人文科学国家级虚拟仿真实验教学一流课程实证分析发现，虚拟仿真实验在法学、马克思主义理论、教育学、文学、历史学等学科中均有应用，但也存在应用不充分、不均衡的情形。❸ 卢艳丽等认为，虚拟仿真实验教学在不断加强基础训练的同时，注重拓宽学生知识覆盖面，注重学科专业知识的交叉融合，为学生提供更多元、更全面的评价，辅助学生更好地提升实践能力。❹ 李后东等认为，思政课虚拟仿真实验在借鉴其他学科虚拟仿真实验成熟经验的基础上，根据马

---

❶ 李后东，杨建强. 思政课网络教学一体化建设下的虚拟仿真实验［J］. 中学政治教学参考，2020（37）：80-81.

❷ 北京润尼尔科技股份有限公司官网. 国家虚拟仿真实验教学一流课程建设方案［EB/OL］.（2021-12-03）［2023-11-02］. https://www.rainier.net.cn/jjfa/xnfzsyjxzxjsfa/.

❸ 姜金良，李丽，刘国磊. 人文科学虚拟仿真实验建设现状、设计模式与应用场景——基于国家级虚拟仿真实验教学一流课程的实证分析［J］. 实验室研究与探索，2023，42（1）：298-303.

❹ 卢艳丽，马良，高峰，等. 虚拟仿真实验教学一流课程建设研究与实践［J］. 高教学刊，2023，9（25）：34-37.

克思主义理论和思想政治理论课的突出特点,注重让学生在虚实结合、线上线下结合、理论实践结合中积极主动地体验、思考、领会和总结课程中的重要知识点,以实现课堂教学、实践教学和实验教学的深度联动。对于大中小学思政课网络教学一体化建设来说,虚拟仿真实验的开发实施是顶层设计一体规划、教学目标一体贯通、教学内容一体衔接、教学资源一体供给、师资队伍一体培养的具体探索。❶

(2)"U-G-S"教师教育模式为深化大中小学思政课一体化建设提供了新视角。

解决推进大中小学思政课一体化建设中面临的一些现实问题,需要强化协同理念,加强大中小学思政课教师队伍的交流互动。研究者认为,"U-G-S"教师教育模式中,大中小学各学段的教师相互合作、彼此交流、共同促进思想政治教育一体化的建设,利于实现立德树人的根本目标。

刘益春等提出,"U-G-S"教师教育模式是指 University(大学)-Government(地方政府)-School(中小学校)三方以培养师范生专业技能、促进教师专业发展为目标,协同开展大中小学教师职前培养、入职教育和在职培训等相关活动的一种教师教育合作模式。❷ 合肥师范学院调研组提出,"U-G-S"的教学模式的合作重点是以专业为引领,促进学校发展。❸ 刘智等认为,"U-G-S"模式下,既有大学、地方政府、中小学之间的合作,也有不同学段教师与教师之间的合作。"U-G-S"教师教育模式应用于思政课一体化建设,不仅为大中小学思政课教师纵向跨学段、横向跨学科的思政课一体化建设提供了可能,也为思政课一体化建设搭建了常态化的交流沟通渠道。❹

因此,"U-G-S"教师教育模式推动地方政府为大中小学提供了基础教育教学实践基地,大中小学都拥有了充分的学习交流平台,也为大中小学思想

---

❶ 李后东,杨建强.思政课网络教学一体化建设下的虚拟仿真实验[J].中学政治教学参考,2020(37):80-81.

❷ 刘益春,李广,高夯."U-G-S"教师教育模式建构研究——基于教师教育创新东北实验区建设的实践与思考[J].教师教育研究,2013(1):61-64.

❸ 合肥师范学院调研组."U-G-S"三方合作培养模式调研报告[J].区域研究,2015(2):14-15.

❹ 刘智,张超然.大中小学思政课一体化建设:价值意蕴与实践路径——基于"U-G-S"教师教育模式的视角[J].现代教育管理,2022(1):93-100.

政治教育一体化建设搭建了一座相互结合的桥梁。

3. 关于大中小学思想政治教育一体化建设的实践路径研究

近年来，各地积极推进思想政治一体化建设，在区域性实践、议题式实践以及贯通式实践等方面进行了探索。

（1）区域性实践。

各地在大中小学思想政治教育一体化建设中，因地制宜，挖掘当地品牌文化资源特色，将其以多种形式融入大中小学思想政治理论课，提升思政课教学实效。卢观链认为地方党史资源融入思政课一体化建设需要深入理解教学目标方向、教学内容体系及教研协作模式，推动地方党史资源在提升思政课教学质量方面发挥更大作用，使地方党史资源的重要教育价值真正落地落实。❶ 央广网曾报道上海普陀区以华东师范大学牵头引领普陀区中小学协同发展的教学模式，合作推出主题课程"赤色沪西"。❷ 李丽丽认为将河北红色文化融入大中小学思政课一体化建设具有现实意义，因为河北省有晋察冀抗日根据地、西柏坡等丰富的红色资源。河北省的大中小学思想政治课教师运用红色资源中的先进模范典型融入大中小学思想政治课，可以让学生领悟到个人价值与社会价值之间的关系，教师可以带着学生重走红色遗址以及拍摄红色文化微电影、宣传片等，将红色旅游景点中的一手历史材料讲给学生们听，进一步挖掘文化价值；利用网络媒体技术开启虚拟红色文化阵地，建成河北省规模最大的红色文化 VR 体验中心，学生在校园通过虚拟设备就能参观李大钊故居，重走长征路，体验渡江战役，切实将区域性实践融入大中小学思想政治教育一体化建设，丰富思政课的教学机制。❸ 林杰钦等指出，福建省厦门市翔安区联合厦门大学、集美大学、厦门海洋职业技术学院等高校和区域内中小学校，成立"厦门市翔安区思政课一体化研究中心"，探索出一条以大中

---

❶ 卢观链. 地方党史资源融入思政课一体化建设探赜 [J]. 中学政治教学参考，2022（31）：62-64.

❷ 央广网. 上海打造大中小一体化思政育人"金课" [EB/OL]. (2020-10-27) [2023-11-02]. https://baijiahao.baidu.com/s?id=1681685684388696662&wfr=spider&for=pc.

❸ 李丽丽. 红色文化融入大中小学思政课一体化建设路径探析——以河北省相关实践为例 [J]. 新生代，2021（4）：57-60.

小学思政课一体化建设为载体、落实立德树人根本任务的思政教育之路。❶ 唐湘珍认为，甘肃有丰富的红色文化资源，有腊子口战役遗址、红军长征胜利纪念馆、古浪横梁山战役遗址、武威永丰战役遗址、南梁革命纪念馆等重要革命遗址、遗迹；有"西路军"系列丛书、《祁连山的回声》等电影、《红色南梁》等文献纪录片以及许多与红军相关的红色故事、红色歌谣、红色诗词、红色小说、红色影视作品等革命文学艺术，挖掘地方丰富的红色文化资源，创立具有本土特色的红色文化课程品牌，具有非常重要的理论和实践意义。❷

（2）议题式实践路径。

议题式教学以议题为纽带，提高学生思考的能力，在探究和实践中增强社会认同感。在议题式教学中，大中小学的学生有更多思考的时间与空间，在教师的启发下，学生也可以结合自身阅历与学识能力去挖掘思想政治课背后的真理。

思政学科的重要任务是对学生的人生观、世界观、价值观进行教育。刘慧认为教师在思想政治理论课的教学中，应根据日常生活与社会热点设计议题和提出议题，更加生活化的议题可以激发学生的讨论热情和学习兴趣。❸ 何立新提出紧扣总议题设计活动的方案有多种，如课前问卷调查、参观革命博物馆、走访先进人物、生涯规划设计等。❹ 沈雪春提出思政课一体化建设的议题进阶线和任务进阶线。研究表明小学阶段教师要以初识性议题为纽带，在讨论和游戏活动中启蒙道德情感，开展启蒙教学；初中阶段要以基本常识性议题为纽带，在讨论和体验活动中打牢思想基础，助力少年成长；高中阶段要以常识性议题为纽带，在讨论和探究活动中增强政治认同，提升政治素养；大学阶段要以理论层面的议题为纽带，在讨论和研究活动中增强使命担当，

---

❶ 林杰钦，李圣德.大中小学思政课一体化建设的区域性实践——以福建省厦门市翔安区为例[J].思想政治课教学，2023（8）：22-25.

❷ 唐湘珍.一体化视域下地方红色文化资源融入思政课的价值意蕴与路径选择——以甘肃红色文化为例[J].世纪桥，2023（4）：57-59.

❸ 刘慧.中职思政议题式教学的现实背景、实施策略和生成逻辑[J].中国职业技术教育，2022（8）：77-80.

❹ 何立新.党的二十大精神进课堂教学实践——以"中国式现代化进程中的青少年担当"议题式教学为例[J].中学政治教学参考，2023（31）：81-83.

引导大学生在实现中华民族伟大复兴的征程中展现使命担当与青春风采。❶

(3) 贯通式实践路径。

在思想政治理论课的贯通式教学模式中，教师要发挥好引导的作用，对待不同学段的学生应采取不同的教学模式。许文认为，实施思想政治理论课贯通式教学模式，最大的问题是如何让任课教师成为思想政治理论课"通才"，通晓五门思想政治理论课的教学内容、教学模式、教学规范。为了解决贯通式教学模式面临的问题，教师应实现教研部之间集体备课、开展教学活动，并依据思政课大纲开展主题教学。❷ 就"如何实现贯通式教学"而言，卢宣伊提出需要以学生为中心、以信息技术为抓手、以顶层设计为统领，为高校联动的、连续的一体化人才培养提供长效保障，大中小学思想政治理论课贯通式培养路径得到优化。❸ 高杰提出教师在贯通式教学的模式下，应当深入开发红色文化资源专题内容，将其融入思政课，从细、小、实等方面下功夫，充实教学案例，把蕴含更多红色资源的优质平台利用好。❹ 王婉慧等提出贯通式教学是将红色文化融入大中小学思政课一体化的重要途径，可以构建螺旋上升、循序渐进的一体化育人格局。将红色文化运用贯通式教学融入大中小学思想政治理论课是较为有效的方式，教师要根据不同学段学生的实际情况选择教学内容与方式，并且要做好教师之间的紧密沟通，交流互鉴，建立横向跨学科、纵向跨学段的交流研修机制。❺ 以"四史"教育为纵轴，在贯通思政课教学模式中，宋学勤等提出需要在尊重教育规律的基础上整合教育资源，分阶段、按学制推动大中小学思想政治理论课一体化建设。❻

---

❶ 沈雪春. 思政课一体化建设的议题式教学推进路径——以"构建人类命运共同体"教学为例[J]. 中学政治教学参考, 2023 (25): 27-29.

❷ 许文. 思想政治理论课贯通式教学模式研究[J]. 河南工业大学学报（社会科学版）, 2016, 12 (1): 117-120.

❸ 卢宣伊. 高校思想政治理论课的贯通式教学构想[J]. 思想政治课研究, 2022 (2): 22-25.

❹ 高杰. 红色文化融入思政课一体化建设的思考[J]. 中学政治教学参考, 2021 (47): 73-74.

❺ 王婉慧, 任子辛. 贯通式教学：红色文化融入课程一体化路径构建[J]. 中学政治教学参考, 2023 (23): 66-68.

❻ 宋学勤, 罗丁紫. 论"四史"教育融入大中小学思想政治理论课一体化建设[J]. 思想教育研究, 2021 (3): 73-79.

(4) 其他研究。

此外，相关研究者探讨了闭路回环实施模式。施良方根据研究得出显性课程是学校教育中以直接的、外显的方式呈现的课程，隐性课程是学校教育中以间接的、内隐的方式呈现的课程。❶ 郑心语在研究显性教育与隐性教育相协同的研究生思政课改革创新中，探讨了显隐性教育相协同的闭路回环实施模式。提出构建"顶层设计—标准执行—独立评价—反馈评估—保障改进"的闭环机制，强调结合实际情况、挖掘思政资源，通过预设教育目标、设计执行方案、更新教学内容、创新教学方法来构建思政课和专业课协同育人同心圆，利用畅通互动反馈渠道、完善评价激励机制、打造一体化教师队伍、落实双重责任来保障其有效实现。❷ 龙玉红等认为，要将思政课融入多学科之中，要处理好课程中"显性"思政与"隐性"思政的关系，形成大学英语课程思政"显性"和"隐性"育人的互补衔接，将引导学生树立正确的世界观、人生观和价值观的价值体系贯穿于人才培养的全过程，营造"课程大思政"氛围，实现立德树人目标。❸ 该模式的探讨对于推进大中小学思政课改革创新、嵌入跨学科实践性知识、提升教师的思政意识和能力，以及贯通以学为主的德育活动提供了有益的参考。

4. 关于大中小学思想政治教育一体化建设的问题研究

研究者在探讨大中小学思想政治教育一体化建设相关内涵、实践路径的同时，也探讨了大中小学思想政治教育一体化建设中存在的问题，主要表现如下。

(1) 大中小学思政课部分教材内容存在简单重复现象。

思想政治理论课的教材是教师讲授思政课的关键载体。研究者认为当前大中小学思政课仍存在各学段课程标准修订步调不一、各学段教材内容重复等现象，这些都是在推进大中小学思政理论课一体化的道路上亟待解决的问题。

---

❶ 施良方. 课程理论：课程的基础、原理与问题［M］. 北京：教育科学出版社，1996.
❷ 郑心语. 基于显性教育与隐性教育相协同的研究生思政课改革创新［J］. 学校党建与思想教育，2022（6）：51-54.
❸ 龙玉红，符冬梅. 新时代大学英语课程思政创新人才培养路径探索［J］. 语言与翻译，2023（1）：80.

马宝娟等提出，中小学的思政课教材与大学思政教材内容重复，要改善各学段授课内容冗余、缺乏深度的现象，更好地推动大中小学思想政治教育一体化的建设。❶ 刘力波等提出，多年来各学段思政课课程标准修订步调不一、相对无序的问题比较明显。新课标出台前，在高中学段，《全日制普通高中思想政治新课程标准（2003年版）》整整使用了十余年。在初中学段，使用的是《义务教育思想品德课程标准（2011年版）》。在小学学段，《道德与法治》课程标准则于2017年出台。此外，大中小学思政课教材存在的一个突出问题就是部分教材内容简单重复。从纵向上看，高中《政治生活》和《经济生活》教材与初中《道德与法治》八年级下册教材的部分内容存在较多重复。❷ 张丹凤认为目前大中小学思政课教学内容大体上是梯度上升的，也存在部分内容交叉重复、倒置脱节问题。教学内容简单机械地重复是无意义的重复，会消解学生学习思政课的兴趣。❸ 康凯丽等认为相同主题内容简单重复是当前教材一体化建设中最突出的问题，教材内容存在脱节断层问题也是突出问题。❹ 教材中出现的交叉重复不应该是低效重复、简单重复，应当随着不同学段的发展进行层次上的深入。近些年，思政课教材建设取得了一定的成效，但教材内容系统性不强、教材编写递进性不明显、教材标准修订时间不统一等问题都会影响大中小学思想政治课一体化建设。❺

（2）大中小学思政课教学方式比较单一。

教学方法贯穿大中小学思政课教师整个教学过程，是教师传授知识、培养学生综合素质的主要手段，因此在教学中采用合适的方法让学生喜欢上思政课、实现课堂的有效教学就显得尤为重要。当前研究者认为思政课教学方法主要存在以下问题。

康凯丽等在实践中发现，大中小学思政课教学方法衔接不畅、针对性不

---

❶ 马宝娟，张婷婷. 大中小学思政课一体化：问题与对策［J］. 思想政治课教学，2020（2）：4-8.

❷ 刘力波，黄格. 大中小学思政课教材一体化建设面临的问题及破解路径［J］. 马克思主义与现实，2020（2）：187-192.

❸ 张丹凤. 大中小学思政课一体化的现状与路径探究［J］. 阜阳职业技术学院学报，2023，34（2）：9-12，44.

❹ 康凯丽，于钧尧. 新时代大中小学思政课有效衔接的逻辑向度、现实困境与优化策略［J］. 无锡商业职业技术学院学报，2023，23（4）：84-89.

❺ 石梦瑶. 大中小学思政课一体化建设的问题及对策研究［D］. 郑州：河南工业大学，2023.

强。从个体发展视角来看，不同年龄段的个体的认知能力存在由低级阶段向高级阶段发展的规律性，因此，不同学段思政课的教学方法要适应不同年龄段个体的认知水平。❶ 刘力波等在调查中发现，大中小学思政课一体化在教学方法上创新不够。许多教师仍然采用传统的"填鸭式"满堂灌教学模式，导致创新与衔接不够，部分教师在课堂教学中僵化地使用教材，缺乏从教材体系向教学体系的转化，存在照本宣科现象，导致学生相应的学习方法就是对知识点进行机械记忆。❷ 曾凡伟等在实践中发现，大学、中学、小学思政教学处在相互隔离的状态，不同学段思政教师缺乏沟通、合作平台，相邻学段思政教师也忽略了交流与合作，导致教师对上下学段之间的教学内容、教学方法和教学目标等不太了解，影响了思政课一体化建设。❸ 大中小学的教师应当加强教学主体交流，搭建教师一体化交流合作平台，创新教学方式，共同推进大中小学思政课一体化建设。

（3）大中小学思政课教学目标设置的整体性有待加强。

课程目标是"课程本身要实现的具体目标"❹，既是国家教育目的、教育目标、学校培养目标的具体化，也是教师制定教学目标、组织教学活动、进行教学评价的依据，更是教材编写、教材内容安排的重要参考。❺ 李明等认为，随着我国教育体制改革的不断深入和发展，大中小学思想政治教育目标制定脱节等问题越发显现出来。❻

许瑞芳等通过对上海市大中小学思想政治理论课一体化建设现状调研发现，过半数（57.0%）的思政课教师认为大中小学思政课的课程目标已经实现了各学段的有序衔接，但仍有38.1%的教师认为课程目标一体化方面存在

---

❶ 康凯丽，于钧尧. 新时代大中小学思政课有效衔接的逻辑向度、现实困境与优化策略［J］. 无锡商业职业技术学院学报，2023，23（4）：84-89.

❷ 刘力波，黄格. 大中小学思政课教材一体化建设面临的问题及破解路径［J］. 马克思主义与现实，2020（2）：187-192.

❸ 曾凡伟，李海坤. 问题与出路：新时代统筹推进大中小学思政课一体化建设探微［J］. 江西广播电视大学学报，2023，25（1）：86-91.

❹ 顾明远.《教育大辞典》增订合编本［M］. 上海：上海教育出版社，1998：898.

❺ 刘力波，黄格. 大中小学思政课教材一体化建设面临的问题及破解路径［J］. 马克思主义与现实，2020（2）：187-192.

❻ 李明，高向辉，孙佳星，等. 大中小学思想政治教育一体化体系构建［J］. 现代教育管理，2020（6）：14-19.

问题。课程目标设置的整体性有待加强，不同学段课程目标在衔接递进上表现不明显，尤其表现在初中与高中两学段的课程目标跨度较大。❶ 张丹凤认为，各学段在思政课实际教学中容易把教学目标分散化、条块化、碎片化，因而出现教学目标的脱离、断层、割裂现象。❷ 谢守成等提出，构建不同学段的思想政治教育沟通机制，一方面可以使共性的思想政治教育目标与要求能够在不同学段的教育中得到一以贯之的落实；另一方面可以使差异性的目标与要求能够在不同学段的教育中得到分层实施，并形成循序渐进和逐层递进的教育效应。❸

三、研究展望

党的十八大以来，有关大中小学思想政治教育一体化建设的研究总体呈上升态势，尤其在2019年以后，相关领域研究的文献数量急速增长。研究者围绕着大中小学思想政治教育一体化建设的内涵、教学模式、实践路径以及现存问题开展系列研究，为后续研究与实践提供了新思路与新方法。但现有研究仍有不足，未来研究中应进一步探究。

（一）加强对职业院校学生及高校研究生思想政治教育的研究

从研究对象来看，当前研究者更多关注中小学生和大学本科生的思想政治教育一体化的教学模式与教学内容，对于职业院校的专科生和高校中的硕士生、博士生在思想政治理论课的建设中研究较少，未来可加强对这些学生思政教育的关注。

（二）聚焦"大思政课"协同育人研究

党的十八大以来，习近平总书记高度重视思政课建设工作，就其作出一

---

❶ 许瑞芳，张宜萱. 大中小学思想政治理论课一体化建设现状调研与对策分析——基于上海市的数据[J]. 思想理论教育，2021（7）：60-65.

❷ 张丹凤. 大中小学思政课一体化的现状与路径探究[J]. 阜阳职业技术学院学报，2023，34（2）：9-12, 44.

❸ 谢守成，程仕波，张淼. 关于构建大中小学思想政治教育一体化建设沟通机制的思考[J]. 思想理论教育，2020（1）：84-89.

系列重要指示批示。2021年全国"两会"期间，习近平总书记在看望参加全国政协会议的医药卫生界教育界委员时强调"'大思政课'我们要善用之"，其要义是把思政小课堂与社会大课堂相结合，构建"大思政课"工作格局。在研究视域上，未来研究需以"大思政课"建设为抓手，坚持问题导向、目标导向和效果导向相统一，持续推动思政课和思想政治教育高质量发展。

（三）深化推进数字化赋能思想政治教育一体化建设研究

习近平总书记在中共中央政治局第五次集体学习时强调："提高网络育人能力，扎实做好互联网时代的学校思想政治工作和意识形态工作。"[1]数字思政是思想政治教育面向数字化这一重大时代背景的范式转型与全面应对。充分发挥好大数据、人工智能等数字技术在思政工作中的作用，大力推进数字思政建设，以数字化赋能思想政治教育创新，是推进教育数字化转型、加快构建思政工作体系的重要内容和举措。因此，未来研究者在研究视角方面，要紧跟数字时代，积极探讨数字时代思想政治教育现象及其规律，推动思政教育新生态构建和体系创新。

此外，在研究方法上，倡导定性与定量相结合的方法，开展大中小学思想政治教育相关研究。

---

[1] 习近平. 论教育［M］. 北京：中央文献出版社，2024：229-230.

第四章

新时代大中小学思想政治教育一体化建设的政策沿革

第四章　新时代大中小学思想政治教育一体化建设的政策沿革

推进大中小学思想政治教育一体化建设是党的二十大报告提出的新要求。党的二十大报告在"推进文化自信自强，铸就社会主义文化新辉煌"部分明确提出，"用社会主义核心价值观铸魂育人，完善思想政治工作体系，推进大中小学思想政治教育一体化建设"。本章在学习习近平总书记关于教育的重要论述的基础上，基于重点政策文本，从政策发展视角，考察大中小学思想政治教育一体化重点政策的发展脉络与特点。有学者根据文件的发布时间将思政课一体化建设的发展历程划分为以下阶段：初步探索阶段（1978—1984年），强调思政课要避免内容重复；整体规划阶段（1985—1993年），强调思政课要循序渐进发展；全面推进阶段（1994—2004年），强调要加强思政课的整体衔接；深化改革阶段（2005—2018年），强调要注重思政课的横纵贯通；系统建设阶段（2019年至今），强调思政课要螺旋上升。[1] 本研究中，对于大中小学思想政治教育一体化重点政策的考察不进行阶段划分，大致按照党和国家推进大中小学德育一体化、思政课一体化及思想政治教育一体化的建设三个方面对重点政策进行考察。在政策发布时间上，除德育一体化的部分政策追溯到20世纪90年代之外，主要考察党的十八大以来的重点政策。

从政策文本来看，2005年教育部发布的《关于整体规划大中小学德育体系的意见》首次对大中小学德育体系整体规划进行系统专门部署。党的十八大以来，中共中央办公厅印发的《关于培育和践行社会主义核心价值观的意见》（2013年），中共中央办公厅、国务院办公厅印发的《关于深化新时代学校思想政治理论课改革创新的若干意见》（2019年），教育部印发的《高等学校课程思政建设指导纲要》（2020年），中共中央、国务院印发的《关于新时代加强和改进思想政治工作的意见》（2021年），教育部等十部门印发的《全

---

[1] 侯鉴洋. 大中小学思政课"一体化"建设的总体性逻辑研究［J］. 吉林省教育学院学报，2023，39（8）：97–104.

面推进"大思政课"建设的工作方案》(2022年)等都是深入推进大中小学思政课一体化及思想政治教育一体化建设非常关键的政策。

一、德育一体化建设的重点政策简述

德育一体化是为了推进德育科学化、增强德育系统性、提高德育实效性,逐步形成的理念。整体构建大中小学德育体系是一项系统工程。在理论研究方面,20世纪90年代,有研究者依托全国教育科学"九五"规划重点课题"整体构建学校德育体系的研究与实验",在德育一体化方面进行了积极探索。相关成果研究报告中指出,整体构建学校德育体系就是以德性论、德育论、系统论为理论基础,以德育的目标、内容、途径、方法、管理、评价六个分系统为纬,以大、中、小学德育工作三个子系统为经,横向贯通、纵向衔接、横纵交织,进而构成一个时间上具有全程性,空间上具有全面性,能够产生更大整体效应的德育系统——学校德育体系。[1] 进入21世纪,尤其是党的十八大以来,研究者结合新时代背景,从落实立德树人根本任务及时代新人培养的角度,不断深化德育一体化建设的探讨。如有研究者指出,德育一体化理念的提出在很大程度上源于德育的碎片化与系统性之间的冲突和张力。德育一体化建设需要遵循普遍性与特殊性辩证统一的哲学理念,坚持公共价值与个体价值共融的基本价值导向。[2] 落实立德树人根本任务,需要整体构建大中小学德育体系。整体构建学校德育体系的基本框架是以德育目标、德育内容、德育途径、德育方法、德育管理、德育评价等要素系统为纬,以小学德育、中学德育(中职德育)、大学德育(高职德育)等层次系统为经,进行横向贯通,纵向衔接,分层递进,螺旋上升。[3]

在国家政策层面,关于德育一体化的重点政策有《中共中央关于进一步加强和改进学校德育工作的若干意见》(1994年)、《教育部关于整体规划大中小学德育体系的意见》(2005年)等。在地方政策层面,关于德育一体化

---

[1] 詹万生.整体构建学校德育体系研究报告[J].教育研究,2001(10):8-13.
[2] 叶飞,檀传宝.德育一体化建设的理念基础与实践路径[J].教育研究,2020,41(7):50-61.
[3] 詹万生.整体构建学校德育体系落实立德树人根本任务[J].创新人才教育,2020(1):17-23,30.

的重点政策有《北京市大中小幼一体化德育体系建设指导纲要》《山东省中小学德育课程一体化实施指导纲要》等。其中，《北京市大中小幼一体化德育体系建设指导纲要》发布于 2021 年，提出把整体性德育目标要求贯穿大中小幼各学段，落实立德树人根本任务，构建德智体美劳全面培养的教育体系。《山东省中小学德育课程一体化实施指导纲要》发布于 2016 年，以社会主义核心价值观为引领，坚持立德树人，突出"一体化"和"适应性"要求，使德育目标有序渐进、德育内容贴近学生生活实际，形成各学段纵向衔接、各学科横向融通、课内外深度融合、符合学生认知规律和成长规律的德育课程实施体系，建构起德育课程、学科课程、传统文化课程和实践活动课程"四位一体"的德育课程实施新格局。❶ 浙江省组织编写《中小学德育课程教学指导意见》和 29 门学科的《中小学学科德育指导纲要》。下文主要对部分国家层面的重点政策进行梳理分析。

（一）中共中央《关于进一步加强和改进学校德育工作的若干意见》（1994 年）明确提出"整体规划学校的德育体系"

中共中央、国务院于 1993 年印发《中国教育改革和发展纲要》。该纲要是指导 20 世纪 90 年代至 21 世纪初中国教育改革和发展的蓝图，是建设有中国特色社会主义教育体系的纲领性文件。1994 年，中共中央《关于进一步加强和改进学校德育工作的若干意见》发布。其中指出，党的十一届三中全会以来，中央关于加强和改进学校德育工作陆续下发了《中共中央关于改革学校思想品德和政治理论课教学的通知》《中共中央关于改进和加强高等学校思想政治工作的决定》《中共中央关于改革和加强中小学德育工作的通知》，这些文件的基本精神仍要继续认真贯彻执行，情况变化了的，以本文件为准。同时强调，面对新形势和要求，要全面贯彻党的教育方针，坚持社会主义办学方向，落实《中国教育改革和发展纲要》，加大改进工作的力度，完善德育体系。

中共中央《关于进一步加强和改进学校德育工作的若干意见》全文共 25

---

❶ 山东建构中小学"四位一体"德育课程实施新格局［EB/OL］.（2016-05-25）［2024-05-20］. http：//m. sd. china. com. cn/mobile/2016/jryw_0525/551221_2. html.

条,对于德育工作形势、德育内容、德育途径、德育工作管理体制等进行了全面部署。其中,明确提出"整体规划学校的德育体系",并指出:要遵循青少年学生思想品德形成的规律和社会发展的要求,根据德育工作的总体目标,科学地规划各教育阶段的具体内容、实施途径和方法。学生的"五爱"(爱祖国、爱人民、爱劳动、爱科学、爱社会主义)情感,文明的行为习惯,良好的道德品质和遵纪守法意识,科学的世界观、人生观、价值观,社会主义的理想信念,是一个通过教育逐步形成的过程。各种教育内容的深浅和侧重点,要针对不同年龄及学习阶段的理解和接受能力有所不同,逐步提高。各教育阶段的德育课程、教学大纲、教材、读物,教育和管理方法,学生思想品德表现的评定标准及方式等都要据此加强整体衔接,防止简单重复或脱节。❶

(二) 中共中央、国务院《关于进一步加强和改进未成年人思想道德建设的若干意见》(2004 年) 明确提出加强和改进未成年人思想道德建设要"循序渐进"

  2004 年,中共中央、国务院发布《关于进一步加强和改进未成年人思想道德建设的若干意见》。强调从未成年人抓起,培养和造就千千万万具有高尚思想品质和良好道德修养的合格建设者和接班人,既是一项长远的战略任务,又是一项紧迫的现实任务。意见指出,要坚持贴近实际、贴近生活、贴近未成年人的原则,既要遵循思想道德建设的普遍规律,又要适应未成年人身心成长的特点和接受能力,从他们的思想实际和生活实际出发,深入浅出,寓教于乐,循序渐进。要建立健全学校、家庭、社会相结合的未成年人思想道德教育体系,使学校教育、家庭教育和社会教育相互配合,相互促进。❷ 同年,中共中央、国务院印发的《关于进一步加强和改进大学生思想政治教育的意见》指出,坚持以人为本,贴近实际、贴近生活、贴近学生,努力提高思想政治教育的针对性、实效性和吸引力、感染力,培养德智体美全面发展

---

  ❶ 中共中央. 关于进一步加强和改进学校德育工作的若干意见 [EB/OL]. (1994 - 08 - 31) [2024 - 05 - 15]. http://jyt.hunan.gov.cn/sjyt/xxgk/zcfg/flfg/201702/t20170214_3989970.html.
  ❷ 中共中央、国务院. 关于进一步加强和改进未成年人思想道德建设的若干意见 [EB/OL]. (2004 - 02 - 26) [2024 - 05 - 20]. https://www.gov.cn/gongbao/content/2004/content_62719.htm.

的社会主义合格建设者和可靠接班人。❶

（三）教育部《关于整体规划大中小学德育体系的意见》（2005年）就整体规划大中小学德育体系进行专门部署

2005年，教育部《关于整体规划大中小学德育体系的意见》发布。该文件是为贯彻落实中共中央、国务院《关于进一步加强和改进未成年人思想道德建设的若干意见》（中发〔2004〕8号）和中共中央、国务院《关于进一步加强和改进大学生思想政治教育的意见》（中发〔2004〕16号）精神，从德育目标、内容、课程设置、活动开展等方面就整体规划大中小学德育体系进行的专门部署。

《关于整体规划大中小学德育体系的意见》包括六个部分，共23条内容。这六个部分如下：一是充分认识新形势下整体规划大中小学德育体系的重要意义；二是准确规范各教育阶段德育目标和内容；三是科学设置各教育阶段德育课程；四是积极开展各教育阶段德育活动；五是努力拓展大中小学德育的有效途径；六是切实加强整体规划大中小学德育体系工作的领导。❷

针对大中小学德育各阶段的德育目标划分还不够准确，内容安排还不尽合理，存在一定程度的简单重复交叉和脱节的问题，该文件指出，整体规划大中小学德育体系，就是根据不同教育阶段学生身心特点、思想实际和理解接受能力，准确规范德育目标和内容，科学设置德育课程，积极开展德育活动，努力拓展德育途径，有针对性地进行教育和引导，使学校德育更具科学性，更好地促进青少年学生全面健康成长。在总体要求方面提出，把理想信念教育、爱国主义教育、公民道德教育和基本素质教育贯穿始终，使大中小学德育纵向衔接、横向贯通、螺旋上升，不断提高针对性实效性和吸引力感染力。在德育目标与内容方面，分小学、中学、大学三个学段进行了规定。在德育课程方面提出，科学构建各级各类学校德育课程体系，合理确定课程

---

❶ 中共中央、国务院. 关于进一步加强和改进大学生思想政治教育的意见［EB/OL］.（2004-10-15）［2024-05-20］. http：//www.moe.gov.cn/jyb_xwfb/gzdt_gzdt/moe_1485/tnull_3939.html.

❷ 教育部. 关于整体规划大中小学德育体系的意见［EB/OL］.（2005-07-19）［2024-05-13］. http：//www.moe.gov.cn/s78/A12/s7060/201007/t20100719_179051.html.

的设置及课程标准,是整体规划大中小学德育体系工作的重点。教育部将不断优化各级各类学校德育课程的设置,并制定德育课程标准,明确教育目标、内容及要求,使小学、中学、大学各教育阶段的德育课程形成由低到高、由浅入深、循环上升、有机统一的体系。在各阶段德育活动方面指出,小学教育阶段德育活动要体现生动性、趣味性,动手动脑,丰富情感体验的特点;中学教育阶段德育活动要体现知识性强、吸引力大、参与度高,开阔视野、促进思考的特点;大学教育阶段德育活动要体现政治性、思想性,与学生成才紧密联系的特点。在德育活动途径方面指出,要挖掘各类课程的德育资源,把德育渗透到学生学习的各个环节;要明确全员育人的要求,把德育落实到教学、管理、服务的各个方面;构建学校、家庭、社会紧密配合的德育网络等。在加强对德育体系工作的领导方面指出,各级教育部门要从"培养什么人、如何培养人"的战略高度,切实加强对整体规划大中小学德育体系的领导。此外提出要整合社会德育资源,加大投入,努力形成全员、全过程、全方位育人的格局等。

(四)《国家中长期教育改革和发展规划纲要(2010—2020年)》(2010)强调"构建大中小学有效衔接的德育体系"

2010年,《国家中长期教育改革和发展规划纲要(2010—2020年)》发布,这是指导教育改革发展的重要纲领性文件。其中,战略主题部分明确规定,坚持以人为本、全面实施素质教育是教育改革发展的战略主题,是贯彻党的教育方针的时代要求,其核心是解决好培养什么人、怎样培养人的重大问题,重点是面向全体学生、促进学生全面发展,着力提高学生服务国家服务人民的社会责任感、勇于探索的创新精神和善于解决问题的实践能力。同时强调"坚持德育为先","立德树人,把社会主义核心价值体系融入国民教育全过程","构建大中小学有效衔接的德育体系",创新德育形式,丰富德育内容,不断提高德育工作的吸引力和感染力,增强德育工作的针对性和实效性。❶

---

❶ 国家中长期教育改革和发展规划纲要(2010—2020年)[EB/OL].(2010-07-29)[2024-01-13]. http://www.moe.gov.cn/srcsite/A01/s7048/201007/t20100729_171904.html.

（五）中共教育部党组《关于在教育系统深入学习贯彻全国宣传思想工作会议精神的通知》（2013年）强调"形成大中小学有机衔接、分层递进的德育体系"

2013年，中共教育部党组印发《关于在教育系统深入学习贯彻全国宣传思想工作会议精神的通知》。在重点任务方面，要求强化落实领导责任，强调各地党委教育工作部门和高校党委要充分认识宣传思想工作、意识形态工作的极端重要性，摆在更加重要位置，切实担负起政治责任、领导责任。提出启动"立德树人"工程。"整体规划大中小学德育课程，进一步完善中小学课程标准和教材，形成大中小学有机衔接、分层递进的德育体系。"❶

（六）教育部《中小学德育工作指南》（2017年）强调构建"学段衔接"的德育工作体系

2017年，教育部印发《中小学德育工作指南》。该指南是指导中小学德育工作的规范性文件，也是学校开展德育工作的基本遵循，主要包括指导思想、基本原则、德育目标、德育内容、实施途径和要求，以及组织实施六个方面的内容。尽管该指南仅面向中小学，不包括大学，但是德育一体化构建的思路非常清晰。

在教育部主持召开的新闻发布会上，基础教育司有关领导介绍《中小学德育工作指南》时，用"一二三四五六"进行了概括。❷ "一"即一个体系：着力构建方向正确、内容完善、学段衔接、载体丰富、常态开展的德育工作体系，大力促进德育工作专业化、规范化、实效化，全面提高中小学德育工作水平。"二"即深化德育工作的两个结合。根据中小学德育工作的特点：一是坚持教育与生产劳动、社会实践相结合，二是坚持学校教育与家庭教育、社会教育相结合，形成德育工作的合力。"三"即抓好德育工作的三个关键点：从中小学生的成长规律出发，一是以培养学生良好思想品德和健全人格

---

❶ 中共教育部党组关于在教育系统深入学习贯彻全国宣传思想工作会议精神的通知［EB/OL］.（2013-09-04）［2024-01-13］. http：//www.moe.gov.cn/srcsite/A12/s7060/201309/t20130904_157390.html.

❷ 教育部. 介绍《中小学德育工作指南》有关情况［EB/OL］.（2017-09-05）［2024-01-13］. http：//www.moe.gov.cn/jyb_xwfb/xw_fbh/moe_2069/xwfbh_2017n/xwfb_2017090502/wzsl_2017090502/.

为根本，二是以促进学生形成良好行为习惯为重点，三是以落实《中小学生守则（2015年修订）》为抓手。"四"即坚持德育工作的四个基本原则：一是坚持正确方向，二是坚持遵循规律，三是坚持协同配合，四是坚持常态开展。"五"即五项德育主要内容：一是理想信念教育，二是社会主义核心价值观教育，三是中华优秀传统文化教育，四是生态文明教育，五是心理健康教育。"六"即六项实施途径和要求：一是课程育人，二是文化育人，三是活动育人，四是实践育人，五是管理育人，六是协同育人。

从整体构建德育工作体系方面看，该指南强调始终坚持育人为本、德育为先，着眼为学生一生成长奠定坚实的思想基础，为中国特色社会主义事业培养合格建设者和可靠接班人，在目标设计上，明确了中小学德育工作的总体目标。同时根据中小学生年龄特点、认知能力和教育规律，按照小学低年级、小学中高年级、初中学段、高中学段四个阶段，分层次设定德育目标，既突出了德育工作的针对性，又体现了德育工作的有机衔接。在德育内容尤其是德育途径方面，没有明确分学段提要求，但是在整体要求的同时，又注意强调针对各学段学生的具体特点开展德育工作。如在实践育人方面，要求考虑小学、初中、高中不同学段学生的身心发展特点和能力，安排适合学生年龄特征的研学旅行，广泛开展与学生年龄、智力相适应的志愿服务活动等。

（七）中共中央办公厅、国务院办公厅《关于深化教育体制机制改革的意见》（2017年）强调"构建以社会主义核心价值观为引领的大中小幼一体化德育体系"

2017年9月，中共中央办公厅、国务院办公厅印发《关于深化教育体制机制改革的意见》。意见指出，要健全立德树人系统化落实机制。强调要构建以社会主义核心价值观为引领的大中小幼一体化德育体系。针对不同年龄段学生，科学定位德育目标，合理设计德育内容、途径、方法，使德育层层深入、有机衔接，推进社会主义核心价值观内化于心、外化于行。❶

---

❶ 中共中央办公厅、国务院办公厅印发《关于深化教育体制机制改革的意见》[EB/OL]. (2017-09-24) [2024-01-13]. https://www.gov.cn/xinwen/2017-09/24/content_5227267.htm

二、大中小学思政课一体化建设的重点政策简述

有研究者指出,党和国家从20世纪80年代起就对推进大中小学思政课一体化建设进行了顶层设计,如中共中央发布《关于改革学校思想品德和政治理论课程教学的通知》;20世纪90年代,在学校德育体系视野下谋划和推进大中小学思政课一体化建设,如1994年中共中央发布《关于进一步加强和改进学校德育工作的若干意见》;2005年教育部印发《关于整体规划大中小学德育体系的意见》;新时代以来,不断强力推进大中小学思政课一体化建设。❶ 其中,1985年中共中央发布的《关于改革学校思想品德和政治理论课程教学的通知》指出,我国现行的以马克思主义为指导的思想品德和政治理论课(从小学的思想品德课、中学的思想政治课、到高等学校的马克思主义理论课)的课程设置、教学内容和教学方法也必须进行认真的改革。在本文件中,按照学段,对小学、中学、大学思政课主要内容和要求进行了设定。1994年中共中央发布的《关于进一步加强和改进学校德育工作的若干意见》和2005年教育部发布的《关于整体规划大中小学德育体系的意见》在上文已经介绍,此处不再赘述。

2019年3月,习近平总书记在学校思想政治理论课教师座谈会上指出,"在大中小学循序渐进、螺旋上升地开设思想政治理论课非常必要,是培养一代又一代社会主义建设者和接班人的重要保障"。"思政课作用不可替代,思政课教师队伍责任重大"。❷2021年全国"两会"期间,习近平总书记强调,思政课不仅应该在课堂上讲,也应该在社会生活中来讲。"大思政课"我们要善用之,一定要跟现实结合起来。2022年4月25日,习近平总书记考察中国人民大学,在观摩思政课智慧教室现场教学时强调,思想政治理论课能否在立德树人中发挥应有作用,关键看重视不重视、适应不适应、做得好不好。❸

---

❶ 徐艳国. 推进大中小学思政课一体化建设的思考 [EB/OL]. (2023-09-15) [2024-01-13]. http://www.jyb.cn/rmtzcg/xwy/wzxw/202309/t20230915_2111092678.html2023.

❷ 习近平. 论教育 [M]. 北京: 中央文献出版社, 2024: 184、186.

❸ 教育部. 全面推进"大思政课"建设——教育部有关部门负责人就《全面推进"大思政课"建设的工作方案》答记者问 [EB/OL]. (2022-08-24) [2024-01-13]. http://www.moe.gov.cn/jyb_xwfb/s271/202208/t20220824_655023.html.

党的十八大以来，尤其是习近平总书记在学校思想政治理论课教师座谈会上发表重要讲话以来，国家层面与地方层面推进大中小学思政课一体化建设的政策密集出台。在国家层面，中共中央办公厅、国务院办公厅印发《关于深化新时代学校思想政治理论课改革创新的若干意见》（2019年），教育部印发《关于进一步加强新时代中小学思政课建设的意见》（2022年），此外，教育部办公厅发布《关于成立教育部大中小学思政课一体化建设指导委员会的通知》（2020年）及《关于开展大中小学思政课一体化共同体建设的通知》（2022年）等。通过相关政策的不断完善，思政课在落实立德树人根本任务中的关键课程地位更加明确，思政课一体化建设的整体框架不断清晰，思政课课程教材体系建设在一体化建设中的"牛鼻子"作用不断强化，思政课教师在一体化建设中的关键作用不断凸显，集"大课堂""大平台""大师资"于一体的"大思政课"在培养时代新人的理念创新与格局拓展方面更加亮眼。同时，随着教育部大中小学思政课一体化建设指导委员会的成立、大中小学思政课一体化共同体的建设及相关研究的深入开展，思政课一体化建设的实践逐渐深入。在地方层面，如2021年11月，中共河南省委高校工委、河南省教育厅制定印发《关于推进大中小学思政课一体化建设的实施意见》。❶2023年11月，江苏省张家港市教育局印发《张家港市大中小学思政课一体化建设实施方案》，确立了围绕思政课程、课程思政、实践教学三个一体化目标，实现全程育人、全科育人、全域育人的协同育人格局的目标，提出建立思政课一体化建设的"1+8"管理机制（"1"是成立张家港市大中小学思政课一体化建设指导委员会，"8"是成立8个大中小学思政课一体化共同体），实施教学教研一体化，重视队伍建设一体化，打造优质课程资源等举措。❷ 在此主要对国家层面推进大中小学思政课一体化建设的部分重点政策进行梳理分析。

---

　　❶ 中共河南省委高校工委、河南省教育厅关于推进大中小学思政课一体化建设的实施意见［EB/OL］．（2021-11-19）［2024-10-13］．https：//jyt.henan.gov.cn/2022/07-29/2550514.html．
　　❷ 张家港市教育局．关于印发《张家港市大中小学思政课一体化建设实施方案》的通知［EB/OL］．（2023-11-01）［2024-01-13］．https：//www.zjg.gov.cn/zjgszwz/fgw01kpcpuegmqtmtd/202311/1b6cd4d5a78744db874c968cdb425982.shtml．

（一）中共中央办公厅、国务院办公厅《关于深化新时代学校思想政治理论课改革创新的若干意见》（2019 年）要求统筹大中小学思政课一体化建设

2019 年 8 月，中共中央办公厅、国务院办公厅印发《关于深化新时代学校思想政治理论课改革创新的若干意见》。❶ 文件指出，办好思政课，要放在世界百年未有之大变局、党和国家事业发展全局中来看待，要从坚持和发展中国特色社会主义、建设社会主义现代化强国、实现中华民族伟大复兴的高度来对待。同时强调，思政课建设只能加强、不能削弱，必须切实增强办好思政课的信心，全面提高思政课质量和水平。文件中确立了"坚持党对思政课建设的全面领导"等新时代学校思想政治理论课改革创新的五项基本原则，其中第四项原则强调，坚持思政课在课程体系中的政治引领和价值引领作用，统筹大中小学思政课一体化建设，推动各类课程与思政课建设形成协同效应。

在完善思政课课程教材体系方面，文件强调了四个方面。一是整体规划思政课课程目标。在大中小学循序渐进、螺旋上升地开设思政课，引导学生立德成人、立志成才。二是调整创新思政课课程体系。加强以习近平新时代中国特色社会主义思想为核心内容的思政课课程群建设。在保持思政课必修课程设置相对稳定基础上，结合大中小学各学段特点构建形成必修课加选修课的课程体系。三是统筹推进思政课课程内容建设。要求坚持用习近平新时代中国特色社会主义思想铸魂育人。遵循学生认知规律设计课程内容，体现不同学段特点，研究生阶段重在开展探究性学习，本专科阶段重在开展理论性学习，高中阶段重在开展常识性学习，初中阶段重在开展体验性学习，小学阶段重在开展启蒙性学习。四是加强思政课教材体系建设。提出国家教材委员会统筹大中小学思政课教材建设，科学制定教材建设规划，注重提升思政课教材的政治性、时代性、科学性、可读性。强调国家统一开设的大中小学思政课教材全部由国家教材委员会组织统编统审统用，在教材中及时融入

---

❶ 中共中央办公厅、国务院办公厅. 关于深化新时代学校思想政治理论课改革创新的若干意见 [EB/OL]. （2019-08-14） [2024-01-13]. https://www.gov.cn/zhengce/2019-08/14/content_5421252.htm.

马克思主义中国化最新成果、坚持和发展中国特色社会主义最新经验、马克思主义理论学科最新研究进展。地方或学校开设的思政课选修课教材，由各地负责组织审定。

在教师队伍建设方面，提出建设一支政治强、情怀深、思维新、视野广、自律严、人格正的思政课教师队伍。要求加快壮大学校思政课教师队伍，切实提高思政课教师综合素质，通过统筹推进马克思主义理论学科本硕博一体化人才培养等举措加强思政课教师队伍后备人才培养工作等。在不断增强思政课的思想性、理论性、亲和力和针对性方面，提出加大思想性、理论性资源供给，加大思政课教研工作力度，建立健全大中小学思政课教师一体化备课机制，整体推进高校课程思政和中小学学科德育等。在加强党对思政课建设的领导方面提出，教育部成立大中小学思政课一体化建设指导委员会，加强对不同类型思政课建设分类指导等。

（二）教育部等五部门《关于加强新时代中小学思想政治理论课教师队伍建设的意见》（2019年）提出推进大中小学思政课教师队伍专业发展一体化建设

2019年3月，习近平总书记在学校思想政治理论课教师座谈会上指出，"办好思想政治理论课关键在教师"，"思政课教师，要给学生心灵埋下真善美的种子，引导学生扣好人生第一粒扣子"，并对思政课教师提出了"政治要强""情怀要深""思维要新""视野要广""自律要严""人格要正"六项要求。2019年8月，中共中央办公厅、国务院办公厅印发的《关于深化新时代学校思想政治理论课改革创新的若干意见》提出，建设一支政治强、情怀深、思维新、视野广、自律严、人格正的思政课教师队伍。

针对有的地方和学校对中小学思政课教师队伍建设重视不够、中小学校思政课教师配备不足、部分中小学思政课教师不能很好适应培养时代新人的要求等问题，为加强中小学思想政治理论课教师队伍建设，2019年9月，教育部、中央组织部、中央宣传部、财政部、人力资源社会保障部研究制定了

《关于加强新时代中小学思想政治理论课教师队伍建设的意见》。❶ 中小学思想政治理论课教师队伍建设的目标与任务主要是，通过一系列政策举措，切实配齐建强师资队伍，打造一支政治强、情怀深、思维新、视野广、自律严、人格正，专职为主、专兼结合、数量充足、素质优良、名师辈出的中小学思政课教师队伍。

该文件重点从加强配备管理、提升素质能力、创新评价激励机制等方面提出完善政策举措。例如，在中小学思政课教师队伍配备管理方面，针对小学、初中、高中各学段提出了具体要求。要求小学低、中年级应配备一定数量的专职思政课教师，小学高年级思政课教师应以专职为主，有条件的地方可逐步提升专职配备比例，初中、高中应配齐专职思政课教师。同时，实行中小学思政课特聘教师制度，聘请本地区党政干部、社科理论界专家、爱国主义教育基地负责同志以及各行业先进模范、英雄人物等定期到中小学讲课或作报告。在中小学思政课教师队伍思想政治建设与专业能力建设方面，提出建立中小学思政课教师轮训制度，每3年对中小学思政课教师至少进行一次不少于5日的集中脱产培训，制定出台中小学思政课教师专业标准等。在源头培养方面，提出培养一大批合格的思政教育专业本科生和研究生。

此外，提出了"推进大中小学思政课教师队伍专业发展一体化建设"，要求发挥高校马克思主义学院辐射作用，主动对接中小学思政课教师队伍建设；推动大中小学思政课教师专业发展一体化团队建设；鼓励高校马克思主义学院与中小学开展结对活动等。

（三）中共中央宣传部、教育部《新时代学校思想政治理论课改革创新实施方案》（2020年）强调"推进一体化"

2020年12月，中共中央宣传部、教育部印发《新时代学校思想政治理论课改革创新实施方案》。要求将学习贯彻习近平新时代中国特色社会主义思想体现在大中小学各学段的课程目标、课程设置和课程教材内容中，实现全覆

---

❶ 教育部等五部门.《关于加强新时代中小学思想政治理论课教师队伍建设的意见》的通知[EB/OL].（2019-09-27）[2024-01-16]. http：//www.moe.gov.cn/srcsite/A10/s7034/201910/t20191012_403012.html.

盖、贯穿全过程。提出"推进一体化",建立纵向各学段层层递进、横向各课程密切配合、必修课选修课相互协调的课程教材体系,实现课程目标、课程设置、课程教材内容的有效贯通。❶

(四)教育部办公厅《关于成立教育部大中小学思政课一体化建设指导委员会的通知》(2020年)提出成立教育部大中小学思政课一体化建设指导委员会

2020年12月,为加强对不同学段不同类型思政课建设分类指导,推动新阶段学校思政课高质量发展,全面提高思政课质量和水平,教育部办公厅发布《关于成立教育部大中小学思政课一体化建设指导委员会的通知》。通知指出,教育部大中小学思政课一体化建设指导委员会(以下简称一体化建设指导委员会)是在教育部党组领导下,深化学校思政课改革创新的决策协调议事机构,对大中小学思政课一体化建设进行领导、指导、咨询、示范、培训、研判等。一体化建设指导委员会由工作管理委员和专家委员组成,采用二级组织形式。一体化建设指导委员会办公室设在教育部社会科学司,承担日常统筹、协调等工作职责。一体化建设指导委员会下设一体化建设专家指导组。

2021年11月,教育部办公厅印发《教育部大中小学思政课一体化建设指导委员会章程》。该章程主要包括总则、组织、任务、工作方式、附则五章,共15条。明确指出,教育部大中小学思政课一体化建设指导委员会,是在教育部党组领导下,加强和改进学校思政课建设工作的决策协调议事机构。依据该章程,教育部大中小学思政课一体化建设指导委员会的主要职能有两个方面:一是对大中小学思政课一体化建设进行政治领导,二是进行工作指导。一体化建设指导委员会的主要任务有统筹指导、审议和研究部署等,如第九条规定的任务是,审议和研究部署大中小学思政课课程、教材、教学、师资等一体化建设和管理方面的重大事项。

---

❶ 中共中央宣传部 教育部关于印发《新时代学校思想政治理论课改革创新实施方案》的通知[EB/OL].(2020-12-22)[2024-01-15]. http://www.moe.gov.cn/srcsite/A26/jcj_kcjcgh/202012/t20201231_508361.html.

(五) 教育部等十部门《全面推进"大思政课"建设的工作方案》(2022年)提出推动思政课的理念再更新、视野再开阔和格局再拓展

2022年7月，针对一些地方和学校对思政课建设的重视程度还不够，开门办思政课、调动各种社会资源的意识和能力还不够强等问题，教育部等十部门发布《全面推进"大思政课"建设的工作方案》。从思政课到"大思政课"，虽然只有一字之差，实质上是办好思政课的理念再更新、视野再开阔和格局再拓展。❶ 该文件在指导思想方面提出，坚持以习近平新时代中国特色社会主义思想为指导，聚焦立德树人根本任务，推动用党的创新理论铸魂育人，不断增强针对性、提升有效性，实现入脑入心。在工作原则上要求，坚持开门办思政课，强化问题意识、突出实践导向，充分调动全社会力量和资源用于学校思政课、课程思政和日常思政教育活动。在任务目标上要求，充分调动全社会力量和资源，建设"大课堂"、搭建"大平台"、建好"大师资"，推动思政小课堂与社会大课堂相结合，推动各类课程与思政课同向同行，教育引导学生坚定"四个自信"，成为堪当民族复兴重任的时代新人。

《全面推进"大思政课"建设的工作方案》包括总体要求、改革创新主渠道教学、善用社会大课堂、搭建大资源平台、构建大师资体系、拓展工作格局、加强组织领导等七个部分，22条举措。在改革创新主渠道教学方面，聚焦"大思政课"的课程属性，提出建构党的创新理论研究阐释和教育教学的自主知识体系，要求各高校全面开设"习近平新时代中国特色社会主义思想概论"课；提出建强思政课课程群，各地各校加强以习近平新时代中国特色社会主义思想为核心内容的课程群建设，形成必修课加选修课的课程体系；此外提出优化思政课教材体系等。在善用社会大课堂方面，要求中小学与高校落实思政课实践教学学时学分；提出利用现有基地（场馆），分专题设立一批"大思政课"实践教学基地，大中小学要主动对接各级各类实践教学基地，开发现场教学专题，开展实践教学等。在搭建大资源平台方面提出，建设全

---

❶ 教育部. 全面推进"大思政课"建设——教育部有关部门负责人就《全面推进"大思政课"建设的工作方案》答记者问［EB/OL］.（2022-08-24）［2024-01-15］. http：//www.moe.gov.cn/jyb_xwfb/s271/202208/t20220824_655023.html.

国高校思政课教研系统，加强国家智慧教育平台思政教育资源建设，组织开展"同上一堂思政大课"活动等。在构建大师资体系方面，对大中小学思政课教师队伍建设提出要求，提出建设专兼结合的师资队伍，各地各校严格按照要求配备建强高校专职思政课教师、辅导员队伍，提高中小学专职思政课教师比例，实行思政课特聘教授、兼职教师制度，积极聘请党政领导、科学家、老同志、先进模范等担任思政课兼职教师；要求搭建队伍研究平台，重点支持开展"大思政课"建设规律、大中小学思政课一体化等研究；提出完善国家、地方、学校三级培训体系，实现思政课教师培训全覆盖等。

此外，在拓展工作格局方面，提出分层分类开展"大思政课"综合改革试点，深入推进大中小学思政课一体化建设。特别指出，教育部加强大中小学思政课一体化建设指导委员会建设，各地教育部门加强引导和协调，建立大中小学师资培育、听课评课、教研交流、集体备课等常态化工作机制。在加强组织领导方面，一方面要求强化统筹协调，另一方面要求各地把"大思政课"建设作为"十四五"时期推动思政课高质量发展的重要抓手，积极推进落实。

（六）教育部《关于进一步加强新时代中小学思政课建设的意见》（2022年）强调突出思政课建设的关键地位

2022年11月，针对有的地方和学校对思政课重要性认识还不够到位，中小学思政课教学资源还不够丰富鲜活等问题，教育部印发《关于进一步加强新时代中小学思政课建设的意见》。[1] 文件明确提出，思政课是落实立德树人根本任务的关键课程，事关社会主义办学方向，事关亿万学生健康成长。用两个"事关"强调了思政课的重要性。

该文件在总体要求中指出，"推进大中小学思想政治教育一体化建设"，提出突出关键地位、强化统筹实施、坚持问题导向、深化改革创新四项工作原则，要求把思政课建设作为构建高质量教育体系和学校意识形态工作重要内容，充分彰显思政课的政治引领和价值引领功能。尤其在强化统筹实施方

---

[1] 教育部关于进一步加强新时代中小学思政课建设的意见［EB/OL］.（2022-11-08）［2024-01-15］. http://www.moe.gov.cn/srcsite/A06/s3325/202211/t20221110_983146.html.

面，在纵向上，要求注重学段衔接，完善大中小学思想政治教育体系；在横向上，要求注重相互配合，充分发挥思政课和各类课程的育人功能；注重内外协调，推进学校"小课堂"、社会"大课堂"和网络"云课堂"协同育人。在工作目标上提出，到 2025 年，中小学思政课关键地位进一步强化、建设水平全面提高。

该文件重点从教学管理、课程教学资源、教师队伍、教研、大思政课体系构建等五个方面提出重要举措。一是深化教学管理创新，着力强化思政课关键地位。包括开齐开足课时、落实课程内容、创新教学方法等。二是丰富课程教学资源，着力解决教学辅助资源不足问题。包括汇聚优质课程资源、丰富社会实践资源、用好数字化资源平台等。三是加强教师队伍建设，着力解决教师兼职比例过高、专业能力不够强问题。包括强化专职教师配备、提升教师专业水平、优化教师激励机制等。四是完善教研工作机制，着力解决教研支撑不足问题。包括强化教研队伍建设、创新教研方式方法等。例如，提出鼓励有条件的教研机构、中小学校与各级党校、高校马克思主义学院、干部培训学院建立思政课教研共同体。五是构建大思政课体系，着力形成思政工作整体合力。包括提高课程思政水平、创新德育工作途径、加强校园文化建设等。例如提出，将课程思政有机融入各类课程教学，深入实施跨学科综合育人。结合地方自然地理特点、民族特色、传统文化以及重大历史事件、历史名人等，因地制宜开发富有教育意义的地方和校本思政课程。❶

（七）教育部办公厅《关于开展大中小学思政课一体化共同体建设的通知》（2022 年）提出组建大中小学思政课一体化共同体平台

2022 年 12 月，为统筹推进大中小学思政课一体化建设，教育部办公厅发布《关于开展大中小学思政课一体化共同体建设的通知》。通知要求，坚持问题导向、目标导向和效果导向相结合，以点带面、分层分类，完善工作机制。同时指出，要因势利导，在省级层面打造一批理论与实践相结合的创新性研

---

❶ 教育部. 全面推进中小学思政课改革创新——教育部基础教育司负责人就《关于进一步加强新时代中小学思政课建设的意见》答记者问［EB/OL］.（2022-11-10）［2024-01-15］. http：//www. moe. gov. cn/jyb_xwfb/s271/202211/t20221110_983064.html.

究型工作平台，为深入推动全国大中小学开展思政课一体化理论研究和实践探索，提供工作平台、实践经验、理论支撑和决策咨询。从各地共同体的组成看，主要有三部分：一是地方教育部门，二是牵头高校，三是成员单位。例如，北京地区的共同体包括北京市教育部门、中国人民大学（牵头高校），以及北京市学校思想政治工作研究中心、海淀区教委、中国传媒大学、北京工业大学、首都师范大学、中关村三小、海淀民族小学、101中学、八一学校、北京学校等成员单位。共同体自2022年起每两年为一个周期。在经费支持方面，教育部将根据各共同体工作情况，每年给予专项经费支持。各地教育部门和共同体牵头高校可给予配套经费支持。该文件下发之后，各地积极推动并展开工作。例如，2023年4月，教育部大中小学思政课一体化共同体（四川省）成立暨重温习近平总书记"3·18"重要讲话精神学术研讨会在西南交通大学举行、教育部大中小学思政课一体化共同体（浙江省）揭牌成立。2023年5月，第三届山东省大中小学思政课一体化建设高峰论坛暨教育部大中小学思政课一体化共同体（山东省）建设工作推进会在济南举行。

三、大中小学思想政治教育一体化建设的重点政策简述

在思想政治教育及大中小学思想政治教育一体化建设方面，国家发布了系列文件，突出"全过程""一体化""系统规划""整体推进"等关键词。例如，2013年，中共中央办公厅印发《关于培育和践行社会主义核心价值观的意见》，强调"把培育和践行社会主义核心价值观融入国民教育全过程"。2014年，中共教育部党组、共青团中央发布《关于在各级各类学校推动培育和践行社会主义核心价值观长效机制建设的意见》，强调"系统"落实社会主义核心价值观的要求。2017年，中共教育部党组印发《高校思想政治工作质量提升工程实施纲要》，强调"一体化构建"高校思想政治工作质量体系。2022年，中共中央办公厅、国务院办公厅印发《"十四五"文化发展规划》，强调"加强大中小学思想政治建设"。2023年，教育部等十三部门印发《关于健全学校家庭社会协同育人机制的意见》（2023年），强调建设"学校积极主导、家庭主动尽责、社会有效支持的协同育人机制"。在此，就部分重点政策进行简要分析。

（一）中共中央办公厅《关于培育和践行社会主义核心价值观的意见》（2013年）强调"把培育和践行社会主义核心价值观融入国民教育全过程"

2013年，中共中央办公厅印发《关于培育和践行社会主义核心价值观的意见》。该文件指出，社会主义核心价值观是社会主义核心价值体系的内核，体现社会主义核心价值体系的根本性质和基本特征，反映社会主义核心价值体系的丰富内涵和实践要求，是社会主义核心价值体系的高度凝练和集中表达。文件主要内容包括培育和践行社会主义核心价值观的重要意义和指导思想、把培育和践行社会主义核心价值观融入国民教育全过程、把培育和践行社会主义核心价值观落实到经济发展实践和社会治理中、加强社会主义核心价值观宣传教育、开展涵养社会主义核心价值观的实践活动、加强对培育和践行社会主义核心价值观的组织领导六个部分。

关于如何把培育和践行社会主义核心价值观融入国民教育全过程，文件从三个方面提出要求。一是培育和践行社会主义核心价值观要从小抓起、从学校抓起。要求把社会主义核心价值观纳入国民教育总体规划，贯穿于基础教育、高等教育、职业技术教育、成人教育各领域，落实到教育教学和管理服务各环节，覆盖到所有学校和受教育者，形成课堂教学、社会实践、校园文化多位一体的育人平台；适应青少年身心特点和成长规律，深化未成年人思想道德建设和大学生思想政治教育，构建大中小学有效衔接的德育课程体系和教材体系，创新中小学德育课和高校思想政治理论课教育教学，推动社会主义核心价值观进教材、进课堂、进学生头脑；完善学校、家庭、社会三结合的教育网络。二是拓展青少年培育和践行社会主义核心价值观的有效途径。要求完善实践教育教学体系，注重发挥校园文化的熏陶作用。三是建设师德高尚、业务精湛的高素质教师队伍。要求实施师德师风建设工程，着重抓好学校党政干部和共青团干部，思想品德课、思想政治理论课和哲学社会科学课教师，辅导员和班主任队伍建设。❶

---

❶ 中共中央办公厅. 关于培育和践行社会主义核心价值观的意见［EB/OL］.（2013-12-24）［2024-01-15］. http://www.moe.gov.cn/jyb_xwfb/s5147/201312/t20131224_161114.html.

（二）教育部《完善中华优秀传统文化教育指导纲要》（2014年）强调"以推进大中小学中华优秀传统文化教育一体化为重点"

2014年3月，教育部印发《完善中华优秀传统文化教育指导纲要》。要求"以推进大中小学中华优秀传统文化教育一体化为重点"，整体规划、分层设计、有机衔接、系统推进。强调分学段有序推进中华优秀传统文化教育，小学低年级以培育学生对中华优秀传统文化的亲切感为重点，小学高年级以提高学生对中华优秀传统文化的感受力为重点，初中阶段以增强学生对中华优秀传统文化的理解力为重点，高中阶段以增强学生对中华优秀传统文化的理性认识为重点，大学阶段以提高学生对中华优秀传统文化的自主学习和探究能力为重点。指出把中华优秀传统文化教育系统融入课程和教材体系。❶

（三）中共教育部党组、共青团中央《关于在各级各类学校推动培育和践行社会主义核心价值观长效机制建设的意见》（2014年）强调"系统"落实社会主义核心价值观的要求

2014年10月，中共教育部党组、共青团中央发布《关于在各级各类学校推动培育和践行社会主义核心价值观长效机制建设的意见》。文件指出，积极培育和践行社会主义核心价值观是学校落实立德树人根本任务的核心要求。强调将培育和践行社会主义核心价值观作为一项长期性系统性工作。将"坚持系统规划，整体推进，不断完善培育和践行社会主义核心价值观的顶层设计"，作为在学校推动培育和践行社会主义核心价值观长效机制建设的主要原则之一。

在推动社会主义核心价值观融入教育教学方面，同样突出系统观念，提出研制中国学生发展核心素养体系，"系统"落实社会主义核心价值观的要求；修订德育、语文、历史教材，根据中小学生身心发展规律和年龄特征，"系统"完善地落实国家主权意识、社会主义核心价值观、中华优秀传统文化、民族团结教育等内容，融入课程标准、教材编写、考试评价之中。此外，

---

❶ 教育部关于印发《完善中华优秀传统文化教育指导纲要》的通知 [EB/OL]．（2014-03-28）[2024-01-15]．http://www.moe.gov.cn/srcsite/A13/s7061/201403/t20140328_166543.html．

从推动社会主义核心价值观融入社会实践、融入文化育人、融入制度建设，以及加强组织领导，推进社会主义核心价值观研究传播等方面提出了要求。❶

（四）中共教育部党组《关于教育系统深入开展爱国主义教育的实施意见》（2016年）要求把爱国主义教育"贯穿国民教育全过程"

2015年，习近平总书记在中央政治局第二十九次集体学习时指出，爱国主义是中华民族精神的核心，实现中华民族伟大复兴的中国梦，是当代中国爱国主义的鲜明主题。2016年，中共教育部党组发布《关于教育系统深入开展爱国主义教育的实施意见》。文件指出，我们要大力弘扬伟大爱国主义精神，大力弘扬以改革创新为核心的时代精神，为实现中华民族伟大复兴的中国梦提供共同精神支柱和强大精神动力。

文件内容主要包括五个方面。一是把爱国主义教育作为弘扬爱国主义精神的永恒主题，贯穿国民教育全过程。要求深入学习领会习近平总书记关于弘扬爱国主义精神的重要讲话精神，推动爱国主义教育和社会主义核心价值观教育紧密结合，把爱国主义教育有机融入教育教学各环节，创新爱国主义教育方式和途径。二是坚持爱国主义与社会主义相统一，加强中国特色社会主义和中国梦的教育宣传。三是维护祖国统一和民族团结，增强青少年学生的国家认同。四是尊重和传承中华民族历史和文化，加强中华优秀传统文化教育。五是坚持立足民族又面向世界，增强人类命运共同体意识。❷

（五）教育部《革命传统进中小学课程教材指南》《中华优秀传统文化进中小学课程教材指南》（2021年）突出"一体化设计"与"纵向有机衔接、横向协同配合"

2021年，为深入贯彻习近平总书记关于教育的重要论述和全国教育大会精神，全面贯彻党的教育方针，指导中小学课程教材系统、全面落实革命传

---

❶ 中共教育部党组、共青团中央.关于在各级各类学校推动培育和践行社会主义核心价值观长效机制建设的意见［EB/OL］.（2014-10-20）［2024-01-15］.http：//www.moe.gov.cn/srcsite/A12/s7060/201410/t20141020_177847.html.

❷ 中共教育部党组.关于教育系统深入开展爱国主义教育的实施意见［EB/OL］.（2016-01-26）［2024-01-15］.http：//www.moe.gov.cn/srcsite/A13/s7061/201601/t20160129_229131.html.

统、中华优秀传统文化教育，教育部印发《革命传统进中小学课程教材指南》《中华优秀传统文化进中小学课程教材指南》。❶ 两份文件指出了对中小学生进行革命传统教育、中华优秀传统文化教育的重要意义，并对革命传统教育、中华优秀传统文化教育如何进中小学课程教材进行了系统设计。

《革命传统进中小学课程教材指南》中明确指出，对中小学生进行革命传统教育，植入红色基因，是贯彻党的教育方针、落实立德树人根本任务的需要，是增强学生对伟大祖国、中华民族、中华文化、中国共产党、中国特色社会主义认同的必然要求。文件从基本原则、总体目标、主题内容、载体形式、学段要求等方面对革命传统如何进中小学课程教材提出了具体要求。

《革命传统进中小学课程教材指南》在基本原则方面，要求遵循学生认知规律，坚持循序渐进。按照由浅入深原则，一体化设计和分学段安排相结合。基于不同年龄阶段学生知识结构、认知特点、生活实际，提出相应的教育内容、具体要求和呈现方式，体现一定的进阶性；同时确保革命传统教育总体要求、核心思想贯彻始终。此外要求坚持覆盖全部革命历程，反映革命传统主要内容；结合学科特点，注重有机融入。在主题内容方面，提出从中国共产党的领导地位、共产主义理想信念、以人民为中心的立场、实事求是思想路线、革命斗争精神、爱国主义情怀、艰苦奋斗传统七个方面开展教育，使学生从小植入红色基因，继承弘扬革命传统。

《中华优秀传统文化进中小学课程教材指南》指出，开展中小学中华优秀传统文化教育，对于永续中华民族的根与魂，坚守中华民族的共同理想信念，筑牢民族文化自信、价值自信的根基，维护国家文化安全，增强国家文化软实力，培养青少年做堂堂正正的中国人，具有重要意义。文件从基本原则、总体目标、主题内容、载体形式、学段要求以及各科具体要求等方面对中华优秀传统文化如何进中小学课程教材提出了具体要求。

《中华优秀传统文化进中小学课程教材指南》在基本原则方面提出，坚持正确价值导向，强化经典意识；遵循学生认知规律，贴近学生实际；结合学

---

❶ 教育部. 关于印发《革命传统进中小学课程教材指南》《中华优秀传统文化进中小学课程教材指南》的通知［EB/OL］.（2021-01-19）［2024-01-15］. http://www.moe.gov.cn/srcsite/A26/s8001/202102/t20210203_512359.html.

科特点，注重有机融入。此外强调，坚持整体设计，科学合理布局。贯通中小学各学段，使核心思想理念、中华人文精神、中华传统美德等贯穿教育过程始终。统筹各学科，确保中华优秀传统文化内容全覆盖，形成纵向有机衔接、横向协同配合的格局。在总体目标指出，中华优秀传统文化在中小学课程教材中的育人立意更加精准鲜明，布局安排更加系统完整，内容更加科学合理，呈现方式更加丰富生动。

在主题内容方面，要求从核心思想理念、中华人文精神、中华传统美德三大主题遴选中华优秀传统文化教育内容。在载体形式方面，提出了经典篇目、人文典故、基本常识、科技成就、艺术与特色技能、其他文化遗产等方面。在学段要求方面，分别从小学、初中、高中三个阶段进行设计。例如，小学阶段以培育学生对中华优秀传统文化的亲切感和感受力为重点，初中阶段以增强学生对中华优秀传统文化的理解力为重点，高中阶段以增强学生对中华优秀传统文化的理性认识和践行能力为重点。在学科安排方面提出，以语文、历史、道德与法治（思想政治）三科为主，艺术（音乐、美术等）、体育与健康学科有重点地纳入，其他学科有机渗透，"3+2+N"全科覆盖。此外，还对各科提出具体要求，同时强调，道德与法治（思想政治）是落实中华优秀传统文化教育的核心课程。

（六）中共中央、国务院《关于新时代加强和改进思想政治工作的意见》（2021年）强调"加快构建学校思想政治工作体系"

面对世界百年未有之大变局，在实现中华民族伟大复兴关键时期，统揽伟大斗争、伟大工程、伟大事业、伟大梦想，战胜前进道路上的各种风险挑战，需要对新时代思想政治工作进行系统谋划。2021年7月，在中国共产党成立100周年之际，中共中央、国务院印发《关于新时代加强和改进思想政治工作的意见》。该文件指出，思想政治工作是党的优良传统、鲜明特色和突出政治优势，是一切工作的生命线。并用三个"事关"，即"事关党的前途命运""事关国家长治久安""事关民族凝聚力和向心力"，强调了加强和改进思想政治工作的重要性。《关于新时代加强和改进思想政治工作的意见》围绕"巩固马克思主义在意识形态领域的指导地位、巩固全党全国人民团结奋斗的共同思想基础"这一根本任务，紧紧围绕举旗帜、聚民心、育新人、兴文化、展形象的职责使命，对新时代思想政治工作进行顶层设计和统筹谋划。主要包括总体要求、把思想政治工作作为治党治国的重要方式、深入开展思想政治教育、提升基层思想政治工作质量和水平、推动新时代思想政治工作守正创新发展、构建共同推进思想政治工作的大格局六个部分。❶

关于新时代思想政治教育的基本内容，提出了六个方面的任务。一是坚持用习近平新时代中国特色社会主义思想武装全党、教育人民。二是推动理想信念教育常态化制度化。三是培育和践行社会主义核心价值观。四是加强党史、新中国史、改革开放史、社会主义发展史和形势政策教育。强调以党史为重点系统学习"四史"，深入实施红色基因传承工程，旗帜鲜明反对历史虚无主义。五是加强社会主义法治教育。六是增强忧患意识、发扬斗争精神。强调深入学习宣传总体国家安全观，加强全民国防教育等。

聚焦学校思想政治工作，提出要全面贯彻党的教育方针，坚持社会主义办学方向，以立德树人为根本，坚持全员、全程、全方位育人，加快构建学校思想政治工作体系，统筹办学治校、教育教学、人才培养等育人资源和力量，培养德智体美劳全面发展的社会主义建设者和接班人。具体要求如下：实施时代新人培育工程，发挥课堂教学主渠道作用，推动思想政治理论课改革创新，深入挖掘各学科专业课程的育人功能，加强对课堂教学和各类思想阵地的管理，推动党的创新理论和革命传统进教材进课堂进头脑；完善青少年理想信念教育齐抓共管机制；构建日常教育体系，发挥科研、管理、服务和社会实践的协同育人效应，引导青少年扣好人生第一粒扣子；加强教师思想政治工作等。

（七）中共教育部党组《高校思想政治工作质量提升工程实施纲要》（2017年）强调"一体化构建"高校思想政治工作质量体系

2017年，中共教育部党组印发《高校思想政治工作质量提升工程实施纲要》。纲要着眼于培养德智体美全面发展的社会主义建设者和接班人，着力培

---

❶ 中共中央、国务院.关于新时代加强和改进思想政治工作的意见［EB/OL］.（2021-07-12）[2024-01-15］. http://www.moe.gov.cn/jyb_xwfb/s6052/moe_838/202107/t20210713_544151.html.

养担当民族复兴大任的时代新人,提出以立德树人为根本,以理想信念教育为核心,以社会主义核心价值观为引领,"一体化构建内容完善、标准健全、运行科学、保障有力、成效显著的高校思想政治工作质量体系",形成全员全过程全方位育人格局,切实提高工作亲和力和针对性。将"坚持育人导向,突出价值引领"作为第一项原则,强调全面统筹办学治校各领域、教育教学各环节、人才培养各方面的育人资源和育人力量,推动知识传授、能力培养与理想信念、价值理念、道德观念的教育有机结合,建立健全系统化育人长效机制。在基本任务方面提出,充分发挥课程、科研、实践、文化、网络、心理、管理、服务、资助、组织等方面工作的育人功能,挖掘育人要素,完善育人机制,优化评价激励,强化实施保障,切实构建"十大"育人体系。在实施保障方面指出,推动"三全育人"综合改革,在地方打造"三全育人"共同体",在学校层面切实打通"三全育人"的最后一公里,形成可转化、可推广的一体化育人制度和模式。❶

(八)教育部《高等学校课程思政建设指导纲要》(2020年)强调"把思想政治教育贯穿人才培养体系"

2020年,教育部印发《高等学校课程思政建设指导纲要》。文件指出,全面推进课程思政建设是落实立德树人根本任务的战略举措,课程思政建设是全面提高人才培养质量的重要任务。文件强调,立德树人成效是检验高校一切工作的根本标准。落实立德树人根本任务,必须将价值塑造、知识传授和能力培养三者融为一体、不可割裂。全面推进课程思政建设,就是要寓价值观引导于知识传授和能力培养之中,帮助学生塑造正确的世界观、人生观、价值观,这是人才培养的应有之义,更是必备内容。这一战略举措,影响甚至决定着接班人问题,影响甚至决定着国家长治久安,影响甚至决定着民族复兴和国家崛起。可以看出,文件中,从接班人问题、国家长治久安、民族复兴和国家崛起三个方面,用三个"影响甚至决定着",凸显全面推进课程思政建设的战略意义。文件还强调,要紧紧抓住教师队伍"主力军"、课程建设

---

❶ 中共教育部党组关于印发《高校思想政治工作质量提升工程实施纲要》的通知[EB/OL].(2017-12-05)[2024-01-15]. http://www.moe.gov.cn/srcsite/A12/s7060/201712/t20171206_320698.html

"主战场"、课堂教学"主渠道",让所有高校、所有教师、所有课程都承担好育人责任,守好一段渠、种好责任田,使各类课程与思政课程同向同行,将显性教育和隐性教育相统一,形成协同效应,构建全员全程全方位育人大格局。❶

关于全面推进课程思政建设工作的主要思路,教育部高等教育司负责人在该文件答记者问中,用"四个相统一"进行了概括,即坚持知识传授和价值引领相统一、坚持显性教育和隐性教育相统一、坚持统筹协调和分类指导相统一、坚持总结传承和创新探索相统一。❷

在课程思政建设目标方面,要求课程思政建设工作围绕全面提高人才培养能力这个核心点,在全国所有高校、所有学科专业全面推进,促使课程思政的理念形成广泛共识,广大教师开展课程思政建设的意识和能力全面提升,协同推进课程思政建设的体制机制基本健全,高校立德树人成效进一步提高。在课程思政建设内容方面提出,要紧紧围绕坚定学生理想信念,以爱党、爱国、爱社会主义、爱人民、爱集体为主线,围绕政治认同、家国情怀、文化素养、宪法法治意识、道德修养等重点优化课程思政内容供给,系统进行中国特色社会主义和中国梦教育、社会主义核心价值观教育、法治教育、劳动教育、心理健康教育、中华优秀传统文化教育。特别强调"坚持不懈用习近平新时代中国特色社会主义思想铸魂育人"。

在科学设计课程思政教学体系方面提出,构建科学合理的课程思政教学体系,从公共基础课程、专业教育课程、实践类课程三方面明确要求。在结合专业特点分类推进课程思政建设方面提出,要深入梳理专业课教学内容,结合不同课程特点、思维方法和价值理念,深入挖掘课程思政元素,有机融入课程教学,达到润物无声的育人效果。并从文学、历史学、哲学类专业课程,经济学、管理学、法学类专业课程,教育学类专业课程,理学、工学类专业课程,农学类专业课程,医学类专业课程,艺术学类专业课程等七方面

---

❶ 教育部. 高等学校课程思政建设指导纲要[EB/OL]. (2020-06-01) [2024-01-15]. http://www.moe.gov.cn/srcsite/A08/s7056/202006/t20200603_462437.html.

❷ 全面推进高等学校课程思政建设——教育部高等教育司负责人就《高等学校课程思政建设指导纲要》答记者问[EB/OL]. (2020-06-05) [2024-01-15]. http://www.moe.gov.cn/jyb_xwfb/s271/202006/t20200604_462551.html.

提出了具体要求。

此外，文件强调，"课程思政建设是一项系统工程"，并对将课程思政融入课堂教学建设全过程、提升教师课程思政建设的意识和能力、建立健全课程思政建设质量评价体系和激励机制、加强课程思政建设组织实施和条件保障等方面提出了要求。

（九）中共中央办公厅、国务院办公厅《"十四五"文化发展规划》（2022年）强调"加强大中小学思想政治建设"

2022年，中共中央办公厅、国务院办公厅印发《"十四五"文化发展规划》。其中明确指出，"文化是国家和民族之魂，也是国家治理之魂"，"实现中华民族伟大复兴，战胜前进道路上各种风险挑战，文化是重要力量源泉"。❶要求聚焦举旗帜、聚民心、育新人、兴文化、展形象的使命任务，以社会主义核心价值观为引领，在三个方面"着力"：一是着力坚持和完善繁荣发展社会主义先进文化的制度；二是着力巩固马克思主义在意识形态领域的指导地位、巩固全党全国人民团结奋斗的共同思想基础；三是着力建设具有强大凝聚力和引领力的社会主义意识形态、具有强大生命力和创造力的社会主义精神文明、具有强大感召力和影响力的中华文化软实力。

《"十四五"文化发展规划》中，在强化思想理论武装方面强调，坚持用习近平新时代中国特色社会主义思想武装全党、教育人民、指导实践、推动工作。在加强公民道德建设方面提出，健全家庭、学校、政府、社会相结合的思想道德教育体系，把立德树人贯穿学校教育全过程。在加强和改进思想政治工作方面强调，加强大中小学思想政治建设，打造一批高等学校思政类公众号，完善领导干部、国企骨干、新时代先进人物等群体走进校园开展思想政治教育制度；健全社会心理服务体系和疏导机制、危机干预机制等。

---

❶ 中共中央办公厅、国务院办公厅．"十四五"文化发展规划［EB/OL］．（2022-08-16）［2024-02-20］．https：//baijiahao.baidu.com/s?id=1741334964298921710&wfr=spider&for=pc．

（十）教育部等部门《关于实施新时代基础教育扩优提质行动计划的意见》（2023年）将构建"大思政课"体系纳入基础教育扩优提质行动计划

2023年，为切实办好更加公平、更高质量的基础教育，教育部、国家发展改革委、财政部联合发布《关于实施新时代基础教育扩优提质行动计划的意见》，提出八项重点行动。第五大行动是"实施素质教育提升行动，促进学生全面发展"，其中包含构建"大思政课"体系、加强科学与文化素质培养、强化体美劳教育三项子行动。可以看出，在素质教育提升行动中，思政教育排在首位，充分体现了思政教育在素质教育中的重要性。文件强调，坚持用社会主义核心价值观铸魂育人，以讲好道理为本质要求开好思政课，统筹用好国家中小学思政课统编教材、《习近平新时代中国特色社会主义思想学生读本》，将课程思政有机融入各学科教学。❶

（十一）教育部等十三部门《关于健全学校家庭社会协同育人机制的意见》（2023年）布局"学校积极主导、家庭主动尽责、社会有效支持的协同育人机制"建设

健全学校家庭社会协同育人机制是党中央、国务院作出的重要决策部署，事关学生全面发展健康成长，事关国家发展和民族未来。党的二十大提出，"健全学校家庭社会协同育人机制"。针对学校家庭社会协同育人中存在的职责定位不够清晰、协同机制不够健全、条件保障不够到位等突出问题，2023年，教育部等十三部门印发《关于健全学校家庭社会协同育人机制的意见》。这是贯彻落实党的二十大精神，助力《家庭教育促进法》《未成年人保护法》等落地，落实立德树人根本任务，培养担当民族复兴大任时代新人的重要举措。

依据文件规定，近期目标是到"十四五"时期末，政府对学校家庭社会

---

❶ 教育部、国家发展改革委、财政部.关于实施新时代基础教育扩优提质行动计划的意见[EB/OL].（2023-08-16）[2024-02-20].http://www.moe.gov.cn/srcsite/A06/s3321/202308/t20230830_1076888.html.

协同育人工作的统筹领导更加有力，制度体系基本建立健全。学校积极主导、家庭主动尽责、社会有效支持的协同育人机制更加完善，促进学生全面发展健康成长的良好氛围更加浓厚。远期目标是到2035年，形成定位清晰、机制健全、联动紧密、科学高效的学校家庭社会协同育人机制。

在学校充分发挥协同育人主导作用方面提出，及时沟通学生情况，加强家庭教育指导，用好社会育人资源。要求学校要把统筹用好各类社会资源作为强化实践育人的重要途径。在家长切实履行家庭教育主体责任方面提出，提高家庭教育水平，主动协同学校教育，引导子女体验社会。在社会有效支持服务全面育人方面提出，完善社会家庭教育服务体系，推进社会资源开放共享，净化社会育人环境。在强化实施保障方面提出，加强组织领导，要求各地各相关部门要将构建学校家庭社会协同育人机制作为贯彻落实党中央、国务院决策部署的重大政治任务。此外，提出强化专业支撑，营造良好氛围。❶

（十二）教育部等十七部门《家校社协同育人"教联体"工作方案》（2024年）强调全面建立家校社协同育人"教联体"

2024年11月，教育部等十七部门联合印发《家校社协同育人"教联体"工作方案》。文件指出，"教联体"是以中小学生健康快乐成长为目标、以学校为圆心、以区域为主体、以资源为纽带，促进家校社有效协同的一种工作方式。要推动各地全面建立家校社协同育人"教联体"，确保政府统筹、部门协作、学校主导、家庭尽责、社会参与的协同育人工作机制更加完善，促进学生全面发展健康成长的良好氛围更加浓厚。力争到2025年，50%的县建立"教联体"，到2027年所有县全面建立"教联体"。❷ 专家指出，"教联体"全面集成学生健康成长所需的各方主体和各类资源，为推进育人方式改革、提

---

❶ 教育部等十三部门.关于健全学校家庭社会协同育人机制的意见［EB/OL］.（2023-01-17）［2024-02-20］.http://www.moe.gov.cn/srcsite/A06/s3325/202301/t20230119_1039746.html.

❷ 教育部等十七部门联合印发《家校社协同育人"教联体"工作方案》［EB/OL］.（2024-11-01）［2024-11-25］.http://www.moe.gov.cn/jyb_xwfb/gzdt_gzdt/s5987/202411/t20241101_1160204.html.

高人才培养质量奠定良好基础。❶

四、加强党对思政工作的全面领导重点政策简述

党的十八大以来，以习近平同志为核心的党中央旗帜鲜明坚持和加强党的领导，把坚持党的领导贯彻和体现到改革发展稳定、内政外交国防、治党治国治军各个领域各个方面。党的十九大报告指出，坚持党对一切工作的领导。党政军民学，东西南北中，党是领导一切的。党的二十大报告指出，全面建设社会主义现代化国家、全面推进中华民族伟大复兴，关键在党。习近平总书记在2018年全国教育大会上强调，加强党对教育工作的全面领导，是办好教育的根本保证。近年来，为全面贯彻新时代党的组织路线和党的教育方针，坚持和加强党对学校教育工作的全面领导，《关于坚持和完善普通高等学校党委领导下的校长负责制的实施意见》《关于加强中小学校党的建设工作的意见》等系列政策发布，为新时代加强党对思政工作的全面领导提供了保障。

（一）中共中央办公厅《关于坚持和完善普通高等学校党委领导下的校长负责制的实施意见》（2014年）强调"必须坚持党委的领导核心地位"

党的十三届四中全会以后，党中央确定高等学校全面实行党委领导下的校长负责制。实践证明，党委领导下的校长负责制符合我国国情和高等教育发展规律，是中国特色现代大学制度的核心内容，是党对高校领导的根本制度，是高等学校坚持社会主义办学方向的重要保证。2014年，中共中央办公厅印发《关于坚持和完善普通高等学校党委领导下的校长负责制的实施意见》，为加强高校党的建设工作和完善中国特色现代大学制度的重要遵循。

文件规定，党委统一领导学校工作。高等学校党的委员会是学校的领导核心，履行党章等规定的各项职责，把握学校发展方向。强调党委领导学校

---

❶ 构建协同育人"教联体"共画学生成长"同心圆"——专家解读《家校社协同育人"教联体"工作方案》[EB/OL].（2024-11-02）[2024-11-25]. http://www.moe.gov.cn/jyb_xwfb/s5148/202411/t20241102_1160413.html.

思想政治工作和德育工作,坚持用中国特色社会主义理论体系武装师生员工头脑,培育和践行社会主义核心价值观,牢牢掌握学校意识形态工作的领导权、管理权、话语权。维护学校安全稳定,促进和谐校园建设。强调党委领导下的校长负责制是一个不可分割的有机整体,必须坚持党委的领导核心地位,保证校长依法行使职权,建立健全党委统一领导、党政分工合作、协调运行的工作机制。❶

(二) 中组部、中共教育部党组《关于加强中小学校党的建设工作的意见》(2016 年)强调"充分发挥中小学校党组织政治核心作用"

中小学校担负着培养德智体美劳全面发展的社会主义建设者和接班人的重要使命。中小学校是党的基层组织建设的重要领域。2016 年,中组部、中共教育部党组印发《关于加强中小学校党的建设工作的意见》。这是中央层面首个对中小学校党建工作作出专门部署的指导性文件,对全面提升中小学校党的建设水平起到积极推动作用。文件指出,加强中小学校党的建设,对于全面贯彻党的教育方针、保证社会主义办学方向、落实立德树人根本任务、办好人民满意的教育,具有重要意义。

文件从充分发挥中小学校党组织政治核心作用、健全完善中小学校党建工作管理体制、全面提升中小学校党组织建设水平、把抓好德育和思想政治工作作为中小学校党组织重要任务、切实加强对中小学校党建工作的领导五个方面提出了 16 条具体要求。例如,在充分发挥中小学校党组织政治核心作用方面,指出中小学校党组织是党在学校中全部工作和战斗力的基础,发挥政治核心作用,全面负责学校党的思想、组织、作风、反腐倡廉和制度建设,把握学校发展方向,参与决定重大问题并监督实施,支持和保证校长依法行使职权,领导学校德育和思想政治工作,培育和践行社会主义核心价值观,维护各方合法权益,推动学校健康发展。❷

---

❶ 中共中央办公厅印发《关于坚持和完善普通高等学校党委领导下的校长负责制的实施意见》[EB/OL].(2014-10-15)[2024-02-20]. http://www.gov.cn/zhengce/2014-10/15/content_2766861.htm.

❷ 中组部、中共教育部党组印发《关于加强中小学校党的建设工作的意见》的通知 [EB/OL].(2016-06-29)[2024-02-20]. http://m.jyb.cn/zyk/jyzcfg/201610/t20161018_52450_wap.html.

（三）中共中央、国务院《中国教育现代化 2035》（2019 年）强调"加强党对教育工作的全面领导"

2019 年，中共中央、国务院印发《中国教育现代化 2035》。该文件明确推进教育现代化的基本原则之一是坚持党的领导，提出十大战略任务之一是学习习近平新时代中国特色社会主义思想，要求把学习贯彻习近平新时代中国特色社会主义思想作为首要任务，贯穿到教育改革发展全过程，落实到教育现代化各领域各环节。在保障措施方面，提出加强党对教育工作的全面领导。要求建立健全党委统一领导、党政齐抓共管、部门各负其责的教育领导体制。加强各级各类学校党的领导和党的建设工作。深入推进教育系统全面从严治党、党风廉政建设和反腐败斗争。❶

（四）中共中央办公厅、国务院办公厅《关于深化新时代学校思想政治理论课改革创新的若干意见》（2019 年）要求"加强党对思政课建设的领导"

2019 年 8 月，中共中央办公厅、国务院办公厅印发《关于深化新时代学校思想政治理论课改革创新的若干意见》。文件在基本原则中指出，坚持党对思政课建设的全面领导，把加强和改进思政课建设摆在突出位置。文件强调，"加强党对思政课建设的领导"，严格落实地方党委思政课建设主体责任，要求地方各级党委要把思政课建设作为党的建设和意识形态工作的标志性工程摆上重要议程，建立和完善省（自治区、直辖市）党委领导班子成员联系高校和讲思政课特别是"形势与政策"课制度。要求推动建立高校党委书记、校长带头抓思政课机制。❷

---

❶ 中共中央、国务院印发《中国教育现代化 2035》[EB/OL].（2019-02-23）[2024-02-01]. http：//www.moe.gov.cn/jyb_xwfb/gzdt_gzdt/201902/t20190223_370857.html.

❷ 中共中央办公厅、国务院办公厅印发《关于深化新时代学校思想政治理论课改革创新的若干意见》[EB/OL].（2019-08-14）[2024-03-20]. https：//www.gov.cn/zhengce/2019-08/14/content_5421252.htm.

（五）中共中央《中国共产党普通高等学校基层组织工作条例》（2021年）强调"高校实行党委领导下的校长负责制"

2021年4月，中共中央印发修订后的《中国共产党普通高等学校基层组织工作条例》。该条例于2010年发布，2021年2月26日中共中央政治局会议修订，2021年4月16日中共中央发布。条例指出，"高校党组织必须高举中国特色社会主义伟大旗帜"，全面贯彻党的教育方针，坚持"四为服务"（坚持教育为人民服务、为中国共产党治国理政服务、为巩固和发展中国特色社会主义制度服务、为改革开放和社会主义现代化建设服务），坚守为党育人、为国育才，培养德智体美劳全面发展的社会主义建设者和接班人。条例规定，高校实行党委领导下的校长负责制。高校党的委员会（简称高校党委）全面领导学校工作。强调高校党组织工作应当遵循的第一项原则是：坚持党管办学方向、党管干部、党管人才、党管意识形态，领导改革发展，把党的领导落实到高校办学治校全过程各方面，确保党的教育方针和党中央决策部署得到贯彻落实。❶

（六）中共中央、国务院《关于新时代加强和改进思想政治工作的意见》（2021年）强调"要把思想政治工作作为治党治国的重要方式"

2021年7月，在中国共产党成立100周年之际，中共中央、国务院印发《关于新时代加强和改进思想政治工作的意见》。该文件指出，要把思想政治工作作为治党治国的重要方式。强化党委（党组）主体责任，各级党委（党组）要切实负起政治责任和领导责任，建立健全思想政治工作责任制。文件强调，要构建共同推进思想政治工作的大格局。完善领导体制和工作机制，完善党委统一领导、党政齐抓共管、宣传部门组织协调、有关部门和人民团体分工负责、全党全社会共同参与的思想政治工作大格局。❷

---

❶ 中共中央印发《中国共产党普通高等学校基层组织工作条例》［EB/OL］.（2021-04-22）［2024-03-20］. http：//www.moe.gov.cn/jyb_xwfb/s6052/moe_838/202104/t20210422_527716.html.

❷ 中共中央、国务院印发《关于新时代加强和改进思想政治工作的意见》［EB/OL］.（2021-07-12）［2024-02-20］. http：//www.moe.gov.cn/jyb_xwfb/s6052/moe_838/202107/t20210713_544151.html.

（七）中共中央办公厅《关于建立中小学校党组织领导的校长负责制的意见（试行）》（2022年）强调"中小学校党组织全面领导学校工作"

2022年，中共中央办公厅印发《关于建立中小学校党组织领导的校长负责制的意见（试行）》，这是党中央从战略全局高度对中小学校领导体制作出的重大调整。文件内容包括发挥中小学校党组织领导作用、支持和保证校长行使职权、建立健全议事决策制度、完善协调运行机制、加强组织领导五个方面。在发挥中小学校党组织领导作用方面指出，中小学校党组织全面领导学校工作，履行把方向、管大局、作决策、抓班子、带队伍、保落实的领导职责。要求坚持把政治标准和政治要求贯穿办学治校、教书育人全过程各方面，坚持社会主义办学方向，落实立德树人根本任务。在完善协调运行机制方面指出，实行中小学校党组织领导的校长负责制，必须发挥党组织领导作用，保证校长依法依规行使职权，建立健全党组统一领导、党政分工合作、协调运行的工作机制。在加强组织领导方面指出，加强学校基层党组织和党员队伍建设，强调推动党建工作与教育教学、德育和思想政治工作深度融合。❶

（八）教育部《关于进一步加强新时代中小学思政课建设的意见》（2022年）强调"加强党的全面领导"

2022年11月，教育部印发《关于进一步加强新时代中小学思政课建设的意见》。文件明确提出，加强党的全面领导。要求各地各校把提高中小学思政课质量作为重大政治任务，主动谋划、大力推进，要认真落实将中小学思政课建设情况纳入各级党委领导班子考核和政治巡视巡察的规定要求。要深入实施中小学校党组织领导的校长负责制，建立健全学校党组织抓思政课工作机制。❷

---

❶ 中共中央办公厅印发《关于建立中小学校党组织领导的校长负责制的意见（试行）》[EB/OL]．（2022-01-26）[2024-02-20]．http：//www.gov.cn/zhengce/2022/01/26/content_5670588.htm.

❷ 教育部关于进一步加强新时代中小学思政课建设的意见[EB/OL]．（2022-11-08）[2024-03-20]．http：//www.moe.gov.cn/srcsite/A06/s3325/202211/t20221110_983146.html.

五、大中小学思想政治理论课程改革的重点政策简述

课程在教育体系中处于核心地位，反映国家意志，是教育教学活动的基本依据，直接影响人才培养质量，对于全面贯彻党的教育方针，全面落实立德树人根本任务，培养时代新人具有十分重要的意义。❶ 中小学思想政治理论课程改革依托于基础教育课程改革的大背景。

（一）中小学课程改革新进展

改革开放40年来，我国已初步建立中国特色的基础教育课程体系。主要特点如：从最初相对僵化、一纲一本、高度集权式的课程管理模式逐步走向一纲多本，国家、地方、学校三级课程管理；确立了"以人为本"、关注学生核心素养养成的课程理念；不断强化学科育人本质，推进课堂教学改革；教师专业水平得到整体提升等。❷ 我国基础教育课程教学改革的目标方向和价值追求的变迁，经历了从"双基"到三维目标再到核心素养三个阶段。❸ 我国德育课程改革与发展的基本脉络，在课程观方面，从唯智论走向生活论；在课程功能方面，从工具化走向凸显人的价值；在课程形态方面，从分科课程走向综合课程；在课程实施方面，从无序封闭走向有序开放。❹ 党的十八大以来，随着基础教育课程改革的不断深入，面对新形势新要求及新问题，中小学课程方案和课程标准不断完善。从最新一轮的中小学课程方案和课程标准修订情况来看，素养导向更加突出，育人功能不断强化。

1. 印发《义务教育课程方案和课程标准（2022年版）》

2001年，国家启动了新世纪基础教育课程改革，发布《义务教育课程设置实验方案》及义务教育各学科课程标准（实验稿）。经过十年的实践探索，课程改革取得显著成效。随着改革的深入推进，有些学科容量偏多，难度偏

---

❶ 刘月霞．普通高中课程改革40年（上）[J]．人民教育，2018（22）：25-31．
❷ 田慧生．我国基础教育课程教材建设40年[J]．基础教育课程，2018（19）：6-11．
❸ 余文森．从"双基"到三维目标再到核心素养——改革开放40年我国课程教学改革的三个阶段[J]．课程·教材·教法，2019，39（9）：40-47．
❹ 班建武．从被动适应走向主动超越——改革开放40年来我国德育课程改革与发展的基本脉络[J]．中国德育，2018（20）：24-29．

大，有些学科具体内容体现循序渐进的梯度不够等问题突出，因此对课程标准进行了修订，2011年12月，教育部印发义务教育语文等学科19个课程标准（2011年版）。修订后的义务教育课程标准结合学科特点和学生的年龄特征，进一步加强了德育。例如：各学科把落实科学发展观、社会主义核心价值体系作为修订的指导思想，结合学科内容进行了有机渗透；进一步突出了中华民族优秀文化传统教育，语文课程专设了书法课，历史增加了传统戏剧等反映我国传统文化的内容；进一步增强了民族团结教育的针对性和时代性等。[1]

义务教育课程方案（2001年版）和课程标准（2011年版）在引导和推动教育教学改革方面发挥了重要作用，但也还存在一些与新形势新要求不相适应的地方，必须进行修订完善。义务教育课程修订自2019年启动，历时三年。2022年，教育部印发《义务教育课程方案和课程标准（2022年版）》。这次修订是2001年《义务教育课程设置实验方案》执行20年来的首次系统修订，是2011年义务教育课程标准执行10年来的一次系统修订。与2001年颁布实施的义务教育课程方案相比，修订后的课程方案完善了培养目标，全面落实习近平总书记关于培养担当民族复兴大任时代新人的要求，从有理想、有本领、有担当三个方面，明确义务教育阶段时代新人培养的具体要求；优化了课程设置，如整合小学原品德与生活、品德与社会和初中原思想品德为"道德与法治"，进行九年一体化设计；细化了实施要求与实施机制等。修订后的各课程标准强化了课程育人导向；优化了课程内容结构，基于核心素养要求，遴选重要观念、主题内容和基础知识技能，精选、设计课程内容；研制了学业质量标准，依据核心素养发展水平，结合课程内容，整体刻画不同学段学生学业成就的具体表现。此外，细化了实施要求，加强了学段衔接。[2]总体来看，在新的义务教育课程方案和课程标准中，核心素养导向、一体化

---

[1] 教育部基础教育课程教材专家工作委员会就印发义务教育课程标准（2011年版）答记者问[EB/OL].（2012-02-07）[2024-02-20]. http：//www.moe.gov.cn/jyb_xwfb/s271/201202/t20120207_130063.html.

[2] 教育部. 教育部教材局负责人就《义务教育课程方案和课程标准（2022年版）》答记者问[EB/OL].（2022-04-21）[2024-02-20]. http：//www.moe.gov.cn/jyb_xwfb/s271/202204/t20220421_620066.html.

设计等特点突出。

2. 印发普通高中课程方案和语文等学科课程标准（2017年版2020年修订）

在普通高中阶段，2003年，教育部发布《普通高中课程方案（实验）》和语文等15个学科课程标准（实验），2004年发布《普通高中思想政治课程标准（实验）》。2017年12月，教育部印发《普通高中课程方案和语文等学科课程标准（2017年版）》。新的课程方案和课程标准进一步强化了学科的育人功能，多学科增加优秀传统文化和革命传统教育内容。

近年来，为深入贯彻党的十九届四中全会精神和全国教育大会精神，落实立德树人根本任务，完善中小学课程体系，教育部组织对普通高中课程方案和语文等学科课程标准（2017年版）进行了修订。2020年，教育部印发普通高中课程方案和语文等学科课程标准（2017年版2020年修订）。其中，普通高中课程方案以及思想政治、语文、历史和生物学课程标准修订涉及前言及正文部分，其他学科课程标准修订仅涉及前言部分。[1] 此外，根据党的十九大"落实立德树人根本任务，发展素质教育"的要求，依据新修订的普通高中课程标准，统编了三科教材，全面审核了非统编教材。

3. 颁布中等职业学校思想政治、语文、历史三科课程标准（2020年版）

在中等职业教育方面，2020年，教育部印发《中等职业学校思想政治、语文、历史课程标准（2020年版）》。相关通知中指出，中职三科意识形态属性强，集中体现国家意志和社会主义核心价值观，必须研制中职三科课程标准，充分发挥其育人功能，帮助学生厚植文化底蕴、传承红色基因、打好中国底色，形成正确的世界观、人生观、价值观。

中职三科课程标准的主要变化之一，是调整课程名称并优化结构。将"德育"的课程名称调整为"思想政治"，与普通高中保持一致，将原来必修的"经济政治与社会""职业生涯规划""职业道德与法律""哲学与人生"和选修的"心理健康"调整为"中国特色社会主义""心理健康与职业生涯"

---

[1] 教育部关于印发普通高中课程方案和语文等学科课程标准（2017年版2020年修订）的通知[EB/OL]．（2020-05-13）[2024-02-20]．http：//www.moe.gov.cn/srcsite/A26/s8001/202006/t20200603_462199.html．

"哲学与人生""职业道德与法治"。其中,"经济政治与社会"扩展为"中国特色社会主义",增加文化建设和生态文明建设等内容,更全面准确地反映习近平新时代中国特色社会主义思想的丰富内涵,"心理健康"改为必修课,与"职业生涯规划"整合为"心理健康与职业生涯"。在具体特点方面,三科课程标准凝练了学科核心素养,研制了学业质量标准,体现了高中阶段共同要求,彰显了职业教育特色。❶ 中职三科课程标准坚持社会主义办学方向,充分反映习近平新时代中国特色社会主义思想,强化育人功能,增设了历史课程,完善了课程设置,优化了结构体例,填补了我国中等职业教育长期以来有教学大纲无课程标准的空白,具有基础性和战略性意义。❷

(二)以习近平新时代中国特色社会主义思想为核心内容的思政课课程群建设相关政策简述

近年来,中共中央办公厅、国务院办公厅印发《关于深化新时代学校思想政治理论课改革创新的若干意见》(2019年)、《教育部关于进一步加强新时代中小学思政课建设的意见》(2022年)等文件均对完善大中小学思想政治理论课课程设置等方面的建设提出了要求。此外,中小学思政课相关课程标准也不断修订完善。总体来看,当前大中小学思政课建设中,以习近平新时代中国特色社会主义思想为核心内容的思政课课程群建设不断完善。思政课不是一门课,而是一个"课程群"。加强思政课建设,首先要加强思政课课程群的建设。

例如,中共中央办公厅、国务院办公厅印发《关于深化新时代学校思想政治理论课改革创新的若干意见》(2019年)提出,加强以习近平新时代中国特色社会主义思想为核心内容的思政课课程群建设。在保持思政课必修课程设置相对稳定的基础上,结合大中小学各学段特点构建形成必修课加选修

---

❶ 教育部. 准确把握中等职业学校思想政治、语文、历史课程标准 大力推进教育教学改革——教育部教材局负责人就颁布中等职业学校思想政治、语文、历史三科课程标准答记者问[EB/OL].(2020-02-27)[2024-02-20]. http://www.moe.gov.cn/jyb_xwfb/s271/202002/t20200226_424381.html.

❷ 林焕新. 落实立德树人根本任务 大力推进教育教学改革——教育部首次颁布中职三科课程标准[EB/OL].(2020-02-28)[2024-02-20]. http://www.moe.gov.cn/jyb_xwfb/s5147/202002/t20200228_425118.html.

课的课程体系。例如提出，高中阶段开设"思想政治"必修课程，围绕学习习近平总书记最新重要讲话精神开设"思想政治"选择性必修课程。初中、小学阶段开设"道德与法治"必修课程，可结合校本课程、兴趣班开设思政类选修课程。

教育部印发的《关于进一步加强新时代中小学思政课建设的意见》（2022年）提出，在落实课程内容方面，要扎实推进习近平新时代中国特色社会主义思想进教材进课堂进学生头脑，依据道德与法治（思想政治）课程标准，统筹编好用好国家中小学思政课统编教材、《习近平新时代中国特色社会主义思想学生读本》等，此外，还要常态化制度化开展理想信念教育，持续抓好党史学习教育，加强爱国主义、集体主义、社会主义教育，持续深化党的领导、社会主义先进文化、革命文化、中华优秀传统文化等各类主题教育。同时，充分利用新时代的伟大实践成就和时政要闻、重大活动、乡村振兴、抗击疫情、奥运精神等方面形成的教育资源，丰富思政课教育内容，有机融入课堂教学。

在大学思政课课程群建设方面，中共中央办公厅、国务院办公厅印发的《关于深化新时代学校思想政治理论课改革创新的若干意见》（2019年）进行了系统安排。强调加强以习近平新时代中国特色社会主义思想为核心内容的思政课课程群建设。例如，全国重点马克思主义学院率先全面开设"习近平新时代中国特色社会主义思想概论"课。博士阶段开设"中国马克思主义与当代"，硕士阶段开设"中国特色社会主义理论与实践研究"，本科阶段开设"马克思主义基本原理概论""毛泽东思想和中国特色社会主义理论体系概论""中国近现代史纲要""思想道德修养与法律基础""形势与政策"等必修课，同时要开设系列选择性必修课程。教育部等十部门印发的《全面推进"大思政课"建设的工作方案》（2022年）指出，各高校全面开设"习近平新时代中国特色社会主义思想概论"课。

（三）思想政治课程标准关于课程模块及学科核心素养的要求简述

在课程标准方面，《义务教育道德与法治课程标准（2022年版）》《普通高中思想政治课程标准（2017年版2020年修订）》《中等职业学校思想政治课程标准（2020年版）》，对中小学阶段思政课的课程模块及学科核心素养要求进行了具体设计。

在中小学阶段的"道德与法治"课程中，各学段模块既有各自特点，又注重相互衔接。例如，义务教育前三个学段1—6年级，都设置了道德教育模块，义务教育1—9年级都设置了生命安全与健康教育、法治教育、中华优秀传统文化与革命传统教育模块。第四学段（7—9年级）是初中年级段，是小学高年级段的延续，与高中阶段相衔接，是培育道德品格，形成世界观、人生观、价值观的重要时期。本学段学生正处于青春期，独立思考能力和判断能力进一步增强，情绪波动性大，可塑性强。依据上述特点，设置生命安全与健康教育、法治教育、中华优秀传统文化教育、革命传统教育、国情教育等五个主题，通过与中华优秀文化传统、革命传统、国情教育等方面的关联，从真实的社会情境角度进行道德教育，强化学生的道德体验和道德实践，旨在引导学生正确认识自己，以及个人与家庭、他人、社会、国家和人类文明的关系，了解国家发展和世界发展大势，增强社会责任感和担当意识，立志做社会主义建设者和接班人。义务教育阶段的"道德与法治"学科核心素养包括政治认同、道德修养、法治观念、健全人格、责任意识五个方面。[1]

与义务教育阶段相比，高中阶段的思想政治课程模块变化较大。例如，《普通高中思想政治课程标准（2017年版2020年修订）》设计聚焦思想政治学科核心素养，讲述马克思主义基本原理，紧跟实践基础上的理论创新进程，阐明习近平新时代中国特色社会主义思想，落实立德树人根本任务，全面加强爱国主义、集体主义、社会主义教育，体现思想政治课程的性质与理念。同时贯彻整体构建、有序衔接、依次递进的思路，在统筹规划大中小学德育课程的框架中，定位高中阶段的内容目标。在课程结构上，包括必修课程、选择性必修课程和选修课程。必修课程是培育全体学生学科核心素养的基本载体。以发展中国特色社会主义为主线，设计必修课程的整体框架，包括四个模块。模块一是"中国特色社会主义"，依循历史进程，讲述为何开创和发展中国特色社会主义；模块二"经济与社会"、模块三"政治与法治"、模块

---

[1] 教育部关于印发义务教育课程方案和课程标准（2022年版）的通知［EB/OL］.（2022-04-08）［2024-04-20］. http://www.moe.gov.cn/srcsite/A26/s8001/202204/t20220420_619921.html.

四"哲学与文化",依托模块一的基本原理,讲述如何坚持和发展中国特色社会主义。选择性必修课程设置"当代国际政治与经济""法律与生活""逻辑与思维"三个模块,与必修课程的实施相互配合、相互补充。选修课程设置"财经与生活""法官与律师""历史上的哲学家"三个模块,是对相关必修课程和选择性必修课程的进一步拓展。普通高中的"思想政治"学科核心素养包括政治认同、科学精神、法治意识、公共参与四个方面。❶

依据《中等职业学校思想政治课程标准(2020年版)》,中等职业学校思想政治课的课程模块主要由基础模块和拓展模块两部分构成。基础模块是各专业学生的必修课程,包括中国特色社会主义、心理健康与职业生涯、哲学与人生、职业道德与法治四部分内容。拓展模块为选修课程,是必修课程的拓展和补充。选修课程除对学生进行时事政策教育外,还应根据国家形势发展、区域经济和行业发展状况,结合学校德育工作,学生社会实践、专业学习、顶岗实习,进行法律与职业教育,国家安全教育,民族团结进步教育,中华优秀传统文化、革命文化、社会主义先进文化教育等。中等职业学校的《思想政治》学科核心素养包括政治认同、职业精神、法治意识、健全人格、公共参与等五个方面。❷

六、《教育强国建设规划纲要(2024—2035年)》对思想政治教育的系统部署简述

2025年1月,中共中央、国务院颁布实施首个以教育强国为主题的教育事业发展纲领性文件《教育强国建设规划纲要(2024—2035年)》,对落实党的二十大重大部署,更好发挥教育强国建设在全面推进强国建设、民族复兴伟业中的先导任务、坚实基础、战略支撑作用,具有重大而深远的意义。《教育强国建设规划纲要(2024—2035年)》紧紧围绕教育的"三大属性"

---

❶ 教育部.关于印发普通高中课程方案和语文等学科课程标准(2017年版2020年修订)的通知[EB/OL].(2020-05-13)[2024-04-26]. http://www.moe.gov.cn/srcsite/A26/s8001/202006/t20200603_462199.html.

❷ 教育部关于印发《中等职业学校思想政治、语文、历史课程标准(2020年版)》的通知[EB/OL].(2020-02-14)[2024-04-26]. http://www.moe.gov.cn/srcsite/A26/s8001/202002/t20200226_424148.html.

（政治属性、人民属性、战略属性），以"六大特质"为主要特征、以"八大体系"为基本结构、以正确处理"五个重大关系"为关键要求，将深化改革贯穿全文，突出教育科技人才一体统筹部署，推出一系列创新举措。❶ 在"六大特质"中，排第一位的是"具有强大思政引领力"，在"八大体系"中，排第一位的是"全面构建固本铸魂的思想政治教育体系"。此外，在九方面重点任务中，排第一位的是"塑造立德树人新格局，培养担当民族复兴大任的时代新人"。这一部署充分体现了党中央、国务院对思想政治教育的高度重视，也凸显了思想政治教育的首要地位和引领作用。

具体来看，《教育强国建设规划纲要（2024—2035年）》针对塑造立德树人新格局提出了以下要求。一是"加强和改进新时代学校思想政治教育"。强调"坚持不懈用习近平新时代中国特色社会主义思想铸魂育人"，"加快构建以习近平新时代中国特色社会主义思想为核心内容的课程教材体系"，"开好讲好'习近平新时代中国特色社会主义思想概论'课，系统完善中小学思政课课程标准，整体优化设计高校思政课课程方案，推进大中小学思政课一体化改革创新"等。二是"加强党的创新理论体系化学理化研究阐释和成果应用"。强调"全面推动党的创新理论研究成果转化为相应的学科方向和课程教材，将新时代伟大变革成功案例及其蕴含的道理学理哲理融入学校思想政治教育"等。三是"拓展实践育人和网络育人空间和阵地"。强调"统筹推动价值引领、实践体验、环境营造，探索课上课下协同、校内校外一体、线上线下融合的育人机制"等。四是"促进学生健康成长、全面发展"。要求"深入实施素质教育"，"落实健康第一教育理念"，"加强宪法法治教育、国家安全教育、国防教育"等。五是"打造培根铸魂、启智增慧的高质量教材"。要求"落实教材建设国家事权，体现党和国家意志"，"加强新时代马克思主义理论研究和建设工程重点教材建设"，"推进思政课教材建设"等。

---

❶ 加快建设教育强国的纲领性文件——教育部负责人就《教育强国建设规划纲要（2024—2035年）》答记者问［EB/OL］.（2025-01-19）[2025-01-30]. http://www.moe.gov.cn/jyb_xwfb/s271/202501/t20250119_1176197.html.

六是"推广普及国家通用语言文字"。❶上述规划为落实立德树人根本任务、培养担当民族复兴大任的时代新人明确了路线图与施工图，必将凝聚起全国上下建设教育强国的思想共识与行动合力。

七、小　结

综上所述，从1994年发布的《中共中央关于进一步加强和改进学校德育工作的若干意见》明确提出"整体规划学校的德育体系"，到2005年发布的《教育部关于整体规划大中小学德育体系的意见》就整体规划大中小学德育体系进行专门部署，到《国家中长期教育改革和发展规划纲要（2010—2020年）》强调"构建大中小学有效衔接的德育体系"，到2013年发布的《中共中央办公厅关于培育和践行社会主义核心价值观的意见》强调"把培育和践行社会主义核心价值观融入国民教育全过程"，再到2019年发布的《中共中央办公厅、国务院办公厅关于深化新时代学校思想政治理论课改革创新的若干意见》要求"统筹大中小学思政课一体化建设"，同时伴随着以习近平新时代中国特色社会主义思想为核心内容的思政课课程群建设，思政课程课标修订，思想政治（道德与法治）、语文、历史三科教材统编等，尤其是《教育强国建设规划纲要（2024—2035年）》的发布与实施，大中小学思政教育一体化建设的政策发展脉络清晰可见。改革开放以来，尤其是党的十八大以来，以立德树人为根本任务，以"全过程""一体化""系统规划""整体推进"等为主题词，以大中小学德育体系整体规划为进阶基础，以"大中小学思政课一体化建设"为关键链条，以"大中小学思想政治教育一体化"为核心枢纽，以"全面构建固本铸魂的思想政治教育体系"为总体要求，覆盖整个教育体系的全方位、立体化、系统化、专门化强力推进大中小学思政教育系统跃升的政策体系日趋完善。

从时间节点来看，党的十八大以来，尤其是2019年习近平总书记在学校思想政治理论课教师座谈会上发表重要讲话以来，国家推进大中小学思政课

---

❶ 中共中央　国务院印发《教育强国建设规划纲要（2024—2035年）》[EB/OL].（2025-01-19）[2025-01-30]. http：//www.moe.gov.cn/jyb_xxgk/moe_1777/moe_1778/202501/t20250119_1176193.html.

一体化及思政教育一体化建设的政策密集出台。从政策类型来看，系列政策既涉及规划纲要、体制机制改革等教育宏观政策，如《教育强国建设规划纲要（2024—2035年）》《中共中央办公厅、国务院办公厅关于深化教育体制机制改革的意见》等，又涉及德育工作、思政教育工作以及思政理论课改革创新等方面专门政策，如《教育部关于整体规划大中小学德育体系的意见》《中共中央办公厅关于培育和践行社会主义核心价值观的意见》《中共中央办公厅、国务院办公厅关于深化新时代学校思想政治理论课改革创新的若干意见》《全面推进"大思政课"建设的工作方案》。从教育领域来看，既有覆盖各学段整体设计的政策，又有分别针对中小学、高等教育阶段推进思政教育改革的专门政策；既有针对学校思政教育的政策，又有针对家校社协同育人的政策。此外，为全面贯彻新时代党的组织路线和党的教育方针，坚持和加强党对学校教育工作的全面领导，《关于坚持和完善普通高等学校党委领导下的校长负责制的实施意见》《关于加强中小学校党的建设工作的意见》等政策密集出台。上述政策为思想政治教育工作守正创新、深入实施新时代立德树人工程提供了保障，为推动教育强国向更高水平更高层次迈进提供了强劲动力。

第五章

新时代大中小学思想政治教育一体化建设的基本情况与问题调查研究

第五章 新时代大中小学思想政治教育一体化建设的基本情况与问题调查研究

已有研究对推进大中小学思想政治教育一体化建设提供了借鉴。本研究选择教师视角,基于实证,通过问卷调查,进一步考察大中小学思想政治教育一体化建设状况。其中,重点关注大中小学思想政治教育在课程建设、教材建设、教师队伍建设、资源开发、家校社协同等方面的一体化建设的基本情况与存在的问题。

一、研究方法

(一)研究对象

兼顾东中西地区分布、城乡及学段分布等,从辽宁、河北、甘肃、重庆、河南等地随机选取中小学教师12128人。其中,中西部地区、东部地区教师人数占比分别为53.38%、46.62%;城市和农村教师人数占比分别为65.11%和34.89%;小学、初中、普通高中、中职教师人数占比分别为40.97%、28.53%、24.99%、5.51%;专职思政课教师、兼职思政课教师和其他教师人数占比分别为15.06%、29.11%、55.83%。具体情况如表5-1所示。

表5-1 教师分布情况(N=12128)

分布		人数(名)	占比(%)	分布		人数(名)	占比(%)
性别	男	3205	26.43	学段	小学	4969	40.97
	女	8923	73.57		初中	3460	28.53
职称	初级	2335	19.25		普通高中	3031	24.99
	中级	5048	41.62		中职	668	5.51
	高级	2431	20.05	城乡分布	城市	7896	65.11
	未定	2314	19.08		农村	4232	34.89

续表

分布		人数（名）	占比（%）	分布		人数（名）	占比（%）
学历	大专及以下	1398	11.53	是否是班主任	是	4327	35.68
	本科	10057	82.92		否	7801	64.32
	硕士及以上	673	5.55	是否党员	是	3471	28.62
年龄	34岁及以下	4001	32.99		否	8657	71.38
	35-49岁	5763	47.52	是否思政课教师	专职	1827	15.06
	50岁及以上	2364	19.49		兼职	3530	29.11
地区	中西部	6474	53.38		否	6771	55.83
	东部	5654	46.62				

（二）研究工具

课题组依据国家发布的大中小学思想政治教育一体化建设相关政策，借鉴学者相关研究，同时在结合北京、天津、辽宁等地方推进大中小学思政课及大中小学思想政治教育一体化建设相关重点举措基础上，自编《大中小学思想政治教育一体化建设状况调查问卷》。该问卷为李克特式5点量表，除被试背景信息外，具体问题包括教师对大中小学思想政治教育一体化基本含义与政策的了解状况及建设参与状况（3题）、学校及地方对大中小学思想政治教育一体化建设重视情况（3题）、大中小学思政课及课程思政一体化建设情况（6题）、大中小学思想政治教育一体化建设其他相关情况（12题）四个维度，共24个条目。

二、研究结果

（一）教师对大中小学思想政治教育一体化建设的了解及参与情况

1. 总体：六成多教师了解大中小学思想政治教育一体化建设基本含义与重点政策，七成教师积极参与大中小学思想政治教育一体化建设

本研究中，从基本含义和重点政策两方面考察教师对大中小学思想政治教育一体化建设的了解情况。关于"大中小学思想政治教育一体化建设"的

基本含义，67.59%的教师表示知道，25.41%的教师表示了解程度一般，7.00%的教师表示不知道。关于推进大中小学思政课一体化建设的重点政策，63.12%的教师表示熟悉，29.13%的教师表示熟悉程度一般，7.75%的教师表示不熟悉。关于对推进大中小学思想政治教育一体化建设的参与程度，70.66%的教师表示能积极参与，22.59%的教师表示参与程度一般，6.75%的教师表示参与不积极。总体来看，虽然部分教师对大中小学思想政治教育一体化建设的含义与政策了解不够，但大多教师都对参与大中小学思想政治教育一体化建设表示出积极态度。

2. 城乡：城市地区的教师对大中小学思想政治教育一体化建设的了解及参与情况好于农村地区的教师

本研究根据学校所在区域，分为城市学校和农村学校，其中城市学校包括位于主城区和城乡接合区的各类学校，农村学校包括位于镇区和乡村的各类学校。在教师对大中小学思想政治教育一体化建设的了解及参与情况方面，以城乡分布为自变量，基本含义了解情况、重点政策熟悉情况与参与情况为因变量，交叉（卡方）分析结果显示，上述三方面差异均极其显著：（1）对大中小学思想政治教育一体化建设基本含义的了解情况（$\chi^2 = 37.196$，$P<0.001$）；（2）对大中小学思想政治教育一体化建设重点政策的熟悉情况（$\chi^2 = 37.156$，$P<0.001$）；（3）对大中小学思想政治教育一体化建设的参与情况（$\chi^2 = 26.719$，$P<0.001$）。具体而言，在教师对大中小学思想政治教育一体化建设基本含义的了解情况方面，城市与农村地区的教师表示了解的比例分别为69.29%、64.41%；在对大中小学思想政治教育一体化建设重点政策的熟悉情况方面，城市与农村地区的教师表示熟悉的比例分别为64.94%、59.71%；在对大中小学思想政治教育一体化建设的参与情况方面，城市与农村地区的教师表示积极参与的比例分别为72.02%、68.12%。换言之，城市地区的教师对大中小学思想政治教育一体化建设的了解及参与情况好于农村地区的教师。具体情况如表5-2所示。

表5-2 城乡教师对大中小学思想政治教育一体化建设的了解及参与情况的交叉（卡方）分析（N=12128）

条目	选项	城市 人数（名） 百分比（％）	农村 人数（名） 百分比（％）	总计 人数（名） 百分比（％）	χ^2 (P)
知道"大中小学思想政治教育一体化建设"的基本含义	不符合	557（7.05）	292（6.90）	849（7.00）	37.196 (0.000***)
	一般	1868（23.66）	1214（28.69）	3082（25.41）	
	符合	5471（69.29）	2726（64.41）	8197（67.59）	
熟悉推进大中小学思想政治教育一体化建设的重点政策	不符合	610（7.73）	330（7.80）	940（7.75）	37.156 (0.000***)
	一般	2158（27.33）	1375（32.49）	3533（29.13）	
	符合	5128（64.94）	2527（59.71）	7655（63.12）	
积极参与推进大中小学思想政治教育一体化建设	不符合	539（6.83）	280（6.62）	819（6.75）	26.719 (0.000***)
	一般	1670（21.15）	1069（25.26）	2739（22.59）	
	符合	5687（72.02）	2883（68.12）	8570（70.66）	

注：* $P<0.05$，** $P<0.01$，*** $P<0.001$，下同。

3. 学段：小学及中职教师对大中小学思想政治教育一体化建设的了解及参与情况略好于初中和普通高中的教师

在教师对大中小学思想政治教育一体化建设的了解及参与情况方面，以学段为自变量，基本含义了解情况、重点政策熟悉情况与参与情况为因变量，交叉（卡方）分析结果显示，上述三方面差异均极其显著：（1）对大中小学思想政治教育一体化建设基本含义的了解情况（$\chi^2=77.169$，$P<0.001$）；（2）对大中小学思想政治教育一体化建设重点政策的熟悉情况（$\chi^2=98.443$，$P<0.001$）；（3）对大中小学思想政治教育一体化建设的参与情况（$\chi^2=73.493$，$P<0.001$）。具体而言，在教师对大中小学思想政治教育一体化建设基本含义的了解情况方面，小学与中职教师表示知道的比例分别为70.68%和71.56%，略高于初中和普通高中教师选择该项的比例；在教师对大中小学思想政治教育一体化建设重点政策的熟悉情况方面，小学、普通高中及中职教师表示熟悉的比例分别为67.16%、63.05%和65.27%，而初中教师选择该项的比例仅为56.97%，不足六成；在教师对大中小学思想政治教育一体化建设的参与情况方面，小学与中职教师表示积极参与的比例分别为73.52%和

75.45%，而初中和普通高中教师选择该项的比例分别为 66.47% 和 69.71%，不足七成。具体情况如表 5-3 所示。

表 5-3　不同学段教师对大中小学思想政治教育一体化建设了解及参与情况的交叉（卡方）分析（*N*=12128）

条目	选项	小学 人数（名） 百分比（%）	初中 人数（名） 百分比（%）	普高 人数（名） 百分比（%）	中职 人数（名） 百分比（%）	总计 人数（名） 百分比（%）	χ^2 (P)
知道"大中小学思想政治教育一体化建设"的基本含义	不符合	353 (7.10)	250 (7.22)	199 (6.57)	47 (7.03)	849 (7.00)	77.169 (0.000***)
	一般	1104 (22.22)	1042 (30.12)	793 (26.16)	143 (21.41)	3082 (25.41)	
	符合	3512 (70.68)	2168 (62.66)	2039 (67.27)	478 (71.56)	8197 (67.59)	
熟悉推进大中小学思政课一体化建设的重点政策	不符合	373 (7.51)	288 (8.32)	232 (7.65)	47 (7.04)	940 (7.75)	98.443 (0.000***)
	一般	1259 (25.33)	1201 (34.71)	888 (29.30)	185 (27.69)	3533 (29.13)	
	符合	3337 (67.16)	1971 (56.97)	1911 (63.05)	436 (65.27)	7655 (63.12)	
积极参与推进大中小学思想政治教育一体化建设	不符合	350 (7.04)	243 (7.02)	186 (6.14)	40 (5.99)	819 (6.75)	73.493 (0.000***)
	一般	966 (19.44)	917 (26.51)	732 (24.15)	124 (18.56)	2739 (22.59)	
	符合	3653 (73.52)	2300 (66.47)	2113 (69.71)	504 (75.45)	8570 (70.66)	

4. 是否思政课教师：思政课教师对大中小学思想政治教育一体化建设的了解及参与情况好于非思政课教师

在教师对大中小学思想政治教育一体化建设的了解及参与情况方面，以是否思政课教师为自变量，基本含义了解情况、重点政策熟悉情况与参与情况为因变量，交叉（卡方）分析结果显示，上述三方面差异均极其显著：（1）对大中小学思想政治教育一体化建设基本含义的了解情况（$\chi^2 = 97.747$，$P <$

0.001);(2)对大中小学思想政治教育一体化建设重点政策的熟悉情况($\chi^2 = 87.820$,$P<0.001$);(3)对大中小学思想政治教育一体化建设的参与情况($\chi^2 = 96.049$,$P<0.001$)。具体而言,在教师对大中小学思想政治教育一体化建设基本含义的了解情况方面,思政课教师、非思政课教师表示了解的比例分别为70.56%、65.23%;在对大中小学思想政治教育一体化建设重点政策的熟悉情况方面,思政课教师、非思政课教师表示熟悉的比例分别为66.44%、60.49%;在对大中小学思想政治教育一体化建设的参与情况方面,思政课教师、非思政课教师表示积极参与的比例分别为73.51%、68.41%。换言之,思政课教师对大中小学思想政治教育一体化建设的了解及参与情况好于非思政课教师。具体情况如表5-4所示。

表5-4 是否思政课教师对大中小学思想政治教育一体化建设了解及参与情况的交叉(卡方)分析($N=12128$)

条目	选项	思政课教师 人数(名) 百分比(%)	非思政课教师 人数(名) 百分比(%)	总计 人数(名) 百分比(%)	χ^2 (P)
知道"大中小学思想政治教育一体化建设"的基本含义	不符合	439(8.19)	410(6.06)	849(7.00)	97.747 (0.000***)
	一般	1138(21.25)	1944(28.71)	3082(25.41)	
	符合	3780(70.56)	4417(65.23)	8197(67.59)	
熟悉推进大中小学思政课一体化建设的重点政策	不符合	466(8.70)	474(7.00)	940(7.75)	87.820 (0.000***)
	一般	1332(24.86)	2201(32.51)	3533(29.13)	
	符合	3559(66.44)	4096(60.49)	7655(63.12)	
积极参与推进大中小学思想政治教育一体化建设	不符合	422(7.88)	397(5.86)	819(6.75)	96.049 (0.000***)
	一般	997(18.61)	1742(25.73)	2739(22.59)	
	符合	3938(73.51)	4632(68.41)	8570(70.66)	

(二)地方对大中小学思想政治教育一体化建设的重视情况

1. 总体:七成多教师报告学校与本地教育行政部门重视推进大中小学思想政治教育一体化建设

本研究中,考察了学校和本地教育行政部门对推进大中小学思想政治教育一体化建设的重视程度。关于"学校重视推进大中小学思想政治教育一体化建设",73.71%的教师表示符合,19.77%的教师表示一般,6.52%的教师表示不符合。关于"本地教育行政部门重视推进大中小学思想政治教育一体化建设",73.07%的教师表示符合,20.74%的教师表示一般,6.19%的教师表示不符合(见表5-5)。总体来看,七成多教师报告学校与本地教育行政部门重视推进大中小学思想政治教育一体化建设。

2. 城乡:城市地区学校与本地教育行政部门对推进大中小学思想政治教育一体化建设的重视情况好于农村地区

在教师对学校与本地教育行政部门推进大中小学思想政治教育一体化建设重视情况的看法方面,以城乡分布为自变量,学校的重视情况、本地教育行政部门的重视情况为因变量,交叉(卡方)分析结果显示,上述两方面差异均极其显著:(1)学校对推进大中小学思想政治教育一体化建设的重视情况 ($\chi^2 = 50.572$,$P<0.001$);(2)本地教育行政部门对推进大中小学思想政治教育一体化建设的重视情况 ($\chi^2 = 62.748$,$P<0.001$)。具体而言,在学校对推进大中小学思想政治教育一体化建设的重视情况方面,城市与农村地区的教师表示重视的比例分别为75.52%、70.32%,在本地教育行政部门对推进大中小学思想政治教育一体化建设的重视情况方面,城市与农村地区的教师表示熟悉的比例分别为75.30%、68.90%。换言之,城市地区学校与本地教育行政部门对推进大中小学思想政治教育一体化建设的重视情况好于农村地区。具体情况如表5-5所示。

表5-5 城乡教师对学校与本地教育行政部门推进大中小学思想政治教育一体化建设重视情况看法的交叉(卡方)分析($N=12128$)

条目	选项	城市 人数(名) 百分比(%)	农村 人数(名) 百分比(%)	总计 人数(名) 百分比(%)	χ^2 (P)
学校重视推进大中小学思想政治教育一体化建设	不符合	520(6.58)	271(6.40)	791(6.52)	50.572 (0.000***)
	一般	1413(17.90)	985(23.28)	2398(19.77)	
	符合	5963(75.52)	2976(70.32)	8939(73.71)	
本地教育行政部门重视推进大中小学思想政治教育一体化建设	不符合	475(6.02)	276(6.52)	751(6.19)	62.748 (0.000***)
	一般	1475(18.68)	1040(24.58)	2515(20.74)	
	符合	5946(75.30)	2916(68.90)	8862(73.07)	

3. 学段：小学及中职教师对学校与本地教育行政部门推进大中小学思想政治教育一体化建设重视情况的认同度更高

在教师对学校与本地教育行政部门推进大中小学思想政治教育一体化建设重视情况的看法方面，以学段为自变量，以学校的重视情况、本地教育行政部门的重视情况为因变量，交叉（卡方）分析结果显示，上述两方面差异均极其显著：（1）学校对推进大中小学思想政治教育一体化建设的重视情况（$\chi^2 = 72.308$，$P<0.001$）；（2）本地教育行政部门对推进大中小学思想政治教育一体化建设的重视情况（$\chi^2 = 68.933$，$P<0.001$）。具体而言，在学校对推进大中小学思想政治教育一体化建设的重视情况方面，小学与中职教师表示重视的比例分别为76.41%和79.49%，均高于初中和普通高中教师选择该项的比例；在本地教育行政部门对推进大中小学思想政治教育一体化建设的重视情况方面，小学与中职教师表示重视的比例分别为75.81%和77.84%，均高于初中和普通高中教师选择该项的比例。相较而言，初中教师对学校与本地教育行政部门推进大中小学思想政治教育一体化建设重视情况的认同度偏低。具体情况如表5-6所示。

表5-6 不同学段教师对学校与本地教育行政部门推进大中小学思想政治教育一体化建设重视情况看法交叉（卡方）分析（$N=12128$）

条目	选项	小学 人数（名） 百分比（%）	初中 人数（名） 百分比（%）	普高 人数（名） 百分比（%）	中职 人数（名） 百分比（%）	总计 人数（名） 百分比（%）	χ^2 (P)
学校重视推进大中小学思想政治教育一体化建设	不符合	327 (6.58)	234 (6.76)	198 (6.53)	32 (4.79)	791 (6.52)	72.308 (0.000***)
	一般	845 (17.01)	818 (23.64)	630 (20.79)	105 (15.72)	2398 (19.77)	
	符合	3797 (76.41)	2408 (69.60)	2203 (72.68)	531 (79.49)	8939 (73.71)	
本地教育行政部门重视推进大中小学思想政治教育一体化建设	不符合	313 (6.30)	235 (6.79)	178 (5.87)	25 (3.74)	751 (6.19)	68.933 (0.000***)
	一般	889 (17.89)	841 (24.31)	662 (21.84)	123 (18.42)	2515 (20.74)	
	符合	3767 (75.81)	2384 (68.90)	2191 (72.29)	520 (77.84)	8862 (73.07)	

(三) 大中小学思政课一体化建设情况

1. 总体:思政课程内容一体化设计、思政课程教学实施一体化建设以及课程目标一体化设计相对较好

本研究中,重点从大中小学思政课程设置、课程目标设计、课程内容设计、课程教学实施及课程评价五方面考察了教师对大中小学思政课一体化建设状况的看法。教师评价为"好"的占比由高到低依次是:大中小学思政课程内容一体化设计,占比为67.03%;大中小学思政课程教学实施一体化建设,占比为66.97%;大中小学思政课程目标一体化设计,占比为66.74%;大中小学思政课程评价一体化建设,占比为65.59%;大中小学思政课程设置一体化建设,占比为65.39%。总体来看,思政课程内容一体化设计、思政课程教学实施一体化建设以及课程目标一体化设计相对较好,思政课程评价及思政课程设置一体化建设有待加强。具体情况如表5-7所示。

表5-7 教师对大中小学思政课一体化建设状况的看法(N=12128)

条目	选项	人数(名)	百分比(%)
大中小学思政课程设置一体化建设	需加强	1656	13.65
	还好	2542	20.96
	好	7930	65.39
大中小学思政课程目标一体化设计	需加强	1442	11.89
	还好	2592	21.37
	好	8094	66.74
大中小学思政课程内容一体化设计	需加强	1383	11.40
	还好	2615	21.57
	好	8130	67.03
大中小学思政课程教学实施一体化建设	需加强	1461	12.05
	还好	2545	20.98
	好	8122	66.97
大中小学思政课程评价一体化建设	需加强	1538	12.68
	还好	2635	21.73
	好	7955	65.59

2. 城乡：城市地区教师对大中小学思政课一体化建设状况的评价好于农村地区

关于城乡地区教师对大中小学思政课一体化建设状况的看法，以城乡分布为自变量，以大中小学思政课程设置、课程目标设计、课程内容设计、课程教学实施及课程评价一体化建设为因变量，交叉（卡方）分析结果显示，上述各方面差异均极其显著：（1）大中小学思政课程设置一体化建设情况（$X^2 = 57.938$，$P<0.001$）；（2）大中小学思政课程目标一体化设计情况（$X^2 = 51.510$，$P<0.001$）；（3）大中小学思政课程内容一体化设计情况（$X^2 = 45.193$，$P<0.001$）；（4）大中小学思政课程教学实施一体化建设情况（$X^2 = 46.630$，$P<0.001$）；（5）大中小学思政课程评价一体化建设情况（$X^2 = 46.931$，$P<0.001$）。举例来看，在大中小学思政课程设置一体化建设情况方面，城市与农村地区的教师选择"好"的比例分别为67.72%、61.03%；在大中小学思政课程目标一体化设计情况方面，城市与农村地区的教师选择"好"的比例分别为68.95%、62.62%；在大中小学思政课程教学实施一体化建设情况方面，城市与农村地区的教师选择"好"的比例分别为69.06%、63.07%。总体来看，城市地区教师对大中小学思政课一体化建设状况的评价好于农村地区。具体情况如表5-8所示。

表5-8 城乡教师对大中小学思政课一体化建设状况的看法交叉（卡方）分析（$N=12128$）

条目	选项	城市 人数（名） 百分比（%）	农村 人数（名） 百分比（%）	总计 人数（名） 百分比（%）	X^2 （P）
大中小学思政课程设置一体化建设	需加强	977（12.37）	679（16.04）	1656（13.65）	57.938 （0.000***）
	还好	1572（19.91）	970（22.93）	2542（20.96）	
	好	5347（67.72）	2583（61.03）	7930（65.39）	
大中小学思政课程目标一体化设计	需加强	857（10.85）	585（13.82）	1442（11.89）	51.510 （0.000***）
	还好	1595（20.20）	997（23.56）	2592（21.37）	
	好	5444（68.95）	2650（62.62）	8094（66.74）	

续表

条目	选项	城市 人数（名） 百分比（%）	农村 人数（名） 百分比（%）	总计 人数（名） 百分比（%）	χ^2 (P)
大中小学思政课程内容一体化设计	需加强	833（10.55）	550（13.00）	1383（11.40）	45.193 (0.000***)
	还好	1605（20.33）	1010（23.86）	2615（21.57）	
	好	5458（69.12）	2672（63.14）	8130（67.03）	
大中小学思政课程教学实施一体化建设	需加强	871（11.03）	590（13.94）	1461（12.05）	46.630 (0.000***)
	还好	1572（19.91）	973（22.99）	2545（20.98）	
	好	5453（69.06）	2669（63.07）	8122（66.97）	
大中小学思政课程评价一体化建设	需加强	918（11.62）	620（14.65）	1538（12.68）	46.931 (0.000***)
	还好	1632（20.67）	1003（23.70）	2635（21.73）	
	好	5346（67.71）	2609（61.65）	7955（65.59）	

3. 学段：小学与中职教师对大中小学思政课一体化建设状况的评价相对较高

关于不同学段教师对大中小学思政课一体化建设状况的看法，以学段为自变量，以大中小学思政课程设置、课程目标设计、课程内容设计、课程教学实施及课程评价一体化建设为因变量，交叉（卡方）分析结果显示，上述各方面差异均极其显著：（1）大中小学思政课程设置一体化建设情况（$\chi^2=96.085$，$P<0.001$）；（2）大中小学思政课程目标一体化设计情况（$\chi^2=92.153$，$P<0.001$）；（3）大中小学思政课程内容一体化设计情况（$\chi^2=104.792$，$P<0.001$）；（4）大中小学思政课程教学实施一体化建设情况（$\chi^2=96.689$，$P<0.001$）；（5）大中小学思政课程评价一体化建设情况（$\chi^2=98.510$，$P<0.001$）。举例来看，在大中小学思政课程设置一体化建设情况方面，小学、初中、普通高中、中职教师选择"好"的比例分别为69.21%、59.45%、65.00%、69.46%；在大中小学思政课程教学实施一体化建设情况方面，小学、初中、普通高中、中职教师选择"好"的比例分别为71.06%、61.16%、66.22%、70.06%；在大中小学思政课程评价一体化建设情况方面，小学、初中、普通高中、中职教师选择"好"的比例分别为69.65%、59.60%、64.80%、70.06%。相较而言，小学与中职教师对大中小学思政课一体化建设状况的评价好于初中和普通高中

教师。具体情况如表5-9所示。

表5-9 不同学段教师对大中小学思政课一体化建设状况的看法交叉（卡方）分析（N=12128）

条目	选项	小学 人数（名） 百分比（%）	初中 人数（名） 百分比（%）	普高 人数（名） 百分比（%）	中职 人数（名） 百分比（%）	总计 人数（名） 百分比（%）	χ^2 (P)
大中小学思政课程设置一体化建设	需加强	574 (11.55)	582 (16.82)	421 (13.88)	79 (11.83)	1656 (13.65)	96.085 (0.000***)
	还好	956 (19.24)	821 (23.73)	640 (21.12)	125 (18.71)	2542 (20.96)	
	好	3439 (69.21)	2057 (59.45)	1970 (65.00)	464 (69.46)	7930 (65.39)	
大中小学思政课程目标一体化设计	需加强	513 (10.32)	492 (14.22)	369 (12.17)	68 (10.18)	1442 (11.89)	92.153 (0.000***)
	还好	948 (19.08)	861 (24.88)	655 (21.61)	128 (19.16)	2592 (21.37)	
	好	3508 (70.60)	2107 (60.90)	2007 (66.22)	472 (70.66)	8094 (66.74)	
大中小学思政课程内容一体化设计	需加强	492 (9.90)	468 (13.53)	366 (12.08)	57 (8.53)	1383 (11.40)	104.792 (0.000***)
	还好	938 (18.88)	881 (25.46)	660 (21.77)	136 (20.36)	2615 (21.57)	
	好	3539 (71.22)	2111 (61.01)	2005 (66.15)	475 (71.11)	8130 (67.03)	
大中小学思政课程教学实施一体化建设	需加强	511 (10.28)	482 (13.93)	394 (13.00)	74 (11.08)	1461 (12.05)	96.689 (0.000***)
	还好	927 (18.66)	862 (24.91)	630 (20.78)	126 (18.86)	2545 (20.98)	
	好	3531 (71.06)	2116 (61.16)	2007 (66.22)	468 (70.06)	8122 (66.97)	
大中小学思政课程评价一体化建设	需加强	547 (11.01)	520 (15.02)	397 (13.10)	74 (11.08)	1538 (12.68)	98.510 (0.000***)
	还好	961 (19.34)	878 (25.38)	670 (22.10)	126 (18.86)	2635 (21.73)	
	好	3461 (69.65)	2062 (59.60)	1964 (64.80)	468 (70.06)	7955 (65.59)	

（四）大中小学课程思政一体化推进情况

1. 总体：六成多教师认为大中小学课程思政一体化推进状况好

本研究中，考察了大中小学课程思政一体化推进情况。关于"大中小学课程思政一体化推进"，66.38%的教师评价为"好"，21.30%的教师评价为"还好"，12.32%的教师评价为"需加强"。

2. 城乡：城市地区教师对大中小学课程思政一体化推进状况的评价好于农村地区

关于城乡地区教师对大中小学课程思政一体化推进状况的看法，以城乡分布为自变量，以大中小学课程思政一体化推进状况为因变量，交叉（卡方）分析结果显示，差异极其显著（$\chi^2 = 52.375$，$P<0.001$）。具体而言，城市与农村地区的教师选择"好"的比例分别为68.59%、62.27%；选择"还好"的比例分别为20.18%、23.39%；选择"需加强"的比例分别为11.23%、14.34%。总体来看，城市地区教师对大中小学课程思政一体化推进状况的评价好于农村地区。具体情况如表5-10所示。

表5-10 城乡教师对大中小学课程思政一体化推进情况的看法交叉（卡方）分析（N=12128）

条目	选项	城市 人数（名） 百分比（%）	农村 人数（名） 百分比（%）	总计 人数（名） 百分比（%）	χ^2 （P）
大中小学课程思政 一体化推进情况	需加强	887（11.23）	607（14.34）	1494（12.32）	52.375 （0.000***）
	还好	1593（20.18）	990（23.39）	2583（21.30）	
	好	5416（68.59）	2635（62.27）	8051（66.38）	

3. 学段：小学和中职教师对大中小学课程思政一体化推进状况的评价好于初中和普通高中教师

关于不同学段教师对大中小学课程思政一体化推进状况的看法，以学段为自变量，以大中小学课程思政一体化推进状况为因变量，交叉（卡方）分析结果显示，差异极其显著（$\chi^2 = 105.098$，$P<0.001$）。具体而言，小学和中

职教师选择"好"的比例分别为70.62%、70.36%，均高于初中和普通高中教师选择该项的比例；初中和普通高中教师选择"需加强"的比例分别为15.09%和12.41%，均高于小学和中职教师。总体看，小学和中职教师对大中小学课程思政一体化推进状况的评价好于初中和普通高中教师。具体情况如表5-11所示。

表5-11　不同学段教师对大中小学课程思政一体化推进情况的看法交叉（卡方）分析（N=12128）

条目	选项	小学 人数（名） 百分比（%）	初中 人数（名） 百分比（%）	普高 人数（名） 百分比（%）	中职 人数（名） 百分比（%）	总计 人数（名） 百分比（%）	χ^2 (P)
大中小学课程思政一体化推进情况	需加强	530 (10.66)	522 (15.09)	376 (12.41)	66 (9.88)	1494 (12.32)	105.098 (0.000***)
	还好	930 (18.72)	845 (24.42)	676 (22.30)	132 (19.76)	2583 (21.30)	
	好	3509 (70.62)	2093 (60.49)	1979 (65.29)	470 (70.36)	8051 (66.38)	

（五）大中小学思想政治教育一体化支持系统建设情况

本研究中，将大中小学思想政治教育资源建设、实践基地建设、师资培养、教育管理、科研教研、协同育人、理论与实践研究、政策完善等作为大中小学思想政治教育一体化建设的支持要素，考察大中小学思想政治教育一体化支持系统建设情况及存在问题。

1. 教育资源一体化建设情况

（1）总体：六成多教师认为大中小学思想政治教育资源的一体化建设状况好。

本研究中，考察了大中小学思想政治教育资源的一体化建设情况。关于"大中小学思想政治教育资源的一体化建设"，65.80%的教师评价为"好"，

21.70%的教师评价为"还好",12.50%的教师评价为"需加强"。

(2)城乡:城市地区教师对大中小学思想政治教育资源的一体化建设状况的评价好于农村地区。

关于城乡地区教师对大中小学思想政治教育资源的一体化建设状况的看法,以城乡分布为自变量,以大中小学思想政治教育资源的一体化建设状况为因变量,交叉(卡方)分析结果显示,差异极其显著(X^2 = 48.196,P < 0.001)。具体而言,城市与农村地区的教师选择"好"的比例分别为67.96%、61.77%;选择"还好"的比例分别为20.54%、23.87%;选择"需加强"的比例分别为11.50%、14.37%。总体来看,城市地区教师对大中小学思想政治教育资源的一体化建设状况的评价好于农村地区。具体情况如表5-12所示。

表5-12 城乡教师对大中小学思想政治教育资源的一体化建设情况的看法交叉(卡方)分析(N=12128)

条目	选项	城市 人数(名) 百分比(%)	农村 人数(名) 百分比(%)	总计 人数(名) 百分比(%)	X^2 (P)
大中小学思想政治教育资源的一体化建设	需加强	908(11.50)	608(14.37)	1516(12.50)	48.196 (0.000***)
	还好	1622(20.54)	1010(23.87)	2632(21.70)	
	好	5366(67.96)	2614(61.77)	7980(65.80)	

(3)学段:小学和中职教师对大中小学思想政治教育资源一体化建设状况的评价好于初中和普通高中教师。

关于不同学段教师对大中小学思想政治教育资源的一体化建设状况的看法,以学段为自变量,以大中小学思想政治教育资源的一体化建设状况为因变量,交叉(卡方)分析结果显示,差异极其显著(X^2 = 105.443,P < 0.001)。具体而言,小学和中职教师选择"好"的比例分别为69.93%、70.06%,均高于初中和普通高中教师选择该项的比例;初中和普通高中教师选择"需加强"的比例分别为15.46%和12.70%,均高于小学和中职教师。总体看,小学和中职教师对大中小学思想政治教育资源的一体化建设状况的评价好于初中和普通高中教师。具体情况如表5-13所示。

表5-13 不同学段教师对大中小学思想政治教育资源的一体化建设情况的看法交叉（卡方）分析（N=12128）

条目	选项	小学 人数（名） 百分比（%）	初中 人数（名） 百分比（%）	普高 人数（名） 百分比（%）	中职 人数（名） 百分比（%）	总计 人数（名） 百分比（%）	χ^2（P）
大中小学思想政治教育资源的一体化建设	需加强	528（10.63）	535（15.46）	385（12.70）	68（10.18）	1516（12.50）	105.443（0.000***）
	还好	966（19.44）	861（24.89）	673（22.21）	132（19.76）	2632（21.70）	
	好	3475（69.93）	2064（59.65）	1973（65.09）	468（70.06）	7980（65.80）	

2. 实践基地一体化建设情况

（1）总体：六成多教师认为在中小学思想政治教育社会实践基地的一体化建设状况好。

本研究中，考察了思想政治教育社会实践基地的一体化建设情况。关于"思想政治教育社会实践基地的一体化建设"，65.72%的教师评价为"好"，21.53%的教师评价为"还好"，12.76%的教师评价为"需加强"。

（2）城乡：城市地区教师对思想政治教育社会实践基地的一体化建设状况的评价好于农村地区。

关于城乡地区教师对思想政治教育社会实践基地的一体化建设状况的看法，以城乡分布为自变量，以思想政治教育社会实践基地的一体化建设状况为因变量，交叉（卡方）分析结果显示，差异极其显著（χ^2 = 48.889，P < 0.001）。具体而言，城市与农村地区的教师选择"好"的比例分别为67.90%、61.65%；选择"还好"的比例分别为20.36%、23.70%；选择"需加强"的比例分别为11.74%、14.65%。总体来看，城市地区教师对思想政治教育社会实践基地一体化建设状况的评价好于农村地区。具体情况如表5-14所示。

第五章 新时代大中小学思想政治教育一体化建设的基本情况与问题调查研究

表5-14 城乡教师对思想政治教育社会实践基地的一体化建设情况的看法交叉（卡方）分析（N=12128）

条目	选项	城市 人数（名） 百分比（%）	农村 人数（名） 百分比（%）	总计 人数（名） 百分比（%）	χ^2 （P）
思想政治教育社会实践基地的一体化建设	需加强	927（11.74）	620（14.65）	1547（12.76）	48.889 （0.000***）
	还好	1608（20.36）	1003（23.70）	2611（21.53）	
	好	5361（67.90）	2609（61.65）	7970（65.72）	

（3）学段：小学和中职教师对思想政治教育社会实践基地的一体化建设状况的评价好于初中和普通高中教师。

关于不同学段教师对思想政治教育社会实践基地的一体化建设状况的看法，以学段为自变量，以思想政治教育社会实践基地的一体化建设状况为因变量，交叉（卡方）分析结果显示，差异极其显著（χ^2 = 115.302，P < 0.001）。具体而言，小学和中职教师选择"好"的比例分别为70.24%、69.61%，均高于初中和普通高中教师选择该项的比例；初中和普通高中教师选择"需加强"的比例分别为15.61%和13.23%，均高于小学和中职教师。总体看，小学和中职教师对思想政治教育社会实践基地的一体化建设状况的评价好于初中和普通高中教师。具体情况如表5-15所示。

表5-15 不同学段教师对思想政治教育社会实践基地的一体化建设情况的看法交叉（卡方）分析（N=12128）

条目	选项	小学 人数（名） 百分比（%）	初中 人数（名） 百分比（%）	普高 人数（名） 百分比（%）	中职 人数（名） 百分比（%）	总计 人数（名） 百分比（%）	χ^2 （P）
思想政治教育社会实践基地的一体化建设	需加强	534（10.74）	540（15.61）	401（13.23）	72（10.78）	1547（12.75）	115.302 （0.000***）
	还好	945（19.02）	867（25.05）	668（22.04）	131（19.61）	2611（21.53）	
	好	3490（70.24）	2053（59.34）	1962（64.73）	465（69.61）	7970（65.72）	

3. 师资一体化培养情况

（1）总体：六成多教师认为教师思想政治教育素养的一体化培养与提升状况好。

本研究中，考察了大中小学教师思想政治教育素养的一体化培养与提升情况。关于"教师思想政治教育素养的一体化培养与提升"，66.49%的教师评价为"好"，21.35%的教师评价为"还好"，12.16%的教师评价为"需加强"。

（2）城乡：城市地区教师对教师思想政治教育素养一体化培养与提升状况的评价好于农村地区。

关于城乡地区教师对教师思想政治教育素养的一体化培养与提升状况的看法，以城乡分布为自变量，以教师思想政治教育素养的一体化培养与提升状况为因变量，交叉（卡方）分析结果显示，差异极其显著（$\chi^2 = 52.760$，$P<0.001$）。具体而言，城市与农村地区的教师选择"好"的比例分别为68.66%、62.45%；选择"还好"的比例分别为20.39%、23.13%；选择"需加强"的比例分别为10.95%、14.41%。总体来看，城市地区教师对教师思想政治教育素养的一体化培养与提升的评价好于农村地区。具体情况如表5-16所示。

表5-16 城乡教师对教师思想政治教育素养的一体化培养与提升情况的看法交叉（卡方）分析（N=12128）

条目	选项	城市 人数（名） 百分比（%）	农村 人数（名） 百分比（%）	总计 人数（名） 百分比（%）	χ^2 (P)
教师思想政治教育素养的一体化培养与提升	需加强	865（10.95）	610（14.41）	1475（12.16）	52.760 （0.000***）
	还好	1610（20.39）	979（23.13）	2589（21.35）	
	好	5421（68.66）	2643（62.45）	8064（66.49）	

（3）学段：小学和中职教师对教师思想政治教育素养一体化培养与提升状况的评价好于初中和普通高中教师。

关于不同学段教师对教师思想政治教育素养一体化培养与提升状况的看法，以学段为自变量，以教师思想政治教育素养一体化培养与提升为因变量，交叉（卡方）分析结果显示，差异极其显著（$\chi^2 = 92.992$，$P<0.001$）。具体而言，小学和中职教师选择"好"的比例分别为70.44%、70.66%，均高于

初中和普通高中教师选择该项的比例；初中和普通高中教师选择"需加强"的比例分别为 14.65% 和 11.91%，均高于小学和中职教师。总体来看，小学和中职教师对教师思想政治教育素养一体化培养与提升的评价好于初中和普通高中教师。具体情况如表 5-17 所示。

表 5-17 不同学段教师对教师思想政治教育素养一体化培养与提升情况的看法交叉（卡方）分析（N=12128）

条目	选项	小学 人数（名） 百分比（%）	初中 人数（名） 百分比（%）	普高 人数（名） 百分比（%）	中职 人数（名） 百分比（%）	总计 人数（名） 百分比（%）	χ^2 (P)
教师思想政治教育素养一体化培养与提升	需加强	536 (10.79)	507 (14.65)	361 (11.91)	71 (10.63)	1475 (12.16)	92.992 (0.000***)
	还好	933 (18.77)	848 (24.51)	683 (22.53)	125 (18.71)	2589 (21.35)	
	好	3500 (70.44)	2105 (60.84)	1987 (65.56)	472 (70.66)	8064 (66.49)	

4. 教育管理一体化建设情况

（1）总体：六成多教师认为大中小学思想政治教育管理的一体化建设状况好。

本研究中，考察了大中小学思想政治教育管理的一体化建设情况。关于"大中小学思想政治教育管理的一体化建设"，66.33% 的教师评价为"好"，21.79% 的教师评价为"还好"，11.88% 的教师评价为"需加强"。

（2）城乡：城市地区教师对大中小学思想政治教育管理的一体化建设状况的评价好于农村地区。

关于城乡地区教师对大中小学思想政治教育管理的一体化建设状况的看法，以城乡分布为自变量，以大中小学思想政治教育管理的一体化建设为因变量，交叉（卡方）分析结果显示，差异极其显著（$\chi^2 = 53.342$，$P<0.001$）。具体而言，城市与农村地区的教师选择"好"的比例分别为 68.53%、62.22%；选择"还好"的比例分别为 20.74%、23.75%；选择"需加强"的比例分别为 10.73%、14.04%。总体来看，城市地区教师对大中小学思想政治教育管理一体化建设状况的评价好于农村地区。具体情况如表 5-18 所示。

表 5-18 城乡教师对大中小学思想政治教育管理一体化建设的
看法交叉（卡方）分析（N=12128）

条目	选项	城市 人数（名） 百分比（%）	农村 人数（名） 百分比（%）	总计 人数（名） 百分比（%）	χ^2 (P)
大中小学思想政治教育管理的一体化建设	需加强	847（10.73）	594（14.04）	1441（11.88）	53.342 (0.000***)
	还好	1638（20.74）	1005（23.75）	2643（21.79）	
	好	5411（68.53）	2633（62.22）	8044（66.33）	

（3）学段：小学和中职教师对大中小学思想政治教育管理的一体化建设状况的评价好于初中和普通高中教师。

关于不同学段教师对大中小学思想政治教育管理的一体化建设状况的看法，以学段为自变量，以大中小学思想政治教育管理的一体化建设为因变量，交叉（卡方）分析结果显示，差异极其显著（χ^2=111.246，P<0.001）。具体而言，小学和中职教师选择"好"的比例分别为70.66%、70.96%，均高于初中和普通高中教师选择该项的比例；初中和普通高中教师选择"需加强"的比例分别为14.65%和11.75%，均高于小学和中职教师。总体来看，小学和中职教师对大中小学思想政治教育管理的一体化建设状况的评价好于初中和普通高中教师。具体情况如表5-19所示。

表 5-19 不同学段教师对大中小学思想政治教育管理的一体化建设的
看法交叉（卡方）分析（N=12128）

条目	选项	小学 人数（名） 百分比（%）	初中 人数（名） 百分比（%）	普高 人数（名） 百分比（%）	中职 人数（名） 百分比（%）	总计 人数（名） 百分比（%）	χ^2 (P)
大中小学思想政治教育管理的一体化建设	需加强	509（10.24）	507（14.65）	356（11.75）	69（10.33）	1441（11.88）	111.246 (0.000***)
	还好	949（19.10）	871（25.18）	698（23.02）	125（18.71）	2643（21.79）	
	好	3511（70.66）	2082（60.17）	1977（65.23）	474（70.96）	8044（66.33）	

5. 科研、教研及指导机构建设情况

（1）总体：六成多教师认为大中小学思想政治教育科研、教研一体化推进及一体化指导机构建设状况好。

本研究中，考察了大中小学思想政治教育科研、教研一体化推进情况。关于"大中小学思想政治教育科研、教研一体化推进"及"国家与地方大中小学思想政治教育一体化指导机构建设"，评价为"好"的教师占比分别为65.55%和65.99%，评价为"还好"的教师占比分别为21.61%和21.87%，评价为"需加强"的教师占比分别为12.84%和12.14%。

（2）城乡：城市地区教师对大中小学思想政治教育科研、教研一体化推进及一体化指导机构建设的评价好于农村地区。

关于城乡地区教师对大中小学思想政治教育科研、教研一体化推进及一体化指导机构建设状况的看法，以城乡分布为自变量，以大中小学思想政治教育科研、教研一体化推进及一体化指导机构建设为因变量，交叉（卡方）分析结果显示，上述各方面差异均极其显著：①大中小学思想政治教育科研、教研一体化推进情况（$\chi^2=48.844$，$P<0.001$）；②国家与地方大中小学思想政治教育一体化指导机构建设情况（$\chi^2=57.671$，$P<0.001$）。举例来看，在大中小学思想政治教育科研、教研一体化推进情况方面，城市与农村地区的教师选择"好"的比例分别为67.73%、61.48%；在国家与地方大中小学思想政治教育一体化指导机构建设情况方面，城市与农村地区的教师选择"好"的比例分别为68.29%、61.70%。总体来看，城市地区教师对大中小学思想政治教育科研、教研一体化推进及一体化指导机构建设状况的评价好于农村地区。具体情况如表5-20所示。

表5-20 城乡教师对大中小学思想政治教育科研、教研一体化推进及一体化指导机构建设情况的看法交叉（卡方）分析（$N=12128$）

条目	选项	城市 人数（名）百分比（%）	农村 人数（名）百分比（%）	总计 人数（名）百分比（%）	χ^2 (P)
大中小学思想政治教育科研、教研一体化推进	需加强	933（11.82）	624（14.74）	1557（12.84）	48.844 (0.000***)
	还好	1615（20.45）	1006（23.77）	2621（21.61）	
	好	5348（67.73）	2602（61.48）	7950（65.55）	

续表

条目	选项	城市 人数（名） 百分比（%）	农村 人数（名） 百分比（%）	总计 人数（名） 百分比（%）	χ^2 (P)
国家与地方大中小学思想政治教育一体化指导机构建设	需加强	863（10.93）	609（14.39）	1472（12.14）	57.671 (0.000***)
	还好	1641（20.78）	1012（23.91）	2653（21.87）	
	好	5392（68.29）	2611（61.70）	8003（65.99）	

（3）学段：小学和中职教师对大中小学思想政治教育科研、教研一体化推进及一体化指导机构建设的评价好于初中和普通高中教师。

关于不同学段教师对大中小学思想政治教育科研、教研一体化推进及一体化指导机构建设状况的看法，以学段为自变量，以大中小学思想政治教育科研、教研一体化推进及一体化指导机构建设为因变量，交叉（卡方）分析结果显示，上述各方面差异均极其显著：①大中小学思想政治教育科研、教研一体化推进情况（$\chi^2 = 97.600$，$P<0.001$）；②国家与地方大中小学思想政治教育一体化指导机构建设（$\chi^2 = 99.838$，$P<0.001$）。具体来看，在大中小学思想政治教育科研、教研一体化推进情况方面，小学和中职教师选择"好"的比例分别为69.63%、70.21%，均高于初中和普通高中教师选择该项的比例；初中和普通高中教师选择"需加强"的比例分别为15.64%和12.83%，均高于小学和中职教师。在国家与地方大中小学思想政治教育一体化指导机构建设情况方面，小学和中职教师选择"好"的比例分别为70.07%、69.61%，均高于初中和普通高中教师选择该项的比例；初中和普通高中教师选择"需加强"的比例分别为15.06%和11.88%，均高于小学和中职教师。相较而言，小学和中职教师对大中小学思想政治教育科研、教研一体化推进及一体化指导机构建设的评价好于初中和普通高中教师。具体情况如表5-21所示。

表 5-21 不同学段教师对大中小学思想政治教育科研、教研一体化推进及一体化指导机构建设情况的看法交叉（卡方）分析（N=12128）

条目	选项	小学 人数（名） 百分比（%）	初中 人数（名） 百分比（%）	普高 人数（名） 百分比（%）	中职 人数（名） 百分比（%）	总计 人数（名） 百分比（%）	χ^2 (P)
大中小学思想政治教育科研、教研一体化推进	需加强	557 (11.21)	541 (15.64)	389 (12.83)	70 (10.48)	1557 (12.84)	97.600 (0.000***)
	还好	952 (19.16)	847 (24.48)	693 (22.87)	129 (19.31)	2621 (21.61)	
	好	3460 (69.63)	2072 (59.88)	1949 (64.30)	469 (70.21)	7950 (65.55)	
国家与地方大中小学思想政治教育一体化指导机构建设	需加强	528 (10.63)	521 (15.06)	360 (11.88)	63 (9.43)	1472 (12.14)	99.838 (0.000***)
	还好	959 (19.30)	856 (24.74)	698 (23.03)	140 (20.96)	2653 (21.87)	
	好	3482 (70.07)	2083 (60.20)	1973 (65.09)	465 (69.61)	8003 (65.99)	

6. 协同育人情况

（1）总体：六成多教师认为大中小学思想政治教育协同育人状况好。

本研究中，从线上线下结合、"三全育人"及家校社协同育人三方面考察了大中小学思想政治教育协同育人情况。关于"线上线下相关思政教育活动一体化建设"，66.15%的教师评价为"好"，22.03%的教师评价为"还好"，11.82%的教师评价为"需加强"。关于"健全'三全育人'（全员、全程、全方位）体系"，67.24%的教师评价为"好"，21.04%的教师评价为"还好"，11.72%的教师评价为"需加强"。关于"健全学校、家庭、社会协同育人机制"，67.47%的教师评价为"好"，20.76%的教师评价为"还好"，11.77%的教师评价为"需加强"。

（2）城乡：城市地区教师对大中小学思想政治教育协同育人状况的评价好于农村地区。

关于城乡地区教师对大中小学思想政治教育协同育人状况的看法，以城乡分布为自变量，以线上线下相关思政教育活动一体化建设、健全"三全育人"(全员、全程、全方位)体系和健全学校、家庭、社会协同育人机制状况为因变量,交叉(卡方)分析结果显示,上述各方面差异均极其显著:①线上线下相关思政教育活动一体化建设 ($\chi^2 = 56.758$, $P<0.001$);②健全"三全育人"(全员、全程、全方位)体系情况 ($\chi^2 = 58.618$, $P<0.001$);③健全学校、家庭、社会协同育人机制情况 ($\chi^2 = 56.183$, $P<0.001$)。举例来看,在线上线下相关思政教育活动一体化建设情况方面,城市与农村地区的教师选择"好"的比例分别为 68.40%、61.96%;在健全"三全育人"(全员、全程、全方位)体系情况方面,城市与农村地区的教师选择"好"的比例分别为 69.43%、63.17%;在健全学校、家庭、社会协同育人机制情况方面,城市与农村地区的教师选择"好"的比例分别为 69.71%、63.30%。总体来看,城市地区教师对大中小学思想政治教育协同育人状况的评价好于农村地区。具体情况如表 5-22 所示。

表 5-22 城乡教师对大中小学思想政治教育协同育人情况的
看法交叉(卡方)分析(N=12128)

条目	选项	城市 人数(名) 百分比(%)	农村 人数(名) 百分比(%)	总计 人数(名) 百分比(%)	χ^2 (P)
线上线下相关思政教育活动一体化建设	需加强	837(10.60)	597(14.10)	1434(11.82)	56.758 (0.000***)
	还好	1658(21.00)	1013(23.94)	2671(22.03)	
	好	5401(68.40)	2622(61.96)	8023(66.15)	
健全"三全育人"(全员、全程、全方位)体系	需加强	819(10.37)	602(14.22)	1421(11.72)	58.618 (0.000***)
	还好	1595(20.20)	957(22.61)	2552(21.04)	
	好	5482(69.43)	2673(63.17)	8155(67.24)	
健全学校、家庭、社会协同育人机制	需加强	834(10.56)	593(14.01)	1427(11.77)	56.183 (0.000***)
	还好	1558(19.73)	960(22.69)	2518(20.76)	
	好	5504(69.71)	2679(63.30)	8183(67.47)	

(3)学段:小学和中职教师对大中小学思想政治教育协同育人状况的评价好于初中和普通高中教师。

关于不同学段教师对大中小学思想政治教育协同育人状况的看法,以学段为自变量,线上线下相关思政教育活动一体化建设、健全"三全育人"(全员、全程、全方位）体系和健全学校、家庭、社会协同育人机制状况为因变量，交叉（卡方）分析结果显示，上述各方面差异均极其显著：①线上线下相关思政教育活动一体化建设（$X^2=106.920$，$P<0.001$）；②健全"三全育人"（全员、全程、全方位）体系情况（$X^2=104.855$，$P<0.001$）；③健全学校、家庭、社会协同育人机制情况（$X^2=104.462$，$P<0.001$）。举例来看，在线上线下相关思政教育活动一体化建设情况方面，小学和中职教师选择"好"的比例分别为70.62%、69.16%，均高于初中和普通高中教师选择该项的比例；初中和普通高中教师选择"需加强"的比例分别为14.42%和12.05%，均高于小学和中职教师。在健全"三全育人"（全员、全程、全方位）体系情况方面，小学和中职教师选择"好"的比例分别为71.38%、72.01%，均高于初中和普通高中教师选择该项的比例；初中和普通高中教师选择"需加强"的比例分别为14.48%和11.61%，均高于小学和中职教师。在健全学校、家庭、社会协同育人机制状况方面，小学和中职教师选择"好"的比例分别为71.76%、71.11%，均高于初中和普通高中教师选择该项的比例；初中和普通高中教师选择"需加强"的比例分别为14.45%和11.91%，均高于小学和中职教师。相较而言，小学和中职教师对大中小学思想政治教育协同育人状况的评价好于初中和普通高中教师。具体情况如表5-23所示。

表5-23 不同学段教师对大中小学思想政治教育协同育人情况的看法交叉（卡方）分析（$N=12128$）

条目	选项	小学 人数（名） 百分比（%）	初中 人数（名） 百分比（%）	普高 人数（名） 百分比（%）	中职 人数（名） 百分比（%）	总计 人数（名） 百分比（%）	X^2 (P)
线上线下相关思政教育活动一体化建设	需加强	502 (10.10)	499 (14.42)	365 (12.05)	68 (10.18)	1434 (11.82)	106.920 (0.000***)
	还好	958 (19.28)	882 (25.49)	693 (22.86)	138 (20.66)	2671 (22.03)	
	好	3509 (70.62)	2079 (60.09)	1973 (65.09)	462 (69.16)	8023 (66.15)	

续表

条目	选项	小学 人数（名）百分比（%）	初中 人数（名）百分比（%）	普高 人数（名）百分比（%）	中职 人数（名）百分比（%）	总计 人数（名）百分比（%）	χ^2 (P)
健全"三全育人"（全员、全程、全方位）体系	需加强	501（10.08）	501（14.48）	352（11.61）	67（10.03）	1421（11.72）	104.855 (0.000***)
	还好	921（18.54）	836（24.16）	675（22.27）	120（17.96）	2552（21.04）	
	好	3547（71.38）	2123（61.36）	2004（66.12）	481（72.01）	8155（67.24）	
健全学校、家庭、社会协同育人机制	需加强	499（10.05）	500（14.45）	361（11.91）	67（10.03）	1427（11.77）	104.462 (0.000***)
	还好	904（18.19）	830（23.99）	658（21.71）	126（18.86）	2518（20.76）	
	好	3566（71.76）	2130（61.56）	2012（66.38）	475（71.11）	8183（67.47）	

7. 理论与实践研究情况

（1）总体：六成多教师认为推进大中小学思想政治教育一体化建设理论研究与实践研究的状况好。

本研究中，考察了大中小学思想政治教育一体化建设理论研究与实践研究推进情况。关于推进大中小学思想政治教育一体化建设的理论研究与实践研究情况，评价为"好"的教师占比分别为66.97%和66.75%，评价为"还好"的教师占比分别为21.35%和21.41%，评价为"需加强"的教师占比分别为11.68%和11.84%。

（2）城乡：城市地区教师对推进大中小学思想政治教育一体化建设理论研究与实践研究状况的评价好于农村地区。

关于城乡教师对推进大中小学思想政治教育一体化建设理论研究与实践研究状况的看法，以城乡分布为自变量，以推进大中小学思想政治教育一体化建设的理论研究、推进大中小学思想政治教育一体化建设的实践研究及经验总结交流为因变量，交叉（卡方）分析结果显示，上述各方面差异均极其显著：①推进大中小学思想政治教育一体化建设的理论研究情况（χ^2 =

54.253，$P<0.001$）；②推进大中小学思想政治教育一体化建设的实践研究及经验总结交流情况（$X^2=56.791$，$P<0.001$）。举例来看，在推进大中小学思想政治教育一体化建设的理论研究情况方面，城市与农村地区的教师选择"好"的比例分别为69.19%、62.83%；在推进大中小学思想政治教育一体化建设的实践研究及经验总结交流情况方面，城市与农村地区的教师选择"好"的比例分别为69.02%、62.50%。总体看，城市地区教师对推进大中小学思想政治教育一体化建设理论研究与实践研究状况的评价好于农村地区。具体情况如表5-24所示。

表5-24 城乡教师对推进大中小学思想政治教育一体化建设理论研究与实践研究状况的看法交叉（卡方）分析（$N=12128$）

条目	选项	城市 人数（名）百分比（%）	农村 人数（名）百分比（%）	总计 人数（名）百分比（%）	X^2 (P)
推进大中小学思想政治教育一体化建设的理论研究	需加强	832（10.53）	585（13.82）	1417（11.68）	54.253 (0.000***)
	还好	1601（20.28）	988（23.35）	2589（21.35）	
	好	5463（69.19）	2659（62.83）	8122（66.97）	
推进大中小学思想政治教育一体化建设的实践研究及经验总结交流	需加强	842（10.66）	594（14.04）	1436（11.84）	56.791 (0.000***)
	还好	1604（20.32）	993（23.46）	2597（21.41）	
	好	5450（69.02）	2645（62.50）	8095（66.75）	

（3）学段：小学和中职教师对推进大中小学思想政治教育一体化建设理论研究与实践研究状况的评价好于初中和普通高中教师。

关于不同学段教师对推进大中小学思想政治教育一体化建设理论研究与实践研究状况的看法，以学段为自变量，以推进大中小学思想政治教育一体化建设的理论研究、推进大中小学思想政治教育一体化建设的实践研究及经验总结交流为因变量，交叉（卡方）分析结果显示，上述各方面差异均极其显著：①推进大中小学思想政治教育一体化建设的理论研究情况（$X^2=99.788$，$P<0.001$）；②推进大中小学思想政治教育一体化建设的实践研究及经验总结交流情况（$X^2=95.237$，$P<0.001$）。举例来看，在推进大中小学思想政治教育一体化建设的理论研究情况方面，小学和中职教师选择"好"的比例分别为71.10%、69.91%，均高于初中和普通高中教师选择该项的比例；

初中和普通高中教师选择"需加强"的比例分别为14.34%和11.75%,均高于小学和中职教师。在推进大中小学思想政治教育一体化建设的实践研究及经验总结交流情况方面,小学和中职教师选择"好"的比例分别为70.86%、70.36%,均高于初中和普通高中教师选择该项的比例;初中和普通高中教师选择"需加强"的比例分别为14.31%和11.94%,均高于小学和中职教师。相较而言,小学和中职教师对推进大中小学思想政治教育一体化建设理论研究与实践研究状况的评价好于初中和普通高中教师。具体情况如表5-25所示。

表5-25 不同学段教师对推进大中小学思想政治教育一体化建设理论研究与实践研究状况的看法交叉(卡方)分析（N=12128）

条目	选项	小学 人数（名）百分比(%)	初中 人数（名）百分比(%)	普高 人数（名）百分比(%)	中职 人数（名）百分比(%)	总计 人数（名）百分比(%)	χ^2 (P)
推进大中小学思想政治教育一体化建设的理论研究	需加强	500 (10.06)	496 (14.34)	356 (11.75)	65 (9.73)	1417 (11.68)	99.788 (0.000***)
	还好	936 (18.84)	854 (24.68)	663 (21.87)	136 (20.36)	2589 (21.35)	
	好	3533 (71.10)	2110 (60.98)	2012 (66.38)	467 (69.91)	8122 (66.97)	
推进大中小学思想政治教育一体化建设的实践研究及经验总结交流	需加强	509 (10.24)	495 (14.31)	362 (11.94)	70 (10.48)	1436 (11.84)	95.237 (0.000***)
	还好	939 (18.90)	853 (24.65)	677 (22.34)	128 (19.16)	2597 (21.41)	
	好	3521 (70.86)	2112 (61.04)	1992 (65.72)	470 (70.36)	8095 (66.75)	

8. 政策完善情况

(1) 总体:六成多教师认为大中小学思想政治教育一体化建设相关政策状况好。

本研究中,考察了大中小学思想政治教育一体化建设政策情况。关于"大中小学思想政治教育一体化建设相关政策的完善",67.26%的教师评价为

"好",21.26%的教师评价为"还好",11.48%的教师评价为"需加强"。

(2) 城乡：城市地区教师对完善大中小学思想政治教育一体化建设相关政策状况的评价好于农村地区。

关于城乡教师对大中小学思想政治教育一体化建设相关政策完善情况的看法，以城乡分布为自变量，以大中小学思想政治教育一体化建设相关政策的完善情况为因变量，交叉（卡方）分析结果显示，差异极其显著（χ^2 = 57.711，$P<0.001$）。具体而言，城市与农村地区的教师选择"好"的比例分别为69.54%、63.00%；选择"还好"的比例分别为20.15%、23.35%；选择"需加强"的比例分别为10.31%、13.66%。总体来看，城市地区教师对大中小学思想政治教育一体化建设相关政策的完善状况的评价好于农村地区。具体情况如表5-26所示。

表5-26 城乡教师对大中小学思想政治教育一体化建设相关政策完善情况的看法交叉（卡方）分析（N=12128）

条目	选项	城市 人数（名） 百分比（%）	农村 人数（名） 百分比（%）	总计 人数（名） 百分比（%）	χ^2 (P)
大中小学思想政治教育一体化建设相关政策的完善	需加强	814（10.31）	578（13.66）	1392（11.48）	57.711 (0.000***)
	还好	1591（20.15）	988（23.35）	2579（21.26）	
	好	5491（69.54）	2666（63.00）	8157（67.26）	

(3) 学段：小学和中职教师对大中小学思想政治教育一体化建设相关政策完善状况的评价好于初中和普通高中教师。

关于不同学段教师对大中小学思想政治教育一体化建设的相关政策完善状况的看法，以学段为自变量，以大中小学思想政治教育一体化建设的相关政策完善状况为因变量，交叉（卡方）分析结果显示，差异极其显著（χ^2 = 99.032，$P<0.001$）。具体而言，小学和中职教师选择"好"的比例分别为71.38%、70.96%，均高于初中和普通高中教师选择该项的比例；初中和普通高中教师选择"需加强"的比例分别为14.02%和11.61%，均高于小学和中职教师。总体看，小学和中职教师对大中小学思想政治教育一体化建设相关政策完善状况的评价好于初中和普通高中教师。具体情况如表5-27所示。

表 5-27　不同学段教师对大中小学思想政治教育一体化建设的
相关政策完善情况的看法交叉（卡方）分析（N=12128）

条目	选项	小学 人数（名） 百分比（%）	初中 人数（名） 百分比（%）	普高 人数（名） 百分比（%）	中职 人数（名） 百分比（%）	总计 人数（名） 百分比（%）	x^2 (P)
大中小学思想政治教育一体化建设相关政策的完善情况	需加强	491 (9.88)	485 (14.02)	352 (11.61)	64 (9.58)	1392 (11.48)	99.032 (0.000＊＊＊)
	还好	931 (18.74)	850 (24.57)	668 (22.04)	130 (19.46)	2579 (21.26)	
	好	3547 (71.38)	2125 (61.42)	2011 (66.35)	474 (70.96)	8157 (67.26)	

（六）大中小学思想政治教育一体化建设的薄弱环节

本研究中，从大中小学思政课一体化、大中小学课程思政一体化及大中小学思想政治教育一体化支持系统三方面考察大中小学思想政治教育一体化建设的基本情况。其中，上文对大中小学思政课一体化和大中小学思想政治教育一体化支持系统进行了重点分析。在此，从有待加强的薄弱环节入手，对大中小学思政课一体化和大中小学思想政治教育一体化支持系统进行探讨。

1. 思政课程设置一体化、思政课程评价一体化状况是大中小学思政课一体化建设的薄弱环节

将大中小学思政课一体化建设重点分解为大中小学思政课程设置、课程目标设计、课程内容设计、课程教学实施及课程评价五方面，按照 5 点计分标准，将教师的评价"非常好""比较好""还好""需加强""急需加强"由高到低分别计为 5、4、3、2、1 分，中点分即中数为 3。对上述五方面的平均分和标准差进行统计，结果显示，教师对大中小学思政课一体化建设的总体评分较高，均高于中数 3。具体而言，五方面的平均值由低到高分别是：大中小学思政课程设置一体化建设（4.035）、大中小学思政课程评价一体化建设（4.058）、大中小学思政课程目标一体化设计（4.097）、大中小学思政课程教学实施一体化建设（4.098）、大中小学思政课程内容一体化设计

（4.113）。换言之，在大中小学思政课一体化建设中，思政课程设置一体化、思政课程评价一体化状况较为薄弱，思政课程内容一体化、教学实施一体化和课程目标一体化设计状况相对较好。具体情况如表5-28所示。

表5-28 教师对大中小学思政课一体化建设情况的评价（按平均值升序排列）

条目	平均值	标准差
大中小学思政课程设置一体化建设	4.035	1.446
大中小学思政课程评价一体化建设	4.058	1.418
大中小学思政课程目标一体化设计	4.097	1.394
大中小学思政课程教学实施一体化建设	4.098	1.398
大中小学思政课程内容一体化设计	4.113	1.378

2. 大中小学思想政治教育一体化支持系统的薄弱环节

如前文所述，本研究中，将大中小学思想政治教育资源建设、实践基地建设、师资培养、教育管理、科研教研、协同育人、理论与实践研究、政策完善等作为大中小学思想政治教育一体化建设的支持要素，考察大中小学思想政治教育一体化支持系统建设情况。同样，按照5点计分标准，将教师的评价"非常好""比较好""还好""有待加强""急需加强"由高到低分别计为5、4、3、2、1分，中点分即中数为3。对上述方面的平均分和标准差进行统计，结果显示，教师对大中小学思想政治教育一体化支持系统相关要素的总体评分较高，均高于中数3。基于问题视角，排在前五位的薄弱环节或者亟待加强的具体要素依次是：（1）大中小学思想政治教育科研、教研一体化推进（4.054）；（2）思想政治教育社会实践基地的一体化建设（4.059）；（3）大中小学思想政治教育资源的一体化建设（4.066）；（4）国家与地方大中小学思想政治教育一体化指导机构建设（4.077）；（5）教师思想政治教育素养的一体化培养与提升（4.087）、线上线下相关思政教育活动一体化建设（4.087）。具体情况如表5-29所示。

表 5-29　教师对大中小学思想政治教育一体化支持系统相关要素的评价（按平均值升序排列）

条目	平均值	标准差
大中小学思想政治教育科研、教研一体化推进	4.054	1.423
思想政治教育社会实践基地的一体化建设	4.059	1.420
大中小学思想政治教育资源的一体化建设	4.066	1.413
国家与地方大中小学思想政治教育一体化指导机构建设	4.077	1.402
教师思想政治教育素养的一体化培养与提升	4.087	1.402
线上线下相关思政教育活动一体化建设	4.087	1.392
大中小学思想政治教育管理的一体化建设	4.089	1.394
推进大中小学思想政治教育一体化建设的实践研究及经验总结交流	4.098	1.392
推进大中小学思想政治教育一体化建设的理论研究	4.106	1.387
健全"三全育人"（全员、全程、全方位）体系	4.110	1.388
健全学校、家庭、社会协同育人机制	4.114	1.389
完善大中小学思想政治教育一体化建设的相关政策	4.116	1.380

此外，按照原始问卷选项百分比统计，关于大中小学思想政治教育一体化建设的相关支持要素基本状况，教师评价为"待加强"（"有待加强"和"急需加强"两项合计）的比例，由高到低，排在前五位的依次是：（1）大中小学思想政治教育科研、教研一体化推进（12.84%）；（2）教师思想政治教育素养的一体化培养与提升（12.16%）；（3）国家与地方大中小学思想政治教育一体化指导机构建设（12.14%）；（4）大中小学思想政治教育管理的一体化建设（11.88%）；（5）推进大中小学思想政治教育一体化建设的实践研究及经验总结交流（11.84%）。具体情况如表 5-30 所示。

表 5-30　大中小学思想政治教育一体化支持要素各条目中选择"待加强"的情况统计（$N=12128$）

条目	人数（名）	百分比（%）
大中小学思想政治教育科研、教研一体化推进	1557	12.84
教师思想政治教育素养的一体化培养与提升	1475	12.16

续表

条目	人数（名）	百分比（%）
国家与地方大中小学思想政治教育一体化指导机构建设	1472	12.14
大中小学思想政治教育管理的一体化建设	1441	11.88
推进大中小学思想政治教育一体化建设的实践研究及经验总结交流	1436	11.84
线上线下相关思政教育活动一体化建设	1434	11.82
健全学校、家庭、社会协同育人机制	1427	11.77
健全"三全育人"（全员、全程、全方位）体系	1421	11.72
推进大中小学思想政治教育一体化建设的理论研究	1417	11.68
完善大中小学思想政治教育一体化建设的相关政策	1392	11.48

总体来看，大中小学思想政治教育一体化支持系统的薄弱环节主要是教育科研、教研一体化推进；教师思想政治教育素养的一体化培养与提升；思想政治教育社会实践基地的一体化建设；大中小学思想政治教育资源的一体化建设；国家与地方大中小学思想政治教育一体化指导机构建设等。

三、小　结

（一）大中小学思想政治教育一体化建设氛围浓厚

党的十八大以来，尤其是2019年习近平总书记在学校思想政治理论课教师座谈会上提出"要把统筹推进大中小学思政课一体化建设作为一项重要工程，推动思政课建设内涵式发展"以来，《关于深化新时代学校思想政治理论课改革创新的若干意见》（2019年）、《全面推进"大思政课"建设的工作方案》（2022年）等系列政策出台，同时，随着中小学思政课一体化建设指导委员会（2020年）的成立，以及大中小学思政课一体化共同体平台的组建，各地积极制定地方落实举措，推进大中小学思想政治教育一体化建设的氛围更加浓厚。调研结果显示，六成多教师了解大中小学思想政治教育一体化建设基本含义与重点政策，七成教师积极参与大中小学思想政治教育一体化建设，七成多教师报告学校与本地教育行政部门重视推进大中小学思想政治教育一体化建设。

（二）大中小学思政课一体化建设总体向好

调查结果显示，六成多教师认为大中小学课程思政一体化推进状况好。本研究中，重点从大中小学思政课程设置、课程目标设计、课程内容设计、课程教学实施及课程评价五个维度考察了教师对大中小学思政课一体化建设状况的评价。从五维度平均值分布来看，思政课程内容一体化设计、思政课程教学实施一体化建设以及课程目标一体化设计相对较好，思政课程评价及思政课程设置一体化建设有待加强。

（三）未来大中小学思想政治教育一体化支持系统建设大有作为

本研究中，考察了大中小学思想政治教育一体化支持系统建设情况。重点将大中小学思想政治教育资源建设、实践基地建设、师资培养、教育管理、科研教研、协同育人、理论与实践研究、政策完善等作为大中小学思想政治教育一体化建设的支持要素。结果显示，在上述方面，均有六成多教师评价为"好"。

同时，按照5点计分标准，将教师的评价"非常好""比较好""还好""有待加强""急需加强"由高到低分别计为5、4、3、2、1分，对上述方面具体要素的平均分和标准差进行统计，结果显示，教师对大中小学思想政治教育一体化支持系统相关要素的总体评分较高，平均分均高于4，即均高于中数3。其中，完善大中小学思想政治教育一体化建设的相关政策，健全学校、家庭、社会协同育人机制，健全"三全育人"（全员、全程、全方位）体系三方面的评分相对最高。这说明当前的大中小学思想政治教育一体化建设政策、协同育人机制及"三全育人"体系建设在实践中得到了教师们的认可。

与此同时，基于问题视角，排在前三位的薄弱环节依次是：大中小学思想政治教育科研、教研一体化推进；思想政治教育社会实践基地的一体化建设；大中小学思想政治教育资源的一体化建设。此外，在国家与地方大中小学思想政治教育一体化指导机构建设、教师思想政治教育素养的一体化培养与提升、线上线下相关思政教育活动一体化建设等方面也都需要进一步加强。

（四）大中小学思想政治教育一体化建设状况呈现明显的城乡、学段特征

本研究中，重点从城乡分布、学段两方面考察了大中小学思想政治教育一体化建设的具体状况。在城乡特征方面，总体而言，城市地区的状况好于农村地区。例如，在学校与本地教育行政部门对推进大中小学思想政治教育一体化建设的重视情况、大中小学课程思政一体化推进状况等方面，城市地区均好于农村地区。

在学段特征方面，不同学段教师对大中小学思想政治教育一体化建设状况的评价不完全相同。例如，小学与中职教师对大中小学思政课一体化建设状况的评价相对较高。在大中小学思政课程教学实施一体化建设情况方面，小学、中职教师的评价好于初中、普通高中教师。在课程思政方面，小学和中职教师对大中小学课程思政一体化推进状况的评价同样好于初中和普通高中教师。此外，在对大中小学思想政治教育资源一体化、社会实践基地一体化，教育科研、教研一体化推进及一体化指导机构建设等方面，小学和中职教师的评价均好于初中和普通高中教师。换言之，在大中小学思想政治教育一体化建设中，对初中与普通高中要尤为关注。

第六章

新时代"大思政课"建设的基本情况与问题调查研究

2022年，教育部等十部门印发《全面推进"大思政课"建设的工作方案》，明确了总体要求与路径举措，推动各地"大思政课"建设内涵式发展。本研究中，选择教师视角，基于实证，通过问卷调查考察地方"大思政课"建设的状况。重点关注中小学思政课教师对"大思政课"建设的看法、教师参与"大思政课"建设的情况以及"大思政课"建设面临的问题。

一、研究方法

（一）研究对象

调研对象兼顾东中西部地区、城乡及学段分布等，从辽宁、河北、甘肃、重庆、河南等地随机选取中小学教师12128人（含专兼职思政课教师5357人，其他学科教师6771人）。其中，中西部地区、东部地区教师人数占比分别为53.38%、46.62%；城市和农村教师人数占比分别为65.11%和34.89%；小学、初中、普通高中、中职教师人数占比分别为40.97%、28.53%、24.99%、5.51%；专职思政课教师、兼职思政课教师和其他教师人数占比分别为15.06%、29.11%、55.83%。具体情况如表6-1所示。

表6-1 教师基本情况分布（N=12128）

分布		人数（名）	百分比（%）
学段	小学	4969	40.97
	初中	3460	28.53
	普通高中	3031	24.99
	中职	668	5.51
城乡分布	城市	7896	65.11
	农村	4232	34.89

续表

分布		人数（名）	百分比（%）
地区分布	中西部	6474	53.38
	东部	5654	46.62
是否思政课教师	专职	1827	15.06
	兼职	3530	29.11
	否	6771	55.83

（二）研究工具

课题组依据国家发布的"大思政课"建设相关政策要求，借鉴学者相关研究，同时在结合北京、天津、甘肃、辽宁等地方推进"大思政课"建设相关重点举措基础上，自编《中小学"大思政课"建设状况调查问卷》，具体包括中小学思政课教师对"大思政课"建设的看法和教师参与"大思政课"建设的情况两部分。此外，对部分非思政课教师开展课程思政的情况进行了问卷调查。除被试背景信息和一些基本情况外，问卷主体内容为李克特式5点量表。

二、研究结果

（一）地方与学校的重视与推进落实情况

1. 总体：超七成教师认为本地教育行政部门和学校重视推进"大思政课"建设，相关政策具体可行，工作机制健全，重视发挥专业培训、相关专家的引领作用

本研究从本地教育行政部门重视推进"大思政课"建设、本地推进"大思政课"建设的相关政策具体可行、学校重视推进"大思政课"建设、学校推进"大思政课"建设的举措明确、本地及学校开展的"大思政课"建设相关政策与理论培训能满足需求、相关专家对学校推进"大思政课"建设发挥重要指导作用、本地把思政课建设情况作为学校办学质量和学生发展质量评价的重要内容、学校党组织抓思政课工作机制健全等方面来综合考察当地对于"大思政课"建设的重视程度。

针对5357名思政课教师的调研结果发现，关于本地教育行政部门对"大思政课"建设的重视程度，78.23%的教师表示重视，17.44%的教师认为重视程度一般，4.33%认为不重视。关于本地推进"大思政课"建设相关政策的可操作性，76.52%的教师表示具体可行，19.13%的教师认为一般，4.35%的教师认为可操作性不足。关于学校层面对于推进"大思政课"建设的重视程度，77.64%的教师认为重视，17.77%的教师认为重视程度一般，4.59%的教师认为不重视。关于学校层面推进"大思政课"建设的举措是否明确，77.11%的教师认为明确，18.22%的教师认为一般，4.67%认为不够明确。关于本地及学校开展的"大思政课"建设相关培训，75.77%的教师表示能够满足需求，19.26%的教师表示一般，4.97%的教师表示未能满足需求。关于相关专家在学校推进"大思政课"建设中发挥的作用，75.83%的教师表示作用很大，19.25%的教师表示一般，4.92%的教师表示未能发挥重要作用。关于本地是否把思政课建设情况作为学校办学质量和学生发展质量评价的重要内容，74.07%的教师表示符合，20.40%表示一般，5.53%表示不符合。关于学校党组织抓思政课工作机制，75.43%的教师表示较为健全，19.75%表示一般，4.82%的教师表示不够健全。总体来看，七成多教师对于当地和学校对"大思政课"建设的重视程度持肯定态度。

2. 城乡：城市地区对于"大思政课"建设的重视程度高于农村地区

本研究根据学校所在区域，分为城市学校和农村学校，其中城市学校包括位于主城区和城乡接合区的各类学校；农村学校包括位于镇区和乡村的各类学校。以城乡分布为自变量，以教师眼中当地和学校对于"大思政课"建设重视程度的各个题项为因变量进行交叉（卡方）分析，结果显示，各个题项均存在显著差异：（1）本地教育行政部门对推进"大思政课"建设的重视情况（$\chi^2 = 43.398$，$P<0.001$）；（2）本地推进"大思政课"建设相关政策的可行性（$\chi^2 = 34.638$，$P<0.001$）；（3）学校对推进"大思政课"建设的重视情况（$\chi^2 = 49.117$，$P<0.001$）；（4）学校推进"大思政课"建设的举措是否明确（$\chi^2 = 46.190$，$P<0.001$）；（5）相关政策与理论培训能否满足需求（$\chi^2 = 51.883$，$P<0.001$）；（6）相关专家发挥的作用（$\chi^2 = 38.814$，$P<0.001$）；（7）本地是否把思政课建设情况作为学校办学质量和学生发展质量评价的重

要内容（$\chi^2=63.900$，$P<0.001$）；（8）学校党组织抓思政课工作机制是否健全（$\chi^2=71.761$，$P<0.001$）。

具体来看，在本地教育行政部门对于"大思政课"建设的重视情况方面，城市与农村地区认为本地教育行政部门重视的教师比例分别为80.68%、73.05%；在本地推进"大思政课"建设相关政策的可行性方面，城市与农村地区认为当地重视的教师比例分别为78.73%、71.83%；在学校层面对于"大思政课"建设的重视情况方面，城市与农村地区认为学校重视的教师比例分别为80.32%、71.94%；在学校推进"大思政课"建设的举措是否明确方面，城市与农村地区认为明确的教师比例分别为79.72%和71.59%；在相关培训能否满足需求方面，城市与农村地区表示能满足需求的教师比例分别为78.57%、69.85%；在相关专家是否对"大思政课"建设发挥重要指导作用方面，城市与农村地区表示发挥了重要作用的教师比例分别为78.24%、70.72%；在本地是否把思政课建设情况作为学校办学质量和学生发展质量评价的重要内容方面，城市与农村地区表示符合的教师比例分别为77.33%、67.17%；在学校党组织抓思政课工作机制是否健全方面，城市与农村地区表示健全的教师比例分别为78.81%、68.28%。从城乡来看，城市地区对于"大思政课"建设的重视程度高于农村地区。具体情况如表6-2所示。

表6-2　城乡教师对当地推进"大思政课"建设的重视情况的交叉（卡方）分析（$N=5357$）

条目	选项	城市 人数（名）占比（%）	农村 人数（名）占比（%）	总计 人数（名）占比（%）	χ^2（P）
本地教育行政部门重视推进"大思政课"建设	不符合	128（3.52）	104（6.05）	232（4.33）	43.398（0.000***）
	一般	575（15.80）	359（20.90）	934（17.44）	
	符合	2936（80.68）	1255（73.05）	4191（78.23）	
本地推进"大思政课"建设的相关政策具体可行性	不符合	131（3.60）	102（5.94）	233（4.35）	34.638（0.000***）
	一般	643（17.67）	382（22.24）	1025（19.13）	
	符合	2865（78.73）	1234（71.83）	4099（76.52）	

续表

条目	选项	城市 人数（名）占比（%）	农村 人数（名）占比（%）	总计 人数（名）占比（%）	χ^2 (P)
学校重视推进"大思政课"建设	不符合	138（3.79）	108（6.29）	246（4.59）	49.117 (0.000***)
	一般	578（15.88）	374（21.77）	952（17.77）	
	符合	2923（80.32）	1236（71.94）	4159（77.64）	
学校推进"大思政课"建设的举措明确	不符合	140（3.85）	110（6.40）	250（4.67）	46.190 (0.000***)
	一般	598（16.43）	378（22.00）	976（18.22）	
	符合	2901（79.72）	1230（71.59）	4131（77.11）	
本地及学校开展的"大思政课"建设相关政策与理论培训能满足需求	不符合	147（4.04）	119（6.93）	266（4.97）	51.883 (0.000***)
	一般	633（17.39）	399（23.22）	1032（19.26）	
	符合	2859（78.57）	1200（69.85）	4059（75.77）	
相关专家对学校推进"大思政课"建设发挥重要指导作用	不符合	150（4.12）	114（6.64）	264（4.92）	38.814 (0.000***)
	一般	642（17.64）	389（22.64）	1031（19.25）	
	符合	2847（78.24）	1215（70.72）	4062（75.83）	
本地把思政课建设情况作为学校办学质量和学生发展质量评价的重要内容	不符合	168（4.62）	128（7.45）	296（5.53）	63.900 (0.000***)
	一般	657（18.05）	436（25.38）	1093（20.40）	
	符合	2814（77.33）	1154（67.17）	3968（74.07）	
学校党组织抓思政课工作机制健全	不符合	142（3.90）	116（6.75）	258（4.82）	71.761 (0.000***)
	一般	629（17.28）	429（24.97）	1058（19.75）	
	符合	2868（78.81）	1173（68.28）	4041（75.43）	

（二）思政课教师对"大思政课"的了解参与情况

1. 总体：七成以上教师积极参与"大思政课"建设

本研究中，从基本含义和重点政策两方面考察教师对"大思政课"建设的了解情况。针对5357名思政课教师的调研结果发现，关于"大思政课"建设的基本含义，77.17%的教师表示知道，19.49%的教师了解程度一般，3.34%的教师表示不知道。关于推进"大思政课"建设的重点政策，75.86%的教师表示熟悉，20.43%的教师表示熟悉程度一般，3.71%的教师表示不熟悉。关于对推进"大思政课"建设的参与程度，80.77%的教师表示能积极参与，16.11%的教师表示参与程度一般，3.12%的教师表示参与不积极。总体来看,少数教师对"大思政课"建设的含义与政策了解还有所欠缺,大部分教师都对参与"大思政课"建设表示出积极态度。

2.城乡：城市地区的教师对"大思政课"建设的了解及参与情况好于农村地区的教师

在教师对"大思政课"建设的了解及参与情况方面,以城乡分布为自变量,以基本含义了解情况、重点政策熟悉情况与参与情况为因变量,交叉（卡方）分析结果显示,上述三方面均存在显著差异：（1）对"大思政课"建设基本含义的了解情况（$\chi^2=32.739$,$P<0.001$）；（2）对"大思政课"建设重点政策的熟悉情况（$\chi^2=48.000$,$P<0.001$）；（3）对"大思政课"建设的参与情况（$\chi^2=47.395$,$P<0.001$）。

具体而言,在教师对"大思政课"建设基本含义的了解情况方面,城市与农村地区的教师表示了解的比例分别为79.39%、72.47%；在对"大思政课"建设重点政策的熟悉情况方面,城市与农村地区的教师表示熟悉的比例分别为78.57%、70.14%；在对"大思政课"建设的参与情况方面,城市与农村地区的教师表示积极参与的比例分别为83.32%、75.38%。从城乡来看,城市地区的教师对"大思政课"建设的了解及参与情况好于农村地区的教师。具体情况如表6-3所示。

表6-3 城乡教师对"大思政课"的了解参与情况的交叉（卡方）分析（$N=5357$）

条目	选项	城市 人数（名）占比（%）	农村 人数（名）占比（%）	总计 人数（名）占比（%）	χ^2 （P）
您知道"大思政课"建设的基本含义	不符合	104（2.86）	75（4.37）	179（3.34）	32.739 （0.000***）
	一般	646（17.75）	398（23.17）	1044（19.49）	
	符合	2889（79.39）	1245（72.47）	4134（77.17）	
您熟悉推进"大思政课"建设的重点政策	不符合	110（3.02）	89（5.18）	199（3.71）	48.000 （0.000***）
	一般	670（18.41）	424（24.68）	1094（20.43）	
	符合	2859（78.57）	1205（70.14）	4064（75.86）	
您积极推动"大思政课"建设	不符合	98（2.69）	69（4.02）	167（3.12）	47.395 （0.000***）
	一般	509（13.99）	354（20.61）	863（16.11）	
	符合	3032（83.32）	1295（75.38）	4327（80.77）	

(三) 改革创新主渠道教学情况

1. 课程体系情况

(1) 总体：超七成教师认为当前思政课课程与教材体系较为完善。

针对5357名思政课教师的调研结果发现，关于思政课课程与教材体系的完善情况，76.98%（4124人）的教师认为目前较为完善，18.35%（983人）认为一般，4.67%（250人）的教师认为还不够完善。

(2) 城乡：城市地区教师对思政课课程与教材体系的评价好于农村地区。

以城乡为自变量，以思政课课程与教材体系的完善情况为因变量进行交叉（卡方）分析，结果发现存在显著差异（$\chi^2=42.976$，$P<0.001$），城市地区和农村地区教师中认为思政课课程与教材体系完善的比例分别为79.50%、71.65%；认为思政课课程与教材体系一般的比例分别为16.63%、22.00%；认为思政课课程与教材体系不完善的比例分别为3.87%、6.34%。从城乡来看，城市地区学校思政课课程与教材体系较农村地区更完善。具体情况如表6-4所示。

表6-4 城乡思政课课程与教材体系的完善情况的交叉（卡方）分析（N=5357）

条目	选项	城市 人数（名）占比（%）	农村 人数（名）占比（%）	总计 人数（名）占比（%）	χ^2 (P)
现行思政课课程与教材体系完善	不符合	141（3.87）	109（6.34）	250（4.67）	42.976 (0.000***)
	一般	605（16.63）	378（22.00）	983（18.35）	
	符合	2893（79.50）	1231（71.65）	4124（76.98）	

2. 拓展课堂教学内容情况

(1) 总体：超八成教师注重将伟大精神、实践成就、英雄模范等先进事迹引入课堂，并注重结合时事政治与新闻热点对学生进行思政教育。

本研究从是否注重将伟大精神、实践成就、英雄模范等事迹引入课堂，以及是否注重结合时事政治与新闻热点对学生进行思政教育两方面考察教师拓展思政课课堂教学内容的情况。针对5357名思政课教师的调研结果发现，对于前者，80.92%的教师表示符合，16.02%表示一般，3.06%表示不符合；

对于后者，81.22%的教师表示符合，15.77%表示一般，3.01%表示不符合。总体来看，超八成教师注重将伟大精神、实践成就、英雄模范等先进事迹引入课堂，并注重结合时事政治与新闻热点对学生进行思政教育。

（2）城乡：城市地区教师拓展思政课课堂教学内容的情况好于农村地区。

以城乡为自变量，以教师拓展思政课课堂教学内容的情况为因变量进行交叉（卡方）分析，结果显示两方面均存在显著差异：①是否注重将伟大建党精神和抗疫精神、科学家精神等伟大精神，生动鲜活的实践成就，以及英雄模范的先进事迹等引入课堂（$\chi^2=47.294$，$P<0.001$）；②是否注重结合时事政治与新闻热点对学生进行思政教育的情况（$\chi^2=43.982$，$P<0.001$）。

具体而言，关于将伟大精神、实践成就、英雄模范等事迹引入课堂，城市地区和农村地区教师中选择符合的比例分别为83.40%、75.67%；关于注重结合时事政治与新闻热点对学生进行思政教育，城市地区和农村地区教师中选择符合的比例分别为83.65%、76.08%。从城乡来看，城市地区教师在拓展思政课课堂教学内容方面优于农村地区教师。具体情况如表6-5所示。

表6-5 城乡学校思政课教师拓展课堂教学内容情况的交叉（卡方）分析（$N=5357$）

条目	选项	城市 人数（名）占比（%）	农村 人数（名）占比（%）	总计 人数（名）占比（%）	χ^2 (P)
您注重将伟大建党精神和抗疫精神、科学家精神等伟大精神，生动鲜活的实践成就，以及英雄模范的先进事迹等引入课堂	不符合	89（2.45）	75（4.36）	164（3.06）	47.294 (0.000***)
	一般	515（14.15）	343（19.97）	858（16.02）	
	符合	3035（83.40）	1300（75.67）	4335（80.92）	
您注重结合时事政治与新闻热点对学生进行思政教育	不符合	97（2.66）	64（3.72）	161（3.01）	43.982 (0.000***)
	一般	498（13.69）	347（20.20）	845（15.77）	
	符合	3044（83.65）	1307（76.08）	4351（81.22）	

3. 创新课堂教学方法情况

（1）总体：近八成教师能够积极运用小组研学、情景展示、课题研讨、课堂辩论等多种方式组织课堂教学，八成多教师注重了解学生的思想状态。

本研究从是否积极运用小组研学、情景展示、课题研讨、课堂辩论等多种方式组织课堂教学,以及是否注重了解学生的思想状态两方面考察思政课教师创新课堂教学方法的情况。针对 5357 名思政课教师的调研结果发现,79.41% 的思政课教师表示符合积极运用小组研学、情景展示、课题研讨、课堂辩论等多种方式组织课堂教学的情况,17.60% 的教师表示一般,2.99% 的教师表示不符合;82.58% 的教师表示能够注重了解学生的思想状态,14.39% 的教师表示一般,3.03% 的教师表示不符合。总体来看,近八成教师能够积极运用小组研学、情景展示、课题研讨、课堂辩论等多种方式组织课堂教学,八成多教师注重了解学生的思想状态。

(2) 城乡:城市地区教师在积极运用小组研学、情景展示、课题研讨、课堂辩论等多种方式组织课堂教学、注重了解学生的思想状态优于农村地区教师。

以城乡为自变量,以教师创新课堂教学方法的情况为因变量进行交叉(卡方)分析,结果显示,在积极运用小组研学、情景展示、课题研讨、课堂辩论等多种方式组织课堂教学方面,城市和农村地区教师存在显著差异 (χ^2 = 53.262,$P<0.001$);在注重了解学生的思想状态方面,城市和农村地区教师存在显著差异 (χ^2 = 35.887,$P<0.001$)。

具体而言,在积极运用小组研学、情景展示、课题研讨、课堂辩论等多种方式组织课堂教学方面,城市地区和农村地区教师中选择符合的比例分别为 82.17%、73.57%;在注重了解学生的思想状态方面,城市地区和农村地区教师中选择符合的比例分别为 84.69%、78.11%。从城乡来看,城市地区教师在积极运用小组研学、情景展示、课题研讨、课堂辩论等多种方式组织课堂教学、注重了解学生的思想状态优于农村地区教师。具体情况如表 6-6 所示。

表 6-6 思政课教师创新课堂教学方法及对学生思想状态的了解情况的交叉(卡方)分析($N=5357$)

条目	选项	城市 人数(名) 占比(%)	农村 人数(名) 占比(%)	总计 人数(名) 占比(%)	χ^2 (P)
您积极运用小组研学、情景展示、课题研讨、课堂辩论等多种方式组织课堂教学	不符合	90 (2.47)	70 (4.07)	160 (2.99)	53.262 (0.000***)
	一般	559 (15.36)	384 (22.35)	943 (17.60)	
	符合	2990 (82.17)	1264 (73.57)	4254 (79.41)	

续表

条目	选项	城市 人数（名）占比（%）	农村 人数（名）占比（%）	总计 人数（名）占比（%）	χ^2 (P)
您注重了解学生的思想状态	不符合	92（2.53）	70（4.07）	162（3.03）	35.887 (0.000***)
	一般	465（12.78）	306（17.81）	771（14.39）	
	符合	3082（84.69）	1342（78.11）	4424（82.58）	

4. 优化教学评价情况

（1）总体：超八成教师注重采用多元评价方式优化思政课教学评价。

关于优化教学评价情况，针对5357名思政课教师的调研结果发现，有80.57%（4316人）的教师表示自己能够注重采用多元评价方式，16.35%（876人）的教师表示一般，3.08%（165人）表示未能采用多元评价方式优化思政课教学评价。

（2）城乡：城市地区教师更加注重采用多元评价方式优化思政课教学评价。

以城乡为自变量，以优化思政课教学评价的情况为因变量进行交叉（卡方）分析，结果显示，城市地区和农村地区教师在此方面存在显著差异（χ^2=53.733，P<0.001）。城市地区和农村地区教师能够采用多元评价方式的比例分别为83.26%、74.85%。从城乡来看，城市地区教师优化思政课教学评价的情况优于农村地区教师。具体情况如表6-7所示。

表6-7 城乡思政课教师采用多元评价方式情况的交叉（卡方）分析（N=5357）

条目	选项	城市 人数（名）占比（%）	农村 人数（名）占比（%）	总计 人数（名）占比（%）	χ^2 (P)
您注重采用多元评价方式	不符合	91（2.50）	74（4.31）	165（3.08）	53.733 (0.000***)
	一般	518（14.23）	358（20.84）	876（16.35）	
	符合	3030（83.26）	1286（74.85）	4316（80.57）	

5. 效果

（1）总体：近八成教师表示学校的思政课教学效果总体较好。

关于学校的思政课教学效果情况，针对5357名思政课教师的调研结果发现，有79.19%（4242人）的教师表示学校的思政课教学效果总体较好，17.19%（921人）的教师表示一般，3.62%（194人）表示效果不好。

（2）城乡：城市地区教师对学校思政课教学效果的评价好于农村地区。

以城乡为自变量，以学校的思政课教学效果情况为因变量进行交叉（卡方）分析，结果显示，城市地区和农村地区教师在此方面存在显著差异（χ^2 = 51.393，$P<0.001$）。城市地区和农村地区教师表示学校的思政课教学效果总体较好的比例分别为81.92%、73.40%；表示一般的比例分别为14.92%、22.00%；表示不符合的比例分别为3.16%、4.60%。从城乡来看，城市地区教师对学校思政课教学效果的评价好于农村地区。具体情况如表6-8所示。

表6-8 城乡学校思政课教学效果情况的交叉（卡方）分析（N=5357）

条目	选项	城市 人数（名） 占比（%）	农村 人数（名） 占比（%）	总计 人数（名） 占比（%）	χ^2 （P）
学校的思政课教学效果总体较好	不符合	115（3.16）	79（4.60）	194（3.62）	51.393 (0.000***)
	一般	543（14.92）	378（22.00）	921（17.19）	
	符合	2981（81.92）	1261（73.40）	4242（79.19）	

（四）社会大课堂开展情况

1. 学校思政课实践教学相关情况

（1）总体：七成多教师表示学校思政课实践教学相关情况较好。

本研究从思政课实践教学机制、实践教学基地建设以及校企合作三方面考察学校思政课实践教学建设及保障情况。针对5357名思政课教师的调研结果发现，就学校思政课实践教学机制方面，表示较为完善的教师有75.73%，表示一般的有19.49%，4.78%表示不够完善。就学校"大思政课"实践教学基地建设情况而言，74.43%教师表示建设情况较好，20.36%表示一般，5.21%表示建设情况不佳。就对校企合作开展思政教育的重视程度方面，

72.54%的教师表示重视，20.65%表示一般，6.81%表示不够重视。总体来看，七成多教师表示学校思政课实践教学建设及保障情况较好。

（2）城乡：城市地区思政课实践教学相关情况优于农村地区。

以城乡为自变量，以学校思政课实践教学建设及保障情况的三个题项为因变量进行交叉（卡方）分析，结果显示，城市地区和农村地区教师在三方面均存在显著差异：①实践教学机制是否完善（$\chi^2=42.446$，$P<0.001$）；②实践教学基地建设情况（$\chi^2=43.699$，$P<0.001$）；③是否重视校企合作开展思政教育（$\chi^2=52.621$，$P<0.001$）。

具体而言，在实践教学机制建设方面，城市地区和农村地区教师中表示较为完善的比例分别为78.29%、70.31%；在实践教学基地建设方面，城市地区和农村地区教师中表示较好的比例分别为77.05%、68.86%；在校企合作方面，城市地区和农村地区教师中表示重视的比例分别为75.46%、66.36%。从城乡来看，城市地区思政课实践建设及保障情况优于农村地区。具体情况如表6-9所示。

表6-9 城乡学校思政课实践教学相关情况的交叉（卡方）分析（$N=5357$）

条目	选项	城市 人数（名） 占比（%）	农村 人数（名） 占比（%）	总计 人数（名） 占比（%）	χ^2 （P）
学校的思政课实践教学机制完善，活动多样	不符合	146（4.01）	110（6.40）	256（4.78）	42.446 （0.000***）
	一般	644（17.70）	400（23.28）	1044（19.49）	
	符合	2849（78.29）	1208（70.31）	4057（75.73）	
学校的"大思政课"实践教学基地建设较好	不符合	159（4.37）	120（6.98）	279（5.21）	43.699 （0.000***）
	一般	676（18.58）	415（24.16）	1091（20.36）	
	符合	2804（77.05）	1183（68.86）	3987（74.43）	
学校重视与企业合作开展思政教育或共建思政教育实践基地	不符合	206（5.66）	159（9.25）	365（6.81）	52.621 （0.000***）
	一般	687（18.88）	419（24.39）	1106（20.65）	
	符合	2746（75.46）	1140（66.36）	3886（72.54）	

2. 思政课教师层面实践活动开展情况

（1）总体：七成多教师表示学校思政课教学课时、多样性、基地建设参与情况较好。

本研究从思政课实践教学是否有保障、实践教学的多样性以及是否积极参与建设与使用实践教学基地来考察教师层面开展"大思政课"实践的相关情况。针对5357名思政课教师的调研结果发现，关于思政课实践教学的课时，77.62%的教师表示有保障，18.39%的教师表示一般，3.99%的教师表示无法保障。关于实践教学多样性，78.83%的教师表示较为多样，17.73%的教师表示一般，3.44%的教师表示不够多样。关于是否积极参与建设和使用"大思政课"实践教学基地，76.14%的教师表示符合，19.30%表示一般，4.56%表示还不够积极。总体来看，七成多教师表示学校思政课教学课时、多样性、基地建设参与情况较好。

（2）城乡：城市地区教师层面开展思政课实践教学的情况优于农村地区。

以城乡为自变量，以教师开展实践教学的情况为因变量进行交叉（卡方）分析，结果显示，城市地区教师和农村地区教师在上述三个题项上均存在显著差异：①实践教学课时是否有保障（$\chi^2=50.011$，$P<0.001$）；②是否组织开展多样化的实践教学（$\chi^2=52.343$，$P<0.001$）；③是否积极参与建设与使用"大思政课"实践教学基地（$\chi^2=67.306$，$P<0.001$）。具体而言，在实践课时的保障方面，城市地区和农村地区教师中表示有保障的比例分别为80.30%、71.94%；在实践教学的多样性方面，城市地区和农村地区教师中表示较为多样的比例分别为81.59%、72.99%；在参与建设与使用"大思政课"实践教学基地方面，城市地区和农村地区教师中表示较为积极的比例分别为79.33%、69.38%。从城乡来看，城市地区教师层面开展思政课实践教学的情况优于农村地区。具体情况如表6-10所示。

表 6-10 城乡思政课教师实践活动开展情况的交叉（卡方）分析（N=5357）

条目	选项	城市 人数（名） 占比（%）	农村 人数（名） 占比（%）	总计 人数（名） 占比（%）	χ^2 （P）
您的思政课实践教学课时有保障	不符合	117（3.22）	97（5.65）	214（3.99）	50.011 （0.000***）
	一般	600（16.49）	385（22.41）	985（18.39）	
	符合	2922（80.30）	1236（71.94）	4158（77.62）	
您注重组织开展多样化的实践教学	不符合	104（2.86）	80（4.66）	184（3.44）	52.343 （0.000***）
	一般	566（15.55）	384（22.35）	950（17.73）	
	符合	2969（81.59）	1254（72.99）	4223（78.83）	
您积极参与建设与使用"大思政课"实践教学基地	不符合	131（3.60）	113（6.58）	244（4.56）	67.306 （0.000***）
	一般	621（17.07）	413（24.04）	1034（19.30）	
	符合	2887（79.33）	1192（69.38）	4079（76.14）	

（五）大资源平台建设情况

1. 学校及地方资源平台建设情况

（1）总体：七成以上教师认为学校和地方"大思政课"大资源平台建设情况较好，经费支持较为充足。

本研究从"大思政课"相关资源平台能否满足需求、学校网络教育宣传云平台建设情况、学校"大思政课"建设经费支持是否充足等方面考察学校和地方"大思政课"大资源平台建设的基本情况。针对5357名思政课教师的调研结果发现，关于相关资源平台建设情况，74.84%的教师表示能够满足需求，20.25%的教师表示一般，4.91%表示不能满足需求。关于学校网络教育宣传云平台建设情况，75.02%的教师表示建设情况较好，20.01%表示建设情况一般，4.97%表示建设情况不佳。关于学校"大思政课"建设的经费，71.14%的教师表示较为充足，21.95%表示一般，6.91%表示经费不足。总体来看，七成以上教师认为学校和地方"大思政课"大资源平台建设情况较好，经费支持较为充足。

（2）城乡：城市地区学校地方大资源平台建设情况优于农村地区。

以城乡为自变量，以学校和地方"大思政课"大资源平台建设情况为因变量进行交叉（卡方）分析，结果显示，下述三方面均存在显著差异：①国家和本地的"大思政课"相关资源平台能否满足需求（χ^2 = 45.030，P < 0.001）；②学校网络教育宣传云平台建设情况（χ^2 = 43.573，P < 0.001）；③学校"大思政课"建设经费支持是否充足（χ^2 = 34.523，P < 0.001）。具体而言，在国家和本地的"大思政课"相关资源平台建设方面，城市地区和农村地区表示能够满足需求的教师比例分别为77.52%和69.15%；在学校网络教育宣传云平台建设情况方面，城市地区和农村地区表示较好的教师比例分别为77.69%和69.38%；在学校"大思政课"建设经费支持是否充足方面，城市地区和农村地区表示充足的教师比例分别为73.59%和65.95%。从城乡来看，城市地区学校地方大资源平台建设情况优于农村地区。具体情况如表6-11所示。

表6-11 城乡学校和地方大资源平台建设情况的交叉（卡方）分析（N=5357）

条目	选项	城市 人数（名） 占比（%）	农村 人数（名） 占比（%）	总计 人数（名） 占比（%）	χ^2 (P)
国家和本地的"大思政课"相关资源平台能满足需求	不符合	151（4.15）	112（6.52）	263（4.91）	45.030 (0.000***)
	一般	667（18.33）	418（24.33）	1085（20.25）	
	符合	2821（77.52）	1188（69.15）	4009（74.84）	
学校网络教育宣传云平台建设较好	不符合	156（4.29）	110（6.40）	266（4.97）	43.573 (0.000***)
	一般	656（18.03）	416（24.21）	1072（20.01）	
	符合	2827（77.69）	1192（69.38）	4019（75.02）	
学校"大思政课"建设经费支持充足	不符合	221（6.07）	149（8.67）	370（6.91）	34.523 (0.000***)
	一般	740（20.34）	436（25.38）	1176（21.95）	
	符合	2678（73.59）	1133（65.95）	3811（71.14）	

2. 思政教师参与建设及利用大资源平台的情况

（1）总体：超七成教师能够积极参与建设和利用思政课大资源平台。

本研究从是否参与建设与使用国家及地方数字化资源平台、网络教育宣传云平台，以及是否定期参加中小学思政课教师示范培训或基本功展示交流活动来考察教师参与和利用大资源平台的情况。针对5357名思政课教师的调研结果发现，在积极参与建设与使用国家及地方数字化资源平台方面，

77.32%的教师表示符合，18.95%表示一般，3.73%表示不符合。在积极参与建设与使用网络教育宣传云平台方面，77.51%的教师表示符合，18.33%表示一般，4.16%表示不符合。在定期参加中小学思政课教师示范培训或基本功展示交流活动方面，75.19%的教师表示符合，19.86%表示一般，4.95%表示不符合。总体来看，超七成教师能够积极参与建设和利用思政课大资源平台。

（2）城乡：城市地区教师参与建设和利用大资源平台的情况好于农村地区。

以城乡为自变量，以思政教师参与建设和利用大资源平台的情况为因变量进行交叉（卡方）分析，结果显示，下述三方面均存在显著差异：①积极参与建设与使用国家及地方数字化资源平台情况（$\chi^2 = 58.424$，$P<0.001$）；②积极参与建设与使用网络教育宣传云平台情况（$\chi^2 = 59.113$，$P<0.001$）；③定期参加中小学思政课教师示范培训或基本功展示交流活动情况（$\chi^2 = 64.378$，$P<0.001$）。具体而言，在参与建设与使用国家及地方数字化资源平台方面，城市地区和农村地区表示积极参与的教师比例分别为80.32%、70.95%；在建设与使用网络教育宣传云平台方面，城市地区和农村地区表示积极参与的教师比例分别为80.52%、71.13%；在参加中小学思政课教师示范培训或基本功展示交流活动方面，城市地区和农村地区表示定期参加的教师比例分别为78.43%、68.34%。从城乡来看，城市地区教师参与建设和利用大资源平台的情况好于农村地区。具体情况如表6-12所示。

表6-12 城乡思政课教师参与建设和利用大资源平台情况的交叉（卡方）分析（N=5357）

条目	选项	城市 人数（名）占比（%）	农村 人数（名）占比（%）	总计 人数（名）占比（%）	χ^2（P）
您积极参与建设与使用国家及地方数字化资源平台	不符合	118（3.24）	82（4.77）	200（3.73）	58.424（0.000***）
	一般	598（16.43）	417（24.27）	1015（18.95）	
	符合	2923（80.32）	1219（70.95）	4142（77.32）	
您积极参与建设与使用网络教育宣传云平台	不符合	129（3.54）	94（5.47）	223（4.16）	59.113（0.000***）
	一般	580（15.94）	402（23.40）	982（18.33）	
	符合	2930（80.52）	1222（71.13）	4152（77.51）	

续表

条目	选项	城市 人数（名）占比（%）	农村 人数（名）占比（%）	总计 人数（名）占比（%）	χ^2 (P)
您定期参加中小学思政课教师示范培训或基本功展示交流活动	不符合	162（4.45）	103（6.00）	265（4.95）	64.378 (0.000***)
	一般	623（17.12）	441（25.67）	1064（19.86）	
	符合	2854（78.43）	1174（68.34）	4028（75.19）	

（六）大师资建设情况

1. 学校大师资建设情况

（1）总体：超七成教师认为学校大师资建设情况较好。

本研究从聘请先进模范、英雄人物、法治副校长等定期到学校讲课或作报告，重视思政课专职教师配备，支持思政课教师在职培训，积极开展跨学段思政课教研活动，建立思政课教研共同体，完善思政课教师激励机制等方面考察学校和地方思政课大师资建设情况。针对5357名思政课教师的调研结果发现，在聘请各类人物定期到学校讲课或作报告方面，74.67%的教师表示符合，19.52%表示一般，5.81%表示不符合；在思政课专职教师配备方面，74.58%的教师表示重视，19.84%表示一般，5.58%表示不重视；在学校支持思政课教师在职培训方面，76.96%的教师表示符合，18.69%表示一般，4.35%表示不符合；在开展跨学段思政课教研活动方面，73.70%的教师表示学校积极开展，20.48%表示一般，5.82%表示不积极；在思政课教研共同体方面，71.76%的教师表示已经建立，20.92%表示一般，7.32%表示还未建立；在思政课教师激励机制方面，70.97%的教师表示较为完善，20.50%表示一般，8.53%表示不够完善。总体来看，超七成教师认为学校大师资建设情况较好。

（2）城乡：城市地区学校大师资建设情况优于农村地区。

以城乡为自变量，以学校和地方思政大师资建设情况为因变量进行交叉（卡方）分析，结果显示，在以下六方面均存在显著差异：①学校聘请先进模范、英雄人物、法治副校长等，定期到学校讲课或作报告（$\chi^2=41.807$，$P<0.001$）；②学校重视思政课专职教师配备（$\chi^2=50.018$，$P<0.001$）；③学校

支持思政课教师在职培训（$\chi^2=33.438$，$P<0.001$）；④学校积极开展跨学段（跨小学、初中、高中或大学）思政课教研活动（$\chi^2=49.785$，$P<0.001$）；⑤学校与党校、高校"马院"、干部培训学院等建立了思政课教研共同体（$\chi^2=60.703$，$P<0.001$）；⑥学校评优、评职向思政课教师适当倾斜等激励机制完善（$\chi^2=36.722$，$P<0.001$）。

具体而言，在学校聘请先进模范、英雄人物、法治副校长等，定期到学校讲课或作报告方面，城市地区和农村地区表示符合的教师比例分别为77.27%和69.15%；在思政课专职教师配备方面，城市地区和农村地区教师中表示配备了专职思政课教师的比例为77.47%、68.45%；在支持思政课教师在职培训方面，城市地区和农村地区教师中表示支持的比例为79.20%、72.24%；在学校积极开展跨学段（跨小学、初中、高中或大学）思政课教研活动方面，城市地区和农村地区表示符合的教师比例分别为76.53%和67.69%；在学校与党校、高校"马院"、干部培训学院等建立了思政课教研共同体方面，城市地区和农村地区教师中表示符合的比例分别为74.83%、65.25%；在学校评优、评职向思政课教师适当倾斜等激励机制完善方面，城市地区和农村地区教师中认为符合的比例为73.37%、65.89%。从城乡来看，城市地区学校思政大师资建设情况优于农村地区。具体情况如表6-13所示。

表6-13 城乡地区大师资建设情况交叉（卡方）分析（$N=5357$）

条目	选项	城市 人数（名）占比（%）	农村 人数（名）占比（%）	总计 人数（名）占比（%）	χ^2 (P)
学校聘请先进模范、英雄人物、法治副校长等，定期到学校讲课或作报告	不符合	182（5.00）	129（7.51）	311（5.81）	41.807 (0.000***)
	一般	645（17.72）	401（23.34）	1046（19.52）	
	符合	2812（77.27）	1188（69.15）	4000（74.67）	
学校重视思政课专职教师配备	不符合	180（4.95）	119（6.93）	299（5.58）	50.018 (0.000***)
	一般	640（17.59）	423（24.62）	1063（19.84）	
	符合	2819（77.47）	1176（68.45）	3995（74.58）	
学校支持思政课教师在职培训	不符合	135（3.71）	98（5.70）	233（4.35）	33.438 (0.000***)
	一般	622（17.09）	379（22.06）	1001（18.69）	
	符合	2882（79.20）	1241（72.24）	4123（76.96）	

续表

条目	选项	城市 人数（名）占比（%）	农村 人数（名）占比（%）	总计 人数（名）占比（%）	χ^2 (P)
学校积极开展跨学段（跨小学、初中、高中或大学）思政课教研活动	不符合	177（4.86）	135（7.86）	312（5.82）	49.785 (0.000***)
	一般	677（18.60）	420（24.45）	1097（20.48）	
	符合	2785（76.53）	1163（67.69）	3948（73.70）	
学校与党校、高校"马院"、干部培训学院等建立了思政课教研共同体	不符合	215（5.91）	177（10.30）	392（7.32）	60.703 (0.000***)
	一般	701（19.26）	420（24.45）	1121（20.92）	
	符合	2723（74.83）	1121（65.25）	3844（71.76）	
学校评优、评职向思政课教师适当倾斜等激励机制完善	不符合	266（7.31）	191（11.12）	457（8.53）	36.722 (0.000***)
	一般	703（19.32）	395（22.99）	1098（20.50）	
	符合	2670（73.37）	1132（65.89）	3802（70.97）	

2. 思政课教师参与专业发展活动情况

（1）总体：超七成思政课教师有机会参与研训活动。

本研究从是否有机会参加跨年级或跨校区的思政课教师教研共同体、集体备课活动，是否有机会参与学校与党校、高校"马院"、干部培训学院等建立的思政课教研共同体活动，是否通过在职培训、进修学位等方式提升专业水平等方面考察思政课教师参与专业发展活动的情况。针对5357名思政课教师的调研结果发现，在参加跨年级或跨校区思政课教师教研共同体、集体备课活动方面，77.04%的教师表示有机会，18.78%表示一般，4.18%表示没有机会；在参与学校与党校、高校"马院"、干部培训学院等建立的思政课教研共同体活动方面，71.68%的教师表示有机会，21.53%表示一般，6.79%表示没有机会；在通过在职培训、进修学位等方式提升专业水平方面，76.63%的教师表示符合，18.37%表示一般，5.00%表示不符合。总体来看，超七成思政课教师认为有机会参与专业发展活动。

（2）城乡：城市地区教师报告在参与思政课教研共同体活动、培训进修等方面的机会多于农村地区。

以城乡为自变量，以思政课教师参与专业发展活动情况为因变量进行交叉（卡方）分析，结果显示，在以下三方面均存在显著差异：①是否有机会参与跨年级或跨校区的思政课教师教研共同体、集体备课活动（$\chi^2=55.162$，$P<0.001$）；②是否有机会参与学校与党校、高校"马院"、干部培训学院等建立的思政课教研共同体活动（$\chi^2=62.186$，$P<0.001$）；③是否通过在职培训、进修学位等方式提升专业水平（$\chi^2=42.002$，$P<0.001$）。具体而言，在参与跨年级或跨校区的思政课教师教研共同体、集体备课活动的机会方面，城市地区和农村地区教师中表示有机会的比例分别为79.94%、70.90%；在参与学校与党校、高校"马院"、干部培训学院等建立的思政课教研共同体活动的机会方面，城市地区和农村地区教师中表示有机会的比例分别为74.99%、64.67%；在通过在职培训、进修学位等方式提升专业水平方面，城市地区和农村地区教师中表示有机会的比例分别为79.20%、71.19%。从城乡来看，城市地区教师在参与思政课教研共同体活动、培训进修等方面的机会多于农村地区教师。具体情况如表6-14所示。

表6-14 城乡思政课教师参与专业发展活动情况的交叉（卡方）分析（$N=5357$）

条目	选项	城市 人数（名）占比（%）	农村 人数（名）占比（%）	总计 人数（名）占比（%）	χ^2 （P）
您有机会参与跨年级或跨校区的思政课教师教研共同体、集体备课活动	不符合	126（3.46）	98（5.70）	224（4.18）	55.162 （0.000***）
	一般	604（16.60）	402（23.40）	1006（18.78）	
	符合	2909（79.94）	1218（70.90）	4127（77.04）	
您有机会参与学校与党校、高校"马院"、干部培训学院等建立的思政课教研共同体活动	不符合	211（5.80）	153（8.91）	364（6.79）	62.186 （0.000***）
	一般	699（19.21）	454（26.43）	1153（21.53）	
	符合	2729（74.99）	1111（64.67）	3840（71.68）	
您通过在职培训、进修学位等方式提升专业水平	不符合	165（4.53）	103（6.00）	268（5.00）	42.002 （0.000***）
	一般	592（16.27）	392（22.82）	984（18.37）	
	符合	2882（79.20）	1223（71.19）	4105（76.63）	

3. 家校合作及日常思政情况

（1）总体：八成左右思政课教师能够较好地开展家校合作和日常思政工作。

本研究从是否注重家校合作开展思政教育、是否注重与班主任或其他科任教师合作开展思政教育、是否注重将思政课教学与班级管理、班（团、队）会等活动结合三方面来考察思政课教师开展家校合作和日常思政的情况。针对5357名思政课教师的调研结果发现，在注重家校合作开展思政教育方面，79.32%的教师表示符合，17.02%表示一般，3.66%表示不符合；在注重与班主任或其他科任教师合作开展思政教育方面，80.64%的教师表示符合，16.17%表示一般，3.19%表示不符合；在注重将思政课教学与班级管理、班（团、队）会等活动结合方面，80.55%的教师表示符合，15.90%表示一般，3.55%表示不符合。总体来看，八成左右思政课教师能够较好地开展家校合作和日常思政工作。

（2）城乡：城市地区思政课教师开展家校合作及日常思政情况好于农村地区。

以城乡为自变量，以思政课教师开展家校合作及日常思政的情况为因变量进行交叉（卡方）分析，结果显示，城市地区和农村地区教师在以下三方面均存在显著差异：①是否注重家校合作开展思政教育（$\chi^2=44.369$，$P<0.001$）；②是否注重与班主任或其他科任教师合作开展思政教育（$\chi^2=50.001$，$P<0.001$）；③是否注重将思政课教学与班级管理、班（团、队）会等活动结合（$\chi^2=47.166$，$P<0.001$）。具体而言，在是否注重家校合作开展思政教育方面，城市地区和农村地区教师中表示注重的比例分别为81.81%、74.04%；在是否与班主任或其他科任教师合作开展思政教育方面，城市地区和农村地区教师中表示注重的比例分别为83.26%、75.09%；在是否注重将思政课教学与班级管理、班（团、队）会等活动结合方面，城市地区和农村地区教师中表示注重的比例分别为83.10%、75.15%。从城乡来看，城市地区思政课教师开展家校合作及日常思政情况好于农村地区。具体情况如表6-15所示。

表6-15 城乡思政课教师开展家校合作及日常思政情况的交叉（卡方）分析（$N=5357$）

条目	选项	城市 人数（名） 占比（%）	农村 人数（名） 占比（%）	总计 人数（名） 占比（%）	χ^2 (P)
您注重家校合作开展思政教育	不符合	110（3.02）	86（5.01）	196（3.66）	44.369 (0.000***)
	一般	552（15.17）	360（20.95）	912（17.02）	
	符合	2977（81.81）	1272（74.04）	4249（79.32）	

续表

条目	选项	城市 人数（名）占比（%）	农村 人数（名）占比（%）	总计 人数（名）占比（%）	χ^2 (P)
您注重与班主任或其他科任教师合作开展思政教育	不符合	101 (2.78)	70 (4.07)	171 (3.19)	50.001 (0.000***)
	一般	508 (13.96)	358 (20.84)	866 (16.17)	
	符合	3030 (83.26)	1290 (75.09)	4320 (80.64)	
您注重将思政课教学与班级管理、班（团、队）会等活动结合	不符合	111 (3.05)	79 (4.60)	190 (3.55)	47.166 (0.000***)
	一般	504 (13.85)	348 (20.26)	852 (15.90)	
	符合	3024 (83.10)	1291 (75.15)	4315 (80.55)	

4. 思政课教师胜任情况和情感体验

（1）总体：超八成思政课教师能够胜任思政课教学工作，且为作为一名思政课教师感到自豪。

本研究从能否胜任思政课教学工作和作为思政课教师是否感到自豪两方面来考察思政教师的胜任情况和情感体验。针对5357名思政课教师的调研结果发现，关于能否胜任思政课教学工作，80.36%的教师表示能够胜任，16.22%表示一般，3.42%表示难以胜任；对于作为思政课教师是否感到自豪，81.24%的教师表示符合，15.61%表示一般，3.15%表示不符合。总体来看，超八成思政课教师能够胜任思政课教学工作，且为作为一名思政课教师感到自豪。

（2）城乡：城市地区思政课教师自豪感和思政课胜任力好于农村地区。

以城乡为自变量，以思政课胜任情况和情感体验为因变量进行交叉（卡方）分析，结果显示，城市地区和农村地区教师在以下两方面均存在显著差异：①作为思政课教师非常自豪（$\chi^2=32.757$，$P<0.001$）；②胜任思政课教学工作（$\chi^2=46.921$，$P<0.001$）。具体而言，在作为思政课教师是否非常自豪方面，城市地区和农村地区教师中表示自豪的比例分别为82.50%、75.84%；在是否胜任思政课教学工作方面，城市地区和农村地区教师中表示胜任的比例分别为83.73%、75.96%。从城乡来看，城市地区思政课教师自豪感和思政课胜任力好于农村地区。具体情况如表6-16所示。

表6-16 城乡思政课教师胜任情况及情感体验的交叉（卡方）分析（N=5357）

条目	选项	城市 人数（名） 占比（%）	农村 人数（名） 占比（%）	总计 人数（名） 占比（%）	χ^2 (P)
作为思政课教师您非常自豪	不符合	112（3.08）	71（4.13）	183（3.42）	32.757 (0.000***)
	一般	525（14.43）	344（20.02）	869（16.22）	
	符合	3002（82.50）	1303（75.84）	4305（80.36）	
您胜任思政课教学工作	不符合	95（2.61）	74（4.31）	169（3.15）	46.921 (0.000***)
	一般	497（13.66）	339（19.73）	836（15.61）	
	符合	3047（83.73）	1305（75.96）	4352（81.24）	

（七）课程思政建设状况

1. 非思政课教师对"大思政课"建设的了解、参与及评价状况

本研究从六个方面了解非思政课教师对"大思政课"建设的看法及总体参与状况。限于篇幅，不作城乡差异比较。

针对6771名非思政课教师的调研结果发现，关于知道"大思政课"建设的基本含义，67.45%的非思政课教师表示符合，28.08%表示一般，4.47%表示不符合；关于熟悉推进"大思政课"建设的重点政策，65.19%的非思政课教师表示符合，30.04%表示一般，4.77%表示不符合；关于积极参与推进"大思政课"建设，69.96%的非思政课教师表示符合，26.07%表示一般，3.97%表示不符合；关于学校重视推进"大思政课"建设，72.37%的非思政课教师表示符合，24.01%表示一般，3.62%表示不符合；关于本地教育行政部门重视推进"大思政课"建设，72.13%的非思政课教师表示符合，24.21%表示一般，3.66%表示不符合；关于本地推进"大思政课"建设的氛围浓厚，71.19%的非思政课教师表示符合，25.05%表示一般，3.76%表示不符合。总体来看，多数非思政课教师对"大思政课"建设的了解、参与及评价状况持积极态度。具体情况如表6-17所示。

表 6-17　非思政课教师对"大思政课"建设相关情况的看法（N=6771）

条目	选项		
	不符合	一般	符合
	人数（名）占比（%）	人数（名）占比（%）	人数（名）占比（%）
您知道"大思政课"建设的基本含义	303（4.47）	1901（28.08）	4567（67.45）
您熟悉推进"大思政课"建设的重点政策	323（4.77）	2034（30.04）	4414（65.19）
您积极参与推进"大思政课"建设	269（3.97）	1765（26.07）	4737（69.96）
学校重视推进"大思政课"建设	245（3.62）	1626（24.01）	4900（72.37）
本地教育行政部门重视推进"大思政课"建设	248（3.66）	1639（24.21）	4884（72.13）
本地推进"大思政课"建设的氛围浓厚	255（3.76）	1696（25.05）	4820（71.19）

2. 非思政课教师开展课程思政情况

本研究从五个方面了解非思政课教师利用多方资源开展思想政治教育的情况。针对6771名非思政课教师的调研结果发现，关于在日常教学中注重挖掘思政资源对学生进行思想政治教育方面，83.72%的非思政课教师表示符合，14.49%表示一般，1.79%表示不符合；关于注重结合时事政治与新闻热点对学生进行思政教育方面，84.95%的非思政课教师表示符合，13.65%表示一般，1.40%表示不符合；关于在相关实践活动中注重对学生进行思想政治教育方面，86.44%的非思政课教师表示符合，12.23%表示一般，1.33%表示不符合；关于注重与家长配合对学生进行思想政治教育方面，85.57%的非思政课教师表示符合，13.22%表示一般，1.21%表示不符合；关于在日常工作中注重与班主任或思政课教师配合对学生开展思想政治教育方面，86.63%的非思政课教师表示符合，12.42%表示一般，0.95%表示不符合。总体来看，绝大多数非思政课教师积极利用多方资源开展思想政治教育。具体情况如表6-18所示。

表6-18 非思政课教师利用多方资源开展思想政治教育的情况（N=6771）

条目	选项		
	不符合 人数（名） 占比（%）	一般 人数（名） 占比（%）	符合 人数（名） 占比（%）
您在日常教学中注重挖掘思政资源对学生进行思想政治教育	121（1.79）	981（14.49）	5669（83.72）
您注重结合时事政治与新闻热点对学生进行思政教育	95（1.40）	924（13.65）	5752（84.95）
您在相关实践活动中注重对学生进行思想政治教育	90（1.33）	828（12.23）	5853（86.44）
您注重与家长配合对学生进行思想政治教育	82（1.21）	895（13.22）	5794（85.57）
您在日常工作中注重与班主任或思政课教师配合对学生开展思想政治教育	64（0.95）	841（12.42）	5866（86.63）

3. 日常教研活动中注重开发利用各类资源对学生开展思想政治教育和关注日常教研活动中思政因素情况

本研究从两个方面了解非思政课教师利用各类资源开展思想政治教育和关注日常教研活动中思政因素情况。针对6771名非思政课教师的调研结果发现，关于注重开发利用各类资源对学生开展思想政治教育方面，81.79%的非思政课教师表示符合，16.66%表示一般，1.55%表示不符合；关于在日常教研活动中关注对学生的思想政治教育因素方面，84.76%的非思政课教师表示符合，13.90%表示一般，1.34%表示不符合。总体来看，八成以上非思政课教师利用各类资源开展思想政治教育和关注日常教研活动中的思政因素。具体情况如表6-19所示。

表6-19 非思政课教师利用各类资源开展思想政治教育和关注日常教研活动中思政因素情况（N=6771）

条目	选项		
	不符合 人数（名） 占比（%）	一般 人数（名） 占比（%）	符合 人数（名） 占比（%）
您注重开发利用各类资源对学生开展思想政治教育	105（1.55）	1128（16.66）	5538（81.79）
您在日常教研活动中，关注对学生的思想政治教育因素	91（1.34）	941（13.90）	5739（84.76）

4. 非思政课教师参与学生思想政治教育相关课题研究和培训情况

本研究从三个方面了解非思政课教师参与学生思想政治教育课题研究和培训情况。针对6771名非思政课教师的调研结果发现，关于主持或参与过学生思想政治教育相关课题研究的机会方面，38.58%的非思政课教师表示机会多，32.37%表示机会一般，29.05%表示机会少；关于在各类培训中参与学生德育或思想政治教育培训的机会方面，41.09%的非思政课教师表示机会多，34.56%表示机会一般，24.35%表示机会少；关于在各类培训中参与教育法治培训的机会方面，39.77%的非思政课教师表示机会多，35.25%表示机会一般，24.98%表示机会少。总体来看，七成以上非思政课教师有机会（机会多与机会一般合计）参与课题研究和培训。具体情况如表6-20所示。

表6-20 非思政课教师参与课题研究和培训情况（$N=6771$）

条目	选项		
	少 人数（名）占比（%）	一般 人数（名）占比（%）	多 人数（名）占比（%）
您主持或参与过学生思想政治教育相关课题研究的机会	1967（29.05）	2192（32.37）	2612（38.58）
在各类培训中，您参与学生德育或思想政治教育培训的机会	1649（24.35）	2340（34.56）	2782（41.09）
在各类培训中，您参与教育法治培训的机会	1691（24.98）	2387（35.25）	2693（39.77）

（八）"大思政课"建设亟待加强的主要方面

超六成教师认为"大思政课"建设急需完善具体支持政策和开展理论培训。调研发现，对于当前"大思政课"建设最需加强的方面，所有接受调研的12128名教师中（含思政课教师和非思政课教师），选择"完善具体支持政策"的最多，为8121名，占66.96%。排在第二至第五位的分别是"开展理论培训"（7805，64.36%）、"加强政策解读"（7621，62.84%）、"加强基层经验交流"（7502，61.86%）以及"丰富思政教育资源"（7141，58.88%）。总体来看，教师认为"大思政课"建设的具体支持政策和理论培训还需要进一步加强，对政策解读、经验交流、思政教育资源等需求较为迫切。具体情况如图 6-1 所示。

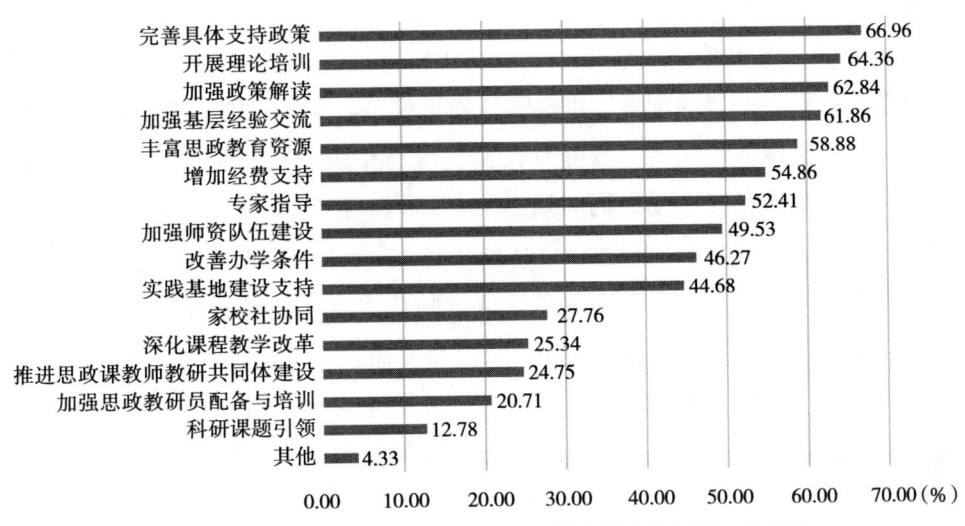

图 6-1 "大思政课"建设亟待加强的主要方面（$N=12128$）

三、小　结

（一）"大思政课"建设成效明显

一是地方高度重视，教师积极参与。继国家出台"大思政课"建设的相关文件后，各地教育行政部门高度重视，牵头出台配套实施方案，扎实推进"大思政"建设工作。如前文所述，对 5357 名思政课教师的调研结果显示，近八成教师认为本地教育行政部门和学校重视推进"大思政课"建设，相关政策具体可行，工作机制健全，重视发挥专业培训、相关专家的引领作用，同时把思政课建设情况作为学校办学质量和学生发展质量评价的重要内容。近八成思政课教师报告积极参与"大思政课"建设。

二是思政课主渠道改革创新与资源平台建设稳步推进。在改革创新主渠道教学方面，81%的思政课教师注重拓展思政课课堂教学内容，将伟大精神、实践成就、英雄模范等先进事迹引入课堂；79%的思政课教师能够积极创新课堂教学方法。在社会实践基地与资源平台建设方面，74%的教师表示学校"大思政课"实践教学基地建设情况较好，75%的教师表示"大思政课"相关资源平台能够满足需求。

三是"大思政课"师资队伍建设得到加强。七成多思政课教师报告，学校重视思政课专职教师配备，重视聘请先进模范、英雄人物、法治副校长等，定期到学校讲课或作报告；教师有机会参与跨年级或跨校区的思政课教师教研共同体、集体备课活动，同时通过在职培训、进修学位等方式提升专业水平；教师有机会参与学校与党校、高校"马院"、干部培训学院等建立的思政课教研共同体活动。此外，八成思政课教师认为自己能够胜任思政课教学工作，且为作为一名思政课教师感到自豪。总体而言，"大思政课"师资队伍建设取得了初步成效，思政课教师专业认同感较高，专业发展路径得到拓展。

四是课程思政全面推进。发挥好每门课程的育人作用是"大思政课"建设的重要内容。对6771名其他学科教师的调研结果显示，八成多教师在日常教学中注重挖掘思政资源，注重结合时事政治与新闻热点，注重开展实践活动，也注重与家长及其他教师配合开展思政教育。

（二）"大思政课"建设仍有短板

一是"大思政课"建设支持政策有待完善。近年来，党和国家高度重视学校思政课建设，出台了《关于进一步加强新时代中小学思政课建设的意见》《全面推进"大思政课"建设的工作方案》等重要引领性文件，全面提升思政课育人质量。各省在国家政策的基础上积极研制出台具体实施方案，推进地方"大思政课"建设，但与教师们的期盼仍有差距。调研结果显示，包括思政课和其他学科课程教师在内的全体教师将"完善具体支持政策"作为加强"大思政课"建设的首要内容，选择比例达67%。

二是相关政策和理论培训尚不能满足需求。虽然教师们对于"大思政课"建设的参与度整体较高，但由于"大思政课"是近年来提出的新理念和新要求，一线教师"大思政课"建设的相关理论基础较为薄弱，表现出强烈的培训需求。此外，调研结果显示，呼吁"加强基层经验交流""丰富思政教育资源""增加经费支持""专家指导"等需求的教师也超过半数。

三是农村地区"大思政课"建设略显薄弱。从城乡差异来看,调研结果显示,在对于"大思政课"建设的重视程度、对"大思政课"的了解参与情况、改革创新主渠道教学情况、社会大课堂使用情况、大资源平台建设和利用情况、大师资建设情况等方面,农村地区均显著弱于城市地区。农村地区"大思政课"建设相对薄弱,与农村地区思政课教师队伍建设及经费与办学条件有限等有关。在当前优质均衡发展背景下,农村地区尤其是中西部农村地区的"大思政课"建设情况应得到更多关注与倾斜政策支持。

第七章

推进大中小学思想政治教育一体化建设的对策

第七章　推进大中小学思想政治教育一体化建设的对策

党的十八大以来，思政课发展环境和整体生态发生全局性、根本性转变。新时代新征程，思政教育面临新形势新任务。在学习习近平总书记关于教育的重要论述基础上，基于前期文献研究、调查研究，结合相关政策梳理，建议从如下六个方面着力，贯彻落实《教育强国建设规划纲要（2024—2035年）》，把学校思想政治教育贯穿各学科体系、教学体系、教材体系、管理体系，推进大中小学思想政治教育一体化建设。

一、聚焦关键课程，推进大中小学思政课一体化建设

习近平总书记指出："在大中小学循序渐进、螺旋上升地开设思想政治理论课非常必要，是培养一代又一代社会主义建设者和接班人的重要保障。""要把统筹推进大中小学思政课一体化建设作为一项重要工程。"❶ 思想政治教育是一项复杂的系统工程，在思想政治教育大系统中，各要素相互联系、相互影响、相互制约、相互作用。推进大中小学思政课一体化建设的核心任务是坚持系统观念，遵循思想政治工作规律、育人规律与学生成长规律，在纵向时间维度，兼顾发展性与阶段性特征，在大中小学循序渐进、螺旋上升地开设思政课。

一是充分发挥教育部和地方大中小学思政课一体化建设指导委员会的作用。2020年12月，教育部大中小学思政课一体化建设指导委员会成立。该委员会是在教育部党组领导下，深化学校思政课改革创新的决策协调议事机构，对大中小学思政课一体化建设进行领导、指导、咨询、示范、培训、研判等。2022年12月，教育部启动开展大中小学思政课一体化共同体建设。此后，地方积极推进大中小学思政课一体化、思政教育一体化建设指导委员会及思政

---

❶ 习近平. 论教育 [M]. 北京：中央文献出版社，2024：186，199.

课一体化共同体的建设。如辽宁省设立了大中小学思想政治教育一体化建设指导委员会，统筹协调、组织推进全省大中小学思想政治教育一体化建设工作。北京市成立了中小学思政课一体化建设指导委员会和北京市大中小学思政课一体化建设领导小组。一体化建设指导委员会对于指导推动地方教育部门、各学校贯彻落实党中央关于大中小学思政课一体化建设的有关决策部署，总结推广先进经验，推动大中小学思政课教材建设、教学方法改革、师资队伍建设发挥了重要作用。

二是一体化推进大中小学思政课课程目标与课程内容设计。要遵循育人规律，整体规划思政课课程目标，系统完善中小学思政课课程标准。思政课要引导学生立德成人、立志成才，树立正确世界观、人生观、价值观，坚定对马克思主义的信仰，坚定对社会主义和共产主义的信念。结合不同学段学生的身心发展特点，大学阶段重在增强使命担当，高中阶段重在提升政治素养，初中阶段重在打牢思想基础，小学阶段重在启蒙道德情感。要统筹推进思政课课程内容建设。"坚持思政课建设与党的创新理论武装同步推进，加快构建以习近平新时代中国特色社会主义思想为核心内容的课程教材体系"，坚持用习近平新时代中国特色社会主义思想铸魂育人。遵循学生认知规律设计课程内容，体现不同学段特点，研究生阶段重在开展探究性学习，本、专科阶段重在开展理论性学习，高中阶段重在开展常识性学习，初中阶段重在开展体验性学习，小学阶段重在开展启蒙性学习。在教材建设方面，国家教材委员会统筹大中小学思政课教材建设，科学制定教材建设规划，注重提升思政课教材的政治性、时代性、科学性、可读性。及时修订思政课统编教材，将党的创新理论最新成果有机融入各门思政课。

三是一体化推进大中小学思政课课程群建设。各地各校加强以习近平新时代中国特色社会主义思想为核心内容的思政课课程群建设。在保持思政课必修课程设置相对稳定的基础上，结合大中小学各学段特点构建形成必修课加选修课的课程体系。例如高中阶段开设"思想政治"必修课程，围绕学习习近平总书记最新重要讲话精神开设"思想政治"选择性必修课程。初中、小学阶段开设"道德与法治"必修课程，可结合校本课程、兴趣班开设思政类选修课程。

二、聚焦其他各类课程，推进大中小学课程思政一体化建设

全面推进课程思政建设是落实立德树人根本任务的战略举措。推进课程思政建设，就是要寓价值观引导于知识传授和能力培养之中，帮助学生塑造正确的世界观、人生观、价值观，这一举措影响甚至决定着接班人问题，影响甚至决定着国家长治久安，影响甚至决定着民族复兴和国家崛起。在充分认识大中小学一体化推进课程思政的重要意义的同时，重点要做好如下几方面的工作。

一是大中小学课程思政目标与内容等环节一体化设计。课程设计方面，要针对不同学段，根据思想政治理论教育规律和学生成长规律科学设置具体教学目标，抓好教学目标设计、课程设置、教材编写、教学改革、教师培养、考核评价等环节。课程设置要相对稳定，坚持大中小学纵向主线贯穿、循序渐进。兼顾整体性与针对性，各门课程教材要从不同学科、不同角度、不同学理建构等层面保持内容的协同与贯通，同时要注重层次性与针对性，充分考虑到大中小学不同学段学生身心发展特点，由浅入深地设计教材内容。❶ 各类课程按照横向结构合理、功能互补的原则，确保教材的政治性、科学性、时代性、可读性。在课程内容方面，要围绕坚定学生理想信念，以爱党、爱国、爱社会主义、爱人民、爱集体为主线，围绕政治认同、家国情怀、文化修养、宪法法治意识、道德修养等重点内容优化课程思政内容供给。

二是在具体教育教学实施过程中，大中小学教师均要坚持知识传授和价值引领相统一，要实现价值塑造与知识传授、能力培养一体化推进；坚持显性教育和隐性教育相统一，在充分发挥思政理论课重要作用的同时，用好隐性教育渠道，挖掘各类课程中蕴含的思政教育元素，做好"融入式""嵌入式""渗入式"教育。要综合运用第一课堂和第二课堂，深入开展多种形式的社会实践、志愿服务、实习实训活动，拓展课程思政建设方法和途径。

三是大中小学课程思政资源一体化建设。鼓励地方积极探索，充分发挥高校的龙头带动作用与智慧教育平台功能，逐步建立起贯穿大中小学课程思

---

❶ 冯刚，刘嘉圣. 新时代大中小学课程思政一体化建设的内涵要素及优化路径［J］. 中国高等教育，2022（1）：9-11.

政的资源库，形成大中小学共建、共商、共享的课程思政教学资源平台。

三、聚焦师资队伍，推进大中小学思政课教师队伍一体化建设

师资队伍是大中小学思想政治工作一体化建设的重要人力保障。办好思想政治理论课关键在教师。大中小学思政课教师队伍一体化建设是大中小学思想政治工作一体化建设的重要方面。要以教育家精神为引领，以"政治要强""情怀要深""思维要新""视野要广""自律要严""人格要正"为具体目标，推进大中小学思政课教师队伍一体化建设，打造一支高素质专业化思政课教师队伍。

一是要强化专职教师配备。"要配齐建强思政课专职教师队伍，建设专职为主、专兼结合、数量充足、素质优良的思政课教师队伍。在思政课教师选用、管理、考核中要严把政治关、师德关、业务关，解决好学风问题。"各地要统筹使用中小学教职工编制，有效保障思政课专职教师配备，并制订具体补充计划。高校要严格按照师生比不低于1∶350的比例核定专职思政课教师岗位，在编制内配足，且不得挪作他用。

二是要加强思政课教师队伍后备人才培养，切实提高思政课教师综合素质。以培育一大批优秀马克思主义理论教育家为目标，制定大中小学思政课教师队伍培养培训规划。加强马克思主义学院、马克思主义理论学科建设，统筹推进马克思主义理论本硕博一体化人才培养工作，深入实施"高校思想政治理论课教师队伍后备人才培养专项支持计划"。在中央党校（国家行政学院）及地方党校（行政学院）面向思政课教师举办学习习近平新时代中国特色社会主义思想专题研修班，办好"周末理论大讲堂"、骨干教师研修班，实施好思政课教师在职攻读马克思主义理论博士学位专项计划。建强思政课教师研修基地。

三是要完善思政课教师评价机制与工作机制。严把政治关、师德关、业务关，明确与思政课教师教学科研特点相匹配的评价标准，提高评价中的教学和教学研究占比，克服唯文凭、唯论文、唯"帽子"等弊端，引导思政课教师把主要精力放在教书育人上。

四是要建立大中小学思政课教师教研共同体。完善教研工作机制，切实

推动思政课教师常态化开展集体备课、听课评课、集中培训、教学展示等教研活动。同时，鼓励大中小学思政课教师及思政课教研员合作，依托思政课一体化共同体、思政课名师工作室等平台，围绕思政课教学改革创新、大中小学思想政治教育一体化建设等重点难点问题开展课题研究。鼓励地方积极开展大中小学思想政治教育一体化建设、学科思政、"大思政课"建设等典型经验案例宣传与交流，营造推进"大思政课"建设的良好氛围。此外，在推进其他学科教师课程思政能力一体化建设方面，一方面要将课程思政建设要求和内容纳入教师岗前培训、在岗培训和师德师风、教学能力专题培训，另一方面要探索建立课程思政集体教研制度，充分发挥教研室、工作室等引领带动作用，推动大中小学教师围绕课程思政开展一体化集体备课、教研、培训、交流。

四、善用"大思政课"，助力大中小学思想政治教育一体化质量提升

从思政课到"大思政课"，是开门办好思政课的理念创新与格局拓展。针对一些地方和学校对"大思政课"建设的重视程度不够，开门办思政课、调动各种社会资源的意识和能力还不够强等问题，要坚持开门办思政课，强化问题意识、突出实践导向，充分调动全社会力量和资源，建设"大课堂"、搭建"大平台"、建好"大师资"，全面推进"大思政课"建设。坚持显性教育与隐性教育相统一，充分发挥思政课和各类课程的育人功能，同时要注重要素配合协同，推进学校"小课堂"、社会"大课堂"和网络"云课堂"相协同，学校、家庭、社会相配合，进而构建纵横贯通的全员、全程、全方位、全要素育人大格局。

一是在学校"小课堂"、社会"大课堂"和网络"云课堂"相协同方面，要在上好校内思政课的同时，强化实践育人和网络育人。要充分利用红色教育基地、乡村振兴示范点、科技创新园区等资源，组织学生参与社会调查、志愿服务、生产劳动等实践活动。如通过"重走长征路""乡村振兴研学"等沉浸式体验，引导学生厚植家国情怀。要注重创新育人形式。善于结合新媒体技术，打造线上线下融合的思政教育场景。运用虚拟现实（VR）、短视

频、直播等方式，生动展现党的奋斗历程和新时代伟大成就，增强思政教育的吸引力和感染力。

二是在家校社协同方面，要以落实教育部等十七部门联合印发的《家校社协同育人"教联体"工作方案》为契机，推动各地全面建立家校社协同育人"教联体"，确保政府统筹、部门协作、学校主导、家庭尽责、社会参与的协同育人工作机制更加完善。其中，教育部门要引导学校发挥主导作用和专业指导优势，强化与家庭、社会沟通协作。学校要因地制宜建立"教联体"，通过联责任、联资源、联空间，会同家长和社会各方共同研究、推动破解学生成长中面临的新情况、新问题。

五、强化资源保障，倾斜支持农村地区思政课建设

构建与完善资源共享、保障有力、赋能强劲的高质量教育资源保障体系是推进大中小学思想政治教育一体化建设的重要内容。进一步提升农村地区思想政治教育质量，要注重强化以下五方面的资源保障。

一是推进实施骨干教师交流轮岗计划，加强县域统筹，促进思想政治等紧缺学科教师校际共享，加快提升农村学校办学水平。二是数字化赋能思政教育高质量发展。提升国家中小学智慧教育平台建设应用水平，丰富平台优质思政教育资源，拓展应用功能，加大在智慧课堂、双师课堂等方面的融合应用。三是借助信息化技术，广泛开展网络教研、远程教研、跨区域教研，为农村地区思政课教师提供教研平台及多样化专业发展机会。四是加大经费投入，为农村地区学校思政课教师队伍建设、课程资源开发、数据平台建设等提供充足的经费支持。五是统筹调动家庭、社会等多方资源，发挥农村地区优秀戏曲曲艺、少数民族文化、民间文化等传承发展等优势，融合最美乡村教师、医生等宣传教育活动，浸润于乡村振兴中国故事中，形成农村学校推进"大思政课"建设的特色。

六、加强党的领导，保障大中小学思想政治教育一体化有力推进

加强党对教育工作的全面领导，是办好教育的根本保证。党的领导是思

政课治理体系的最大特色和本质特征，在整个思政课治理体系中具有核心统摄作用。只有始终坚持党对教育事业的全面领导，才能确保思政教育始终沿着正确方向前进，为中华民族伟大复兴培养更多有理想、有本领、有担当的时代新人。

一是各级党委（党组）要坚持以习近平新时代中国特色社会主义思想为指导，全面贯彻党的教育方针。各地各校要把提高思政课质量作为重大政治任务，主动谋划、大力推进。要认真落实将中小学思政课建设情况纳入各级党委领导班子考核和政治巡视巡察的规定要求。要不断完善领导体制和工作机制，完善党委统一领导、党政齐抓共管、宣传部门组织协调、有关部门和人民团体分工负责、全党全社会共同参与的思想政治工作大格局，为大中小学思想政治教育一体化提供有力的组织保障。

二是发挥各级党组织的育人保障功能，明确高校党委职责和决策机制，健全和完善高校党委领导下的校长负责制，推动学校各级党组织自觉担负起管党治党、办学治校、育人育才的主体责任。落实全国高校党的建设工作会议精神，推动党建和业务深度融合，发挥党建工作在把准方向、整合资源、支持保障等方面的重要作用。要深入实施中小学校党组织领导的校长负责制，建立健全学校党组织抓思政课工作机制。学校党组织书记、校长作为思政课建设第一责任人，要走进课堂听课讲课。

三是完善学校党建带团建、队建机制，在大中小学思想政治教育中充分发挥共青团、少先队组织优势和独特作用。

此外，要优先发展思政课骨干教师入党，培养和选拔优秀党员教师担任思政课教师，提升思政课教师党员比例。注重发挥党员在学习新思想和推进思政课与课程思政高质量建设及开展日常思政活动中的先锋模范作用。

第八章

思想政治教育典型经验与案例

第八章　思想政治教育典型经验与案例

党的十八大以来，各地结合中小学生特点和地方实际，在推进学校思想政治教育建设方面积极行动，扎实实践，积累了丰富的经验，涌现出了许多典型的案例。在此分享部分地方和学校推动思想政治教育工作的经验。

一、地方推进大中小学思想政治教育一体化建设的典型经验

近年来，各地积极推进大中小学思想政治教育一体化建设，并形成了一批典型经验。这些经验既有共性也有特色，主要包括以下几个方面。

（一）善抓工作机制

各地重视建立与完善地方大中小学思想政治教育一体化建设推进机制。例如，辽宁省设立了大中小学思想政治教育一体化建设指导委员会，统筹协调、组织推进全省大中小学思想政治教育一体化建设工作。制定《辽宁省大中小学思想政治教育一体化建设工作实施方案》，印发《辽宁省进一步推进大中小学思政课一体化建设的若干举措》，建设"辽宁省大中小学思政课同课异构一体化教学设计样例库"，坚持"统筹推进与基层探索、理论研究与实践应用、继承传统与特色创新"的原则，以"项目研究+试点实践+特色打造"三维模式，充分利用省域内优质特色思想政治教育资源，建立横向贯通、纵向衔接、特色鲜明的大中小学思想政治教育一体化建设机制，不断提升思政课建设质量和水平。[1]

北京市着力构建"市区联动、知行联动、时空联动"工作机制，不断提

---

[1] 辽宁省教育厅．辽宁省积极推进大中小学思政课一体化建设［EB/OL］.（2022-06-22）[2023-04-26]. http://www.moe.gov.cn/jyb_xwfb/s6192/s222/moe_1737/202206/t20220602_633983.html.

升大中小学思政课建设质量。例如，成立北京市大中小学思政课一体化建设指导委员会、北京市大中小学思政课一体化建设领导小组，制定《北京市大中小幼学校一体化德育体系建设指导纲要》，在海淀区建立大中小学思政课一体化研究基地和大中小学思政课一体化教研组。此外，坚持"知行联动"，协同推进大中小学思政课一体化理论实践探索，坚持"时空联动"，丰富拓展大中小学思政课一体化集体备课形式。❶

广东省着力构建省委教育工作领导小组总协调、省委教育工委主抓、各部门合力推进的工作机制，指导高校层面建立学校党委直接领导、分管校领导具体负责、马克思主义学院主抓、相关部门各负其责的工作机制，同时，将思政课建设列入市县政府履行教育职责评价体系，推动各地、各相关部门、各学校齐抓共管、积极联动。❷

（二）善抓关键课程

各地注重聚焦关键课程，在大中小学德育课程一体化体系基础上，推进大中小学思政课一体化建设。例如，上海市印发了《上海市"大思政课"建设综合改革试验区实施方案》等文件，以大中小学思政课一体化建设为牵引，加快构建"大思政课"内容体系、课程体系、教学体系、工作体系。❸ 在已有大中小学德育课程一体化体系基础上，着力以"五个统筹"推进大中小学思政课一体化建设。一是统筹学段衔接，完善顶层设计。二是统筹课程建设，在高校创新建设"4+1+X"思想政治理论课程体系，"4"是中央统一开设的4门思政课必修课，"1"是中央要求开设的必修课"形势与政策"，"X"是以"中国系列"课程为代表的思政课选修课，并注重将高校建设经验向中小

---

❶ 北京市教育委员会. 北京市坚持"三个联动"积极推进大中小学思政课一体化建设［EB/OL］.（2022-09-23）［2023-04-26］. http：//m. moe. gov. cn/jyb_ xwfb/s6192/s222/moe_ 1732/202209/t20220923_ 663971. html.

❷ 广东省聚焦发挥立德树人关键课程作用 积极推进大中小学思政课一体化建设［EB/OL］.（2023-11-28）［2023-04-27］. http：//www. moe. gov. cn/jyb_ sjzl/s3165/202311/t20231128_ 1092412. html.

❸ 中共上海市教育卫生工作委员会等12部门关于印发《上海市"大思政课"建设综合改革试验区实施方案》的通知［EB/OL］.（2023-03-03）［2023-04-26］. http：//edu. sh. gov. cn/xxgk2_ zdgz_ xxdy_ 02/20230303/ef76d667aa834853a317256b5b5bdbc5. html.

学辐射。另外三个统筹侧重的是队伍建设、课内课外及各类课程。❶

天津市以"四个坚持"推进大中小学思政课一体化建设。一是坚持政治统领，推进机制建设一体化。二是坚持协同联动，推进课程改革一体化。如全面推动全市16个区与各高校共建思政课联合共同体，实现1400所中小学与高校开展思政课共建同研。三是坚持同学同研，推进队伍建设一体化。四是坚持同频共振，推进课内课外一体化。挂牌45家实践教学基地等。❷ 其中，思政课改革是重要内容。

广东省通过实施"南粤优质思政课程建设计划"，建设"马克思主义中国化时代化进程与青年学生使命担当""强国系列"名师大讲堂等一批优质课程，努力推动实现"一校一品牌、一院一特色、一课一精品"，打造思政"金课"。❸

（三）善抓师资建设

各地重视建设一支政治强、情怀深、思维新、视野广、自律严、人格正的思政课教师队伍。例如，广东省注重平台建设和协同联动，推动教师队伍一体培育和教学研究一体开展。一是建设培训研修平台。完善省、市、县、校四级培训体系，建设高校思政课教师培训基地，鼓励高校发挥马克思主义学院的辐射带动作用，建立健全校地、校际协作机制，帮助中小学思政课教师提升理论素养、教学能力和育人水平。指导各地教育部门，推动本地区大中小学思政课教师加强跨学科、跨学校、跨学段的协同联动，促进各学段教学内容的贯通衔接。二是建设交流学习平台。每年举办全省高校青年思政课教师教学基本功比赛、粤桂琼赣滇五省区联赛，中小学青年教师思想政治（道德与法治）学科教学能力大赛等，以赛促建。三是建设人才培育平台。发

---

❶ 上海以"五个统筹"推进大中小学思政课一体化建设 [EB/OL]. (2019-11-14) [2023-04-26]. http://edu.sh.gov.cn/jyzt_shjg_zgkx/20191114/0015-xw_103813.html.

❷ 天津市以"四个坚持"推进大中小学思政课一体化建设. [EB/OL]. (2022-12-26) [2023-04-26]. http://www.moe.gov.cn/jyb_sjzl/s3165/202212/t20221230_1037200.html.

❸ 广东省聚焦发挥立德树人关键课程作用 积极推进大中小学思政课一体化建设 [EB/OL]. (2023-11-28) [2023-04-27]. http://www.moe.gov.cn/jyb_sjzl/s3165/202311/t20231128_1092412.html.

挥省级思政课名师工作室"头雁效应",加强对优秀高校青年思政课教师的培育,采用"1+N"的形式,组织12个高校思政课名师工作室与81个中小学思政课名师工作室结对共建,培养思政课骨干教师队伍。建设首批10家省级重点马克思主义学院、23个"八个相统一"高校思政课建设示范点、10个中小学思政课学科教研基地(教研共同体),推动教研一体化开展。❶

上海市在队伍建设方面,一体化设计覆盖所有思政课教师的分层培养培训体系,在中小学,依托35个中小学骨干教师德育实训基地,打造中小学思政课教师集体教研基地。❷

新疆维吾尔自治区昌吉回族自治州结合地方实际,研究制定并实施思政课一体化建设"一十百千"工程。以"一"为龙头,依托新疆农业职业技术学院王学利全国思政课名师工作室,挂牌成立"昌吉州王学利思政课名师孵化基地";以"十"为核心,组建孵化十个州思政课名师工作室;以"百"为示范,培养百名思政课骨干教师;以"千"为基石,培训带动全州千名思政课教师能力提升。❸

(四)善用"大思政课"

各地结合地方资源优势与重大活动节点,努力上好"大思政课"。例如,北京市在成立学校思想政治工作中心、大中小学思政课一体化建设实践研究基地,加快建设"沉浸式"思政课课程群的同时,联合国家大剧院、中国电影博物馆等,打造"剧院里的思政课""电影中的党史课"等特色课程,深挖文艺作品中蕴含的育人资源;在北大红楼、首都博物馆等建立"大思政课"实践教学基地,用好红色资源、赓续红色血脉,引导学生厚植爱党报国情怀。此外,注重建立健全在服务保障党和国家重大活动中开展思想政治教育工作的长效机制,如组织师生积极参与新中国成立70周年庆祝活动、中国共产党

---

❶ 广东省聚焦发挥立德树人关键课程作用 积极推进大中小学思政课一体化建设 [EB/OL].(2023-11-28) [2023-04-27]. http://www.moe.gov.cn/jyb_sjzl/s3165/202311/t20231128_1092412.html.

❷ 上海以"五个统筹"推进大中小学思政课一体化建设 [EB/OL]. (2019-11-14) [2023-04-26]. http://edu.sh.gov.cn/jyzt_shjg_zgkx/20191114/0015-xw_103813.html.

❸ 新疆昌吉州实施"一十百千"工程 大力推进大中小学思政课一体化建设 [EB/OL]. (2022-12-09) [2024-08-20]. http://www.moe.gov.cn/jyb_sjzl/s3165/202212/t20221228_1036755.html.

成立100周年庆祝活动，组织师生参与北京冬奥会、冬残奥会志愿服务和开闭幕式演出等，实施弘扬北京冬奥精神行动计划，用好用活"冬奥教材"，同上"冰雪上的思政课"。❶

甘肃省在全省建成"红色基因研究中心"53个、"红色基因传承基地"477个，在大中小学组织实施"红色基因传承行动"。将全省红色文化育人实践基地免费向大中小学生开放，鼓励有条件的学校与相关基地建立长效合作机制，推动资源共建共享，举办全省大中小学思政课师生"线下重走长征路"等实践研学活动，推动思政小课堂与社会大课堂紧密结合。❷

山西省晋中市坚持"行走的思政课"实践育人导向，在全市创建"大思政课"实践教学基地32个。"一校一策"组织千余名中小学生走进山西农业大学黄河农耕文明博物馆等高校场馆开展思政课实践教学，设计了"跟着总书记的脚步去研学""优秀文化我传承""青山绿水我参与""乡村振兴我体悟""科技创新我助力"等思政主题教学线路，研发系列思政实践课，使学生在行走的思政课堂中学思践悟，知行合一。

上海市在统筹课内课外、强化实践育人方面，面向高中生建立近2000个学生社会实践基地，常年提供约72万个实践岗位。❸

二、中小学开展思想政治教育的典型案例

案例一：北京市海淀区民族小学将社会主义核心价值观融入学校思政教育一体化建设的实践探索

社会主义核心价值观融合国家层面的价值目标、社会层面的价值取向和个人层面的价值准则为一体，是社会主义核心价值体系的根本内核和高度凝

---

❶ 北京市深入实施"时代新人铸魂工程"——2023年全国教育工作会议经验交流之一［EB/OL］.（2023-03-07）［2024-08-20］. http：//www.moe.gov.cn/jyb_sjzl/s3165/202303/t20230331_1053725.html.

❷ 甘肃省系统谋划、创新机制 积极推进大中小学思政课一体化建设［EB/OL］.（2022-11-25）［2024-08-23］. http：//www.moe.gov.cn/jyb_sjzl/s3165/202211/t20221125_1003045.html.

❸ 上海以"五个统筹"推进大中小学思政课一体化建设［EB/OL］.（2019-11-14）［2023-04-26］. http：//edu.sh.gov.cn/jyzt_shjg_zgkx/20191114/0015-xw_103813.html.

练，是立德树人的价值根据和价值标准。2014年习近平总书记在参加北京市海淀区民族小学庆祝"六一"国际儿童节活动时指出，"少年儿童如何培育和践行社会主义核心价值观呢？应该同成年人不一样，要适应少年儿童的年龄和特点，主要是要做到记住要求、心有榜样、从小做起、接受帮助"❶。这四点不仅是总书记对少年儿童的殷切希望，也是学校在少年儿童中培育和践行社会主义核心价值观的重要途径和方法。学校遵循习近平总书记"十六字要求"，深入开展社会主义核心价值观教育并形成特色，主动探索，不断总结，开拓方法。

（一）明确目标体系

在一体化建设的背景下，学校不断提高师生对社会主义核心价值观教育的重视程度，加强对与相邻学段学校衔接的合作探究意识，努力打造一体化教育团队。学校结合深厚的文化底蕴和特色办学理念，深入领悟社会主义核心价值观内涵，以清华大学石中英教授带领团队研制的三维度四学段目标体系❷为依据，将义务教育阶段划分为小学低段、小学高段、初中学段三个阶段，在此基础上，构建了符合学校情况的三维度三学段目标体系（见表8-1）。

表8-1 三维度三学段目标体系

目标维度	学段		
	小学低段（1—3年级）	小学高段（4—6年级）	初中学段（7—9年级）
认知与理解领域	能够记住"富强"等核心价值观，了解其中的含义；掌握相关的词语和成语；了解"富强"等核心价值观的重要性	了解"富强"等核心价值观有关的名言名篇和基本含义；举例说明相关核心价值观的情况；初步理解自身与核心价值观的关系	了解"富强"等核心价值观的深刻内涵；理解核心价值观内涵中的辩证关系；熟悉历史上以及现在相关核心价值观的落实情况

---

❶ 习近平. 从小积极培育和践行社会主义核心价值观——在北京市海淀区民族小学主持召开座谈会时的讲话［EB/OL］.（2014-05-30）［2024-08-20］. http://money.163.com/14/0530/23/9THG8QQQ00254TI5.html.

❷ 石中英. 价值观教育的阶梯——北京市中小学校社会主义核心价值观教育阶段性目标框架研制［J］. 人民教育，2019（24）：31-41.

续表

目标维度	学段		
	小学低段（1—3 年级）	小学高段（4—6 年级）	初中学段（7—9 年级）
情感与体验领域	积极通过体验活动，体会相关的感受；认同并体会获得的愉悦感；赞赏遵守核心价值观的人和事	积极通过各种方式了解核心价值观相关的故事与情况；体验落实核心价值观带来的感受；产生培养核心价值观的积极情感	认同并赞赏践行核心价值观的人和事；体验学校、家庭、社会中践行核心价值观带来的感受；形成从我做起的责任感
意愿与行动领域	愿意遵守对应的要求和规则；养成相应的行为习惯；能够做出相关的行为	能够巩固和形成相关的文明行为习惯；积极主动弘扬核心价值观倡导的美德；参加学校、家庭中相关的活动	在行动中初步形成践行核心价值观的好习惯与好品质；组织并参加相关的实践活动；学会相关的技能，能够及时反思总结行为

学校作为市级大中小学思政课一体化共同体建设单位以及海淀区大中小学思政课一体化首批共同体成员单位，与中国教育科学院、北京交通大学附属中学、育英中学相对接。在达成共识的基础上共同探讨跨学段社会主义核心价值观教育一体化目标体系。坚持立德树人根本任务的总目标，确保各学段之间社会主义核心价值观教育目标的一致性，将社会主义核心价值观课程内容贯穿于教育的始终。

（二）丰富课程内容与资源

习近平总书记在北京大学师生座谈会上的讲话中强调，"核心价值观的养成绝非一日之功，要坚持由易到难、由近及远，努力把核心价值观的要求变成日常的行为准则，进而形成自觉奉行的信念理念"❶。

1. 完善主题教育课程内容

课程是落实社会主义核心价值观教育的主要载体，学校把"十六字要求"作为在少年儿童中培育和践行社会主义核心价值观的重要途径和方法。学校不仅将社会主义核心价值观内容纳入每周两节的品德与生活课程，而且通过

---

❶ 习近平在北京大学师生座谈会上的讲话（全文）[EB/OL]. (2014-05-04) [2024-05-09]. https://www.gov.cn/xinwen/2014-05/05/content_2671258.htm.

找到契合点融入各学科教学内容,将社会主义核心价值观细化落实到各学科的教学目标之中,融入校本教材编写、教学研究、课堂教学,积极推进社会主义核心价值观进教材、进课堂、进学生头脑。学校在一体化建设的过程中紧紧围绕总目标和分解目标,以少年儿童为主体,以社会主义核心价值观以及践行"十六字"要求为主题内容,尝试构建一体化的社会主义核心价值观教育主题课程(见表8-2)。

表8-2 社会主义核心价值观"十六字"要求主题教育课程内容

内容模块	主题内容	小学低阶段	小学高阶段
记住要求 "培一心" 着实底色	我是校园主人 习书修文,传民族文化基因	《弟子规》 校园文化我知晓 我的班级我做主 创编社会主义核心价值童谣诵读	美丽校园我爱护 我的学校我做主 总书记和我们的校训 创编社会主义核心价值观歌曲
心有榜样 "养三气" 见贤思齐	树榜样学榜样做榜样 我是合格小公民	升旗仪式主题课程 感动学校人物 向身边的榜样学习 "六个一"	向社会精英学习 党史学习主题课程 争当"小博士" 理想信念课程
从我做起 "融七树" 弘毅致远	红领巾相约中国梦 我是非遗传承人 绿色环保课程 一亩方田 做最好的我	今天我入队,争当好队员 社会主义核心价值观宣传员 我的中国梦 中轴线上的思政课 垃圾分类种植劳动课程	我的成长我规划 社会主义核心价值观讲解员 传承中国精神 立德修身课程
接受帮助 "强九能" 琢玉成器	品读经典,学养身心 民族团结多元实践课程	乐诵经典古诗闯关 爱心义卖石榴课程 乐园游戏讲规则 苗苗成长课程 同上一节队会	学习互助小组 模拟联合国 编演"道德小品" 挫折教育 民族团结手拉手

学校结合"十六字"要求和学校的特色将社会主义核心价值观主题教育课程内容维度划分为四个维度,分别为"培一心""养三气""融七树""强九能"。根据学生的成长特点与规律,在小学阶段初步分为两学段进行设置,做到"递进式"有机衔接,做好课程内容的遴选和排序,完成好教育一体化的接力,同向同行,形成协同效应。比如,学校低学段开展"六个一"工程,将社会主义核心价值观教育融入每一个学生的学习和生活当中。古诗文诵读

考段活动，学生自主背诵古诗文，参与考段的闯关挑战，在传承经典的同时，得到精神的引领，从中受到教育。高年级师生共同编写《民族团结教育系列校本教材》，课程与活动相结合，将民族团结教育深深地植根于学生的心里。

2. 课程思政与思政课程相结合

以社会主义核心价值观为引领，找准社会主义核心价值观与学科教学的切入点、融入点，结合各个学科特征将学校的课程思政与思政课程相结合，才能实现全方位培育学生价值观与关键品格素养、提升学科教师价值观教育意识与能力。就爱国主题学习而言，小学低学段的学生唱爱国歌曲、朗诵爱国诗歌，学习国旗国徽的形状所包含的爱国元素，听爱国故事，参加入队活动；小学高学段的学生参与爱国主题教育的升旗仪式，阅读并分享爱国主题内容的儿童读物、教辅读物、爱国榜样故事；中学阶段的学习主要来自语文、道德与法治、历史等课程。显性和隐性途径相结合可以增强社会主义核心价值观教育的亲和力、感染力与吸引力，形成课程思政协同效应。

3. 挖掘校内资源

学校非常注重发挥社会主义核心价值观对学生潜移默化的作用，不仅不断丰富教学内容，创新教学方式，还建立校史馆和"习思堂"纪念馆，作为学校固定的社会主义核心价值观宣传阵地，增强社会主义核心价值观教育的吸引力和感染力。同时，学校还充分利用板报、橱窗、电子屏、广播电视台等校园传统媒体与学校网站、微信公众号等新媒体，宣传社会主义核心价值观24字的内容和践行社会主义核心价值观16字的要求，学生时时处处都能看到楹联石刻、名言警句，感受文化熏陶。此外，师生共同编写并出演原创校园剧《做最好的我》，撰写社会主义核心价值观读本故事，如《社会主义核心价值观童谣集》，以及梳理出百年来国家、社会、学校层面的百名榜样，编写《心有榜样》一书等。学生通过绘画、文字和语言形象地表达自身在学习和生活中对社会主义价值观的理解。例如，二年级学生创作的歌谣《生日树》："鸟儿花儿俏，我的生日已来到。讲节约，要勤劳，不再宴请买蛋糕。爸爸忙，妈妈笑，帮我一起种树苗。"经过校园内的传诵，学生都能结合所学不断地感知、理解，以达到社会主义核心价值观"记住要求"、说得出口、外化于行的目的。

（三）探索多样态实践

中小学校开展社会主义核心价值观教育，关键是要解决"融入"问题，要在目标、内容、途径、方法等方面贴近实际、贴近学生、贴近生活。❶ 在社会主义核心价值观融入教育具体学习内容的设计以及实践活动载体的选择上，要因事而化、因时而进、因势而新。在一体化建设的背景下，社会主义核心价值观教育能够深入地贯彻和落实，学校主要以任务驱动并且主动合作的方式进行，不仅要充分整合梳理目标和内容，还要积极探索实践。

1. 中小学队员同上主题队会课

少先队组织是中国特色社会主义事业的战略预备队，学校将少先队工作融入学校大思政工作格局，着力推动党、团、队育人路径相衔接、相贯通。学校充分发挥其组织优势，进行一体化社会主义核心价值观教育的实践探索，与北京交通大学附属中学合作开展小学和初中阶段"四个一"活动，即同上一堂课、同过一个儿童节、同召开一次班队会、同参与一次入党入团入队仪式。

以小学和初中的队员主动承担并开展的题为"传承伟大建党精神 争做新时代好少年"一体化主题队会课为例，队会由中小学思政教师分工协作、共研共修，设计不同学段的目标。队员们充分发挥主体作用，自选探究学习内容，确定展示方式。队会课上，小学和初中的队员们从不同层次和角度展开深入交流，分享的榜样故事丰富又真实，可以激发学生关注社会、关注国家发展的责任感，使学生从内心既认同社会主义核心价值观，又产生愿意积极践行的动力，最终产生传承中国精神的共鸣。在学校长期的实践中，少先队活动已经形成一套丰富而完整的教育内容和手段，成为少年儿童社会主义核心价值观教育的重要途径。不仅如此，在每周各中队队员们开展的主题升旗仪式上，爱国、诚信等成为升旗仪式的关键词，并且不同校区定期进行交流与展示活动，不同学段学生在党、团、队活动中实现一体化衔接。

---

❶ 石中英. 价值观教育的阶梯——北京市中小学校社会主义核心价值观教育阶段性目标框架研制 [J]. 人民教育, 2019 (24): 31-41.

2. 开展一体化主题教学

关于社会主义核心价值观教育的内容，主要包括社会主义核心价值观的整体介绍以及基本内容核心词的内涵和十六字要求的解读。全体思政课教师要对相关内容进行全面学习梳理，才能更好地深入挖掘育人资源，确定教学主题，进行一体化教学设计。例如，在北京市大中小学思政课一体化共同体建设中，学校与北京市八一学校、中国人民大学同课异构共上"北京中轴线上的大思政课"等研究课。又如，在《习近平新时代中国特色社会主义思想学生读本》小学低学段的《人无精神则不立 国无精神则不强》与小学高学段《伟大的中国梦》的学习中，教师均引入神舟十三号顺利升空这一热点时政素材，设置了不同层次的目标。通过主题明确、螺旋上升式的教学内容设计与活动设计，提高不同学段学生对社会主义核心价值观的理解与认同。

3. 组织一体化教育活动

学校将社会主义核心价值观教育融入升旗仪式教育活动、班队会实践活动、榜样评选活动、节日主题活动、校园实践活动、研究性学习等各种校内外活动和实践中，使学生获得道德体验，加深对社会主义核心价值观获得认知、理解与感受，使学生在参与和体验中促进知行合一。学校还积极与祖国边远地区的小学共同开展爱国主义教育活动、民族团结活动、书信交友活动。在活动中，学校学生将习近平总书记对全国少年儿童的嘱托和理解分享给少数民族地区的朋友。通过这一系列的主题教育活动，把社会主义核心价值观细化为贴近学生的具体要求，转化为实实在在的行动，从而让社会主义核心价值观在学生心中生根发芽。

案例二：北京市海淀区中关村第一小学以"大思政课"为引领开展德育工作的实践探索

德育是构建德智体美劳全面培养的教育体系的重要组成部分，在落实立德树人、培育时代新人中发挥着举足轻重的作用。《教育部关于进一步加强新时代中小学思政课建设的意见》中强调，注重学段衔接，完善大中小学思想政治教育体系；注重相互配合，充分发挥思政课和各类课程的育人功能。北京市海淀区中关村第一小学秉承"自主发展，主动适应，自我超越"的办学理念，坚持"五育并举"，以学生的全面发展为根本，立德、立志、立行、立人，着力培养会学习、懂生活、敢负责、善合作的一小学子。基于这样的理念和目标，遵循学生成长规律，结合学校实际情况，以"大思政课"为引领，推进学校德育工作创新发展。

（一）关注阶段衔接，纵向促进学生品德发展

在实践中，学校注重把握小学生发展的规律和特点，特别关注起始年级和毕业年级的衔接，以及不同年段学生发展的进阶，做好思政课的纵向衔接。

1. 多举措共渡幼小衔接期

为了帮助一年级新生顺利度过幼小衔接期，教师在调查一年级新生及家长需求的基础上，编制新生家长手册、召开家长会、开展家访，使家长了解学校，了解一年级学习生活的安排以及学生行为习惯养成的重点，缓解家长的焦虑。针对一年级学生开展常规养成入学培训，举行欢迎仪式，帮助学生尽快适应小学生活。

2. 毕业课程助力自主成长

针对小学与中学教育内容相脱节导致六年级学生面对小初转变时被动盲目、发展目标不清晰、发展动力不足的问题，学校开设校本课程——六年级毕业课程。"曾经的我们"版块中班主任引导学生梳理、总结自我和班级六年来的成长，认识发现自我的成长与收获，并为同伴、老师、学校、家长和社区做一件有意义的事；"明天的我们"版块中学校带领学生走进中学，邀请中学特级教师来学校开设讲座，引导学生对比研究中小学学习生活的异同；"未来的我们"版块中，各学科教师指导学生开展项目学习，引导学生完整经历科学研究过程，并举办班级、校级的项目学习成果发布会，提供师生、生生、家校交流互动的平台。

3. 以活动实现低中高年段有效衔接

学校借助丰富精彩的校园活动探索低中高不同年段有效衔接的育人方法途径。例如，学校2022年举办的"挑战天下——太空环游记"科技节中，为不同年段学生分别设计符合其认知特点及德育发展目标的活动。主题巡游中，

低中高年段的主题分别对应我国载人航天"三步走"发展战略，一、二年级是"飞向太空"，三、四年级是"太空漫步"，五、六年级是"太空基地"，活动的目的虽然都是锻炼学生的设计操作能力、创造力和团队合作力，但不同年段侧重不同：低年段重在点燃学生兴趣，激起他们对航天的好奇心和向往；中年段强调合作，引导学生感受集体智慧、共同创造的力量；鼓励高年段学生用科学知识解决实际问题，激发他们深入思考、不断探究的自主性，引发他们对未来职业的初步规划。在科技节当天，所有学生会带着自己作品在校园中巡游展示，不同年段的学生又可以在交流碰撞中互相欣赏，互相学习。

（二）筑牢课堂主阵地，启智润心育学子

小学阶段，"道德与法治"课程是思政课建设的主阵地，有效发挥沟通心灵、启智润心、激扬斗志的重要育人作用。学校课程体系中，设有道德与公益领域，突出体现学生公民素养的形成和发展学生热心公益事业的意识，包括"道德与法治""心理健康教育"等课程。学校借助"同上一堂课"录制、海淀区"世纪杯"教学展示活动等契机，开展"道德与法治"课程集体教研，在备课中研究，在研究中改进，不断提升课堂教学质量及道德与法治学科教师的专业素养。

在备赛"世纪杯"过程中，道德与法治学科教研团队聚焦四年级上册第二单元《爸爸妈妈多辛苦》一课，在解读新课标要求的基础上，反复研磨课堂教学，提升道德与法治课堂实效。课前，为了整体了解学生对于爸爸妈妈辛苦的感知情况，针对全体四年级学生展开问卷调查。调查发现，20%的学生对于家长在家和在工作中的辛苦付出缺少了解，认为父母并不辛苦。为此，教研团队设计学习单，引导学生细致观察父母的一日生活，用文字、绘画、照片等多种方式记录，并与自己的一日生活进行对比，真正走进父母，体察他们为家庭的无私付出。通过指导学生和父母去上一天班、调查父母上班距离、访谈父母工作中的难题与收获等活动，加深对父母工作情况的了解，感受父母为社会发展作出的贡献。在此基础上感恩父母的辛苦付出，以实际行动敬老爱亲。

在教研中，道德与法治学科的教师们对课程目标、课程内容与课程形式均有了更深入的把握，在教学设计中基于学情、回归生活、活动串联，最终提升学生认知，充分发挥本课程启智润心的价值与作用。

（三）开展特色活动，丰富"大思政课"内涵

在内容丰富、形式多样的校园特色活动中自然渗透德育，有助于在潜移默化中浸润学生的身心，同时也拓展了"大思政课"的内涵。

1. 加强少先队建设，培养新时代好少年

组织教育、自主教育和实践教育相统一的教育形式，是少先队独特的教育优势，学校借助少先队活动的优势，加强阵地建设，培养时代好少年。红领巾广播站是少先队宣传教育的重要阵地。学校通过公开招募广播员，结合队员的真实需求和建议，每周设立五个版块，分栏目播报感动葵园❶的人物，介绍中国优秀的传统文化和先进的科技知识，朗读队员们优秀的习作，并特设"小葵花心语"栏目，指导队员用正确的方式疏导情绪，应对同伴交往，培养积极心理品质。为了更加丰富广播内容和形式，学校还设立了"红领巾记者站"，通过"微访谈"，将辅导员、任课教师、保安、后勤人员，以及优秀队员等学校可能的育人对象邀请到广播站，以独特的视角、真诚的讲述，达到教育目的，并以此营造出浓厚的少先队文化氛围，引领队员们在积极参与广播站活动中提升自我，并获得自主教育的成就感。

升旗仪式是连续性、定期性的少先队实践活动，是组织教育少先队员的重要契机。升旗仪式每周由一个中队全体队员主持，以重大节日、纪念日或荣誉时刻为主要依托，始终将传承红色基因、赓续红色血脉融入升旗主题，如"喜迎二十大"系列主题升旗仪式"献礼国庆：赓续中华文脉　坚定文化自信""传承红色基因，争做先锋少年"等，并将每个中队践行升旗主题的实际行动和好的做法融入其中，从而引导学生始终把远大的理想信念放在心中，形成良好的道德观念，提高综合素质，并将知道的积极转化为实际行动。

2. 建设样态丰富的心理课程活动，培养学生积极心理品质

学校明确心理健康教育在课程实施中的地位，将其纳入学校课程体系，

---

❶　葵园：因中关村第一小学的校花为葵花，因此大家亲切地称学校为葵园。

针对不同年段学生特点开设特色课程。1、2年级学生开展学习与适应为主的融合心理班会，3—5年级开展心理社团活动、心理选修课，5、6年级开展心理航程心理课，以符合学生特点的方式增强学生的自我接纳度、班级归属感、学校认同感，从而提高学生的积极品质。

学校每年开展心理活动月活动，每学期以积极团体辅导的形式开展心理社团活动，针对5、6年级心理委员开展"心理航程拓展学院"的培养活动，每周围绕积极心理主题开展"小葵花心语"校园采访与广播活动。申请市级课题开展"培养小学生积极心理品质的班级团体辅导行动研究"，在中高低学段分别以"友善、勇气"两大积极心理品质开展团体班会活动。

3. 创设劳动志愿岗，开展自助式劳动教育

劳动作为社会实践活动，对人的全面发展具有不可替代的重要作用。"劳动能给人以欢乐，充实人的精神生活，因为劳动是一种创造，在劳动中所展示的人的能力、禀赋和天才能够确立人的尊严感。"[1] 基于这样的理念，创设校园劳动志愿岗。

志愿岗的所有岗位均由学生自主创设，即学生主动发现校园中需要清洁养护的公共区域和设施，以班级为单位自愿申报，填写岗位申报表，明确参与志愿岗位的负责人、人员分工、服务时间和岗位职责，有计划地开展校园志愿劳动服务。例如，二年级的学生申请了"花坛种植"志愿岗，在科学老师、数学老师和班主任的指导下，围绕"种什么""怎么种"，综合运用科学课中"植物"单元知识、数学知识等，完成花坛种植研究报告，并根据计划分工合作管理着小小的试验田。通过这些活动提升问题解决能力。

（四）创新评价形式，以评价促学生道德成长

评价是"大思政课"中的重要一环，学校"大德育评价机制"以学生为主体，使学生成为评价的主人，包括三个层次：第一，学生知道评价标准，明确努力方向，在学习与生活过程中，实现自我监控调整；第二，学生认同评价标准，好的评价需要学生发自内心的认同，使学生自发主动地向目标努

---

[1] 苏霍姆林斯基. 关于全面发展教育的问题 [M]. 长沙：湖南教育出版社，1984：22.

力；第三，学生参与评价标准的制定，学生是学习和成长的主体，学生能够参与评价标准的制定，有助于树立"学习主体""主人翁"的意识，实现主动学习、自主成长。

1. "葵园之星"：扬个性，展优长

在校级评价层面，学校确立了"葵园之星"的评选活动，激励学生在不同领域做最好的我，最大限度地展现评价的包容性与创造性。"葵园之星"面向所有学生，评选涵盖学生校园生活的方方面面，同时重视学生在家庭、社区、社会中的表现。其中，校园生活包含：（1）品格优秀、热爱祖国、尊敬师长、团结同学、善于合作与分享；（2）学习兴趣、学习态度、学习方法、学习成就；（3）在某一学科中有突出表现；（4）在学校活动中有突出表现；（5）在学校社团活动中有突出表现；（6）其他值得表彰的情况。"葵园之星"的评选采用学校推荐、班主任推荐、科任教师推荐和自我推荐等多种方法相结合，利用升旗仪式国旗下颁奖环节、葵园广播、期末表彰等多渠道，进行班级、年级、校级不同层面的表扬，以提升学生的自信心、荣誉感、自我认同感，充分发挥评价对学生发展的促进作用。

2. "葵园评价卡"：五育举，形式新

学校还努力创新评价形式，坚持五育并举，突出评价的过程性、增值性。以"尚礼明德、自主善学、健康乐群、求真崇美、开放创新"的学生核心素养为基础，设计德、智、体、美、劳和创新评价卡，获得一定数量的单项评价卡后可以兑换英才评价卡，且每张评价卡上的图案均由学生自主设计。

"葵园卡"系统在校园中受到热烈的欢迎，教师发放"葵园卡"表彰优秀的学生，学校发放"葵园卡"表彰优秀的学生和班级；学生得到"葵园卡"后体会不同的支配方式，为此，学校建立了以葵园评价卡为中心的流通机制，通过葵园少年发展银行、葵园便利店、葵园少年体验中心实现葵园评价卡的存储与流通，并连接葵园评价卡与校园活动，如集够一定数量的葵园评价卡可以做一次升旗仪式的主持人、做一次升旗手或护旗手、做一次广播员、做一次文化小使者、做一次校园文化观察团成员、做一次志愿者、做一次校报编辑等。使学校的德育评价在形式和内容上得到了有机的统一，评价本身也成为一种高效的育人途径。可以说，葵园德育评价卡系统引导校园评价高效、有序、持久开展。

（五）强化协同育人，形成"四位一体"大思政课堂

"大思政课"体系建设基于学校，又超越学校，应注意把学校、家庭、社会、政府的力量结合起来，形成横向贯通的大思政课堂。

1. 拓宽育人边界，成立葵园家校教育共同体

学校充分发挥地处中关村高科技核心地带的优势，利用周边科研院所资源，打破校园的"围墙"，从培养社会人的角度出发，发掘家长的智力资源，成立了中关村一小葵园家长导师团，包括科学家在内的各个领域的优秀人才，一起走进中关村一小的课堂，走到学生中间。家校合作共同研发"跟爸爸妈妈看社会""科学家课程""葵园·有约""毕业课程设计"等一系列精品课程，从不同领域为学生传递新奇的知识，带来更加丰富的学习体验。

例如，开学典礼中请院士为学生上开学第一课，使学生近距离感受科学家精神；聘请中科院等多个科研院所的科学家开设"神奇的物理学"等可选择课程，丰富课程供给；科技节邀请科学院所和科学类机构进校开设几十个互动展示项目，使学生充分感受科学的魅力。学校还带领学生走出校园，走进社会大课堂，在综合实践活动中提升素养：走进周边科研院所，亲身感受科学家精神；在中国农业大学参观科技种植园，感受最新农业发展成果；参与社区"一米花园"的卫生清洁与植物养护，学会珍惜劳动成果，爱护身边环境。

2. 以研促教，聚力前行

学校借助政府资源，聘请中国教科院专家教授担任学校科研副校长，每周定期进校指导，帮助教师提升育人能力和科研水平。在专家指导下，学校德育团队立项北京市教育科学"十四五"规划课题"培养小学生积极心理品质的班级团体辅导行动研究"并开展研究，经过反复研究打磨，形成《这就是勇气的滋味》《拉近心距离》《好好说话》等优质课例，提升了班级团体辅导的课程品质。在政府的支持下，与周边中科院第三幼儿园形成研修共同体，通过主题讲座、专题直播、实地参观、"大手拉小手"活动等形式，共同开展幼小衔接相关研究。同时，学校密切与大中小学的联系，聘请各校专家教师

就道德与法治新课程标准解读、德育理论研究、德育梯队建设等主题开设讲座培训，提升学校教师实施"大思政课"的意识和素养。

案例三：重庆市九龙坡区九龙小学"大思政课"建设的实践探索

思政课是落实立德树人根本任务的重要课程，是贯彻党的教育方针，落实立德树人根本任务，发展学生素质教育，落实解决好"培养什么人？怎样培养人？为谁培养人？谁来培养人？"这一系列问题的体现。党的二十大报告也强调：用社会主义核心价值观铸魂育人，完善思想政治工作体系，推进大中小学思想政治教育一体化建设。实践中，重庆市九龙坡区九龙小学围绕"大思政课"建设开展积极探索。

（一）强化党建统领，赋能大思政课建设

一是强化党的领导。学校党支部委员会坚持党建统领思想政治教育、思政课程改革、思政课程教学改革、思政课程与课程思政协同育人，致力于提高全体教师育人能力、健全思政课评价考核机制等方面精细安排，形成党建工作与教学工作互为融合、互为渗透、互为促进的良好局面。二是加强阵地建设。坚持推行"党建+思政"，组建以学校党支部书记为组长，以思政、语文、党员和班主任教师为成员的工作小组，引领带动全校全面推进思政课改革。同时，完善党组织领导下的校长负责制，以支部标准化、规范化建设为抓手统揽思政课改革，建立党支部统一领导、部门分工负责、党员教师协同参与的责任体系，让党支部班子成员和党员干部教师成为加强思政课改革建设的主力军。三是坚定政治方向。践行社会主义核心价值观，深化"党建统领促教育、教书育人争先锋"主题活动，把全面从严治党的要求始终贯穿于教学工作中，推动习近平新时代中国特色社会主义思想进校园、进课堂、进头脑。四是做实示范引领。坚持立德树人根本任务，以高质量党建统领学校教育事业高质量发展，建立党组织领导、党政相互配合、中心齐抓共管的思政工作领导体系。学校党政一把手每学期面向全体师生讲授"大思政课"，校级班子带头走进课堂，带头推进思政课建设，带头联系思政课教师。学校党

支部定期召开思政工作专题会议，系统谋划及推动问题解决，促进全校师生综合素养得到提高。五是突出党团员教师引领。重视教师思想政治工作。将党员、团员分成四个小组，成立党员小分队，开展"三亮一争先"等活动，把党性锤炼与岗位锻炼相结合，引导党员教师发挥先锋模范带头作用。开展党团员志愿服务。成立志愿小分队，纵深推进家校社共育。探索开展"云上思政"。全体党员、团员、积极分子依托"学习强国""教育云平台"等学习平台，通过微视频、微党课、网上答题等形式讲活党史故事、用活红色资源，汇聚网络正能量，唱响育人主旋律。

（二）强化协同创新，构建"大思政"育人格局

1. 思政课与课程思政同向同行

一是加强师资队伍建设。思政课改革关键在教师队伍，学校把争做优秀党员和"四有"好老师作为思政课教师队伍的建设核心。坚持"培、练、评"融合，以"储备、培育、提高"的思路，组建一支由党支部书记牵头的磨课团，就"如何提高教育教学质量"和"如何上好思政课"进行磨课培训。通过"走出去、请进来"培养和开展思政课教师"大练兵"活动。实行思政课教师综合素养考评，建立校级思政教师资源库，培养校级思政课骨干教师，形成一支会做思想政治工作的骨干队伍。此外，围绕新课程、新课标、新教材、新课改进行一体化备课、授课、听评课、赛课，通过打造思政课"名优工作室"结对共建等方式，不断优化、扩大优秀师资队伍。

二是创新思政课课堂教学模式。鼓励教师从教学目标定位、教学内容的确定、教学形式的取舍、教学策略的形成、教学手段的运用、教学效果的预期、教学评价等方面着手，探索思政课堂教学模式，同步建立相应激励制度，设立思政课教学研究专项，开展以赛促研、以研促教、优秀示范课巡讲等活动，形成思政教学模式的长效机制。

三是深度挖掘其他课程的"思政元素"。鼓励学科教师结合课程的特点，找准"思政内容"与各学科的契合点，挖掘其中所蕴含的使命感、责任感、爱国精神、奋斗精神、开拓创新精神等思想政治教育元素，并及时将国家的重大方针政策和国内外影响较大的时事引进课堂，密切教学内容与现实生活

的联系，开展课程思政，确保教育教学内容鲜活、有吸引力，使各类课与思政课同向而行。

2. 创新思政主题教育

一是丰富思政主题教育活动内容。为了促进学生的思政教育，落实社会主义核心价值观教育目标，学校开发了满足学生发展需要的思政课、道德与法治课校本课程，并丰富思政主题教育活动内容。如爱国教育、法治教育、心理健康教育、良好习惯养成教育、文明礼仪教育、爱校爱家乡教育、安全教育等。学校还认真组织思政校本课程的实施，利用国旗下的讲话、道德与法治课、社会实践活动、学校专题教育不断丰富思政主题教育活动内容。二是创新思政主题教育活动形式。例如，开展讲述革命领袖、革命英雄事迹故事，合唱革命歌曲等活动。将思想政治教育"小课堂"与社会"大课堂"结合起来，通过利用红色文化教育实践基地、社会大课堂实践中心开展活动，让红色资源"活"起来。将中华优秀传统文化融入小学生思政教育，在学校微信公众号推送学生诵读作品，引导学生传承和弘扬中华优秀传统文化。

3. 加强家校社企联动

通过完善家校委员会工作机制，开展家长学堂、家长讲坛等一系列家长培训活动加强家校合作。持续开展家长进课堂活动，利用家长职业特性或自身特长，走进学校，为学生上一堂有教育意义的主题课。挖掘社区教育场馆资源，形成校社联动教育场域网点，组织学生参与社区、其他行政部门的思政活动，如垃圾分类志愿者活动、普法宣传活动、创文创卫活动等，让学生在活动中开阔视野，增长见识。

（三）强化考核评价，牵引"大思政"持续发展

1. 创新思政课教师的评价机制

一是通过师德演讲、学身边的榜样等活动进行师德教育，并以过程性评价与终结性评价相结合，健全学生、家长、教师和社会共同参与的评价机制，将以德育人、以德立身作为教师评价的首要标准之一。二是通过多层次培优计划、多维度教师发展评价体系，全方位指引教师将自身发展与学校发展紧

密结合。三是针对青年教师的不同实际,确立每位教师各有特长的专业发展。

2. 完善学生评价系统

从小学低年级段简单的行为规范自评,到中年级段的思想道德认知,再到高年级段对理想信念践行的反思,循序渐进引导学生成为思政课评价的真正参与者。一是文明行为可视化。例如,结合一、二年级学生行为规范,建构一日生活图谱。将校园生活的方方面面以图、视频的形式呈现,帮助学生建立规范。二是学生成长个性化。学校提出"给热爱以舞台,让人人都出彩"。学生每学期至少1次站上校级舞台。让每一个人都成为学校文化的主体,在传承、浸润文化的同时彰显文化自信,如利用表演、双语解说、美术绘画等形式介绍自己的学校。三是评价机制系统化。以"科技+"融合发展拓宽学生创新思维的评价机制。例如,通过"科技+环境",打造思政主题教育体验基地;通过"科技+课程",建构"萌芽—育苗—强木—成林"科创课程体系,培养学生科创能力;通过"科技+五育",追求尊重差异、全面发展的课堂。

案例四:辽宁省大连市庄河市实验小学多维推进思政教育的实践探索

小学生正处在基本的道德品质和行为习惯的启蒙养成阶段,抓住时机开展思想政治教育工作,培塑信念、养育品德、健全人格十分关键,也十分必要。辽宁省大连市庄河市实验小学在"实施自主发展教育,为学生终身发展奠基"办学理念的引领下,努力探索思政教育的新途径、新方法,把思政教育与学校发展、课程体系、实践活动等融为一体,从"自主养德"教育入手,全力做好思政教育大工程。

(一)学校文化引领思政教育扬帆远航

学校以立德树人为根本任务,秉承"实施自主发展教育,为学生终身发展奠基"的办学理念,实行"1+5"特色育人模式,"1"即自主管理,"5"即自主养德、自主学习、自主健体、自主尚艺、自主劳动,而"自主养德"教育是实现学生健康全面自主发展的基石。

围绕学校的办学理念，构建了能彰显育人理念的文化氛围，班室文化、走廊文化、墙壁文化、屏幕文化、网络文化"五位一体"，真正达到文化育人的目的。学校文化墙解读了学校精神力系统（办学理念、育人目标、校训、校风、教风、学风以及校徽等），展示了学校的百年历史沿革发展历程，展现了学校"多彩自主星"光荣榜，真实形象的墙体文化让学校的每一分子抬眼就能看到奋斗的目标，低头就能找到努力的方向。学校还成立了校园文化解说小组，轮流为同学们和来校的客人解读学校文化。书法小组和绘画小组学生的优秀作品装裱出百余幅在学校走廊进行展示，以榜样的力量展示学校自主发展的成果，从他们身上汲取勇争上游的正能量。学校力争让每一面墙、每一个角落都会说话，构建了丰富有内涵的校园文化，一砖一瓦默默无言，却无声地引领着全校师生的一言一行，鼓励师生自强自信，"会做人、会学习、会锻炼、会欣赏"，做最好的自己。每个班级门口都有班级风采栏，这是由班级全体师生共同参与、设计制作的班级名片。各班同学都能解说班级风采栏的整体构思布局和积极的寓意。

学校不断推进网络文化建设，2017年创建了学校微信公众平台，随后开播了视频号，并创建了特色栏目《百家小讲坛》，现在已经有历史人物、与诗为友、魅力阅读、秀家乡、英雄故事等十三个话题，这里成为同学们自主发展的舞台，更是为学校思政教育打造了一个不可或缺的宣传平台。

（二）教师专业发展促思政教育扎实推进

办好思想政治理论课关键在教师。在"自主发展教育"办学理念引领下，学校实践探索出"目标引领、学习为先、互助为主、评价保障"的"跟进式"教师专业发展模式，极大地促进了教师的自主发展。学校通过教师制定《个人三年发展规划》，组织开展班主任工作经验交流会、自主养德班队课观摩会、道德与法治课堂教学观摩会、小课题阶段成果汇报会等形式加大对青年教师的培养力度；依托个人研修、组级研修、校级研修、互助网研修的"四位一体"研修模式，夯实教师成长基石。此外，每学期会隆重举行"最美实小教师"宣讲活动，让老师们用美的行为感染行为，用美的心灵碰撞心灵，促进专业发展。

学校坚持科研兴校。通过小学生自主管理教育实践研究、小学生自主养德教育实践研究、大中小学思想政治教育一体化小学实践基地校建设研究等系列课题研究，助推教师专业发展和学校思政教育质量不断提升。

（三）融合实践让思政教育落地生根

1. 思政教育与课程融合

思政教师不能照本宣科，要有问题导向。学校专任教师努力构建"学习者课堂"模式，丰富学生的情感体验，提升思政教育的亲和力和针对性，还利用和创造一切教育场景，在学生的感动点、醒悟点、分歧点、困惑点、矛盾点等节点上展开"自主养德"教育，引导学生形成爱党、爱国、爱社会主义、爱人民、爱集体的思想情感。"道德与法治"课教师还重视指导学生写"道德日记"，使学生在明理的基础上反思自己的言行、讨论社会的现象，形成积极向上的舆论导向，让自主养德成为学生自觉的习惯。

课程是教育实施的主要抓手，教师们不但注重思政学科的育人功能，也注意通过其他学科渗透思政教育。同时，学校组织编写了自主养德校本课程教材《实验小学学生行为规范篇》和《实验小学岗位责任制篇》，开设了思政专题校本课程，如红崖故事、古诗词赏析、剪纸、书法、陶艺、京剧等，使思政教育焕发生命活力。

2. 思政教育与实践活动融合

学校以"践行《中小学生守则》、争做美德好少年"为自主养德活动的主旨，在学生人生的"拔节孕穗期"给予精心引导和栽培，以小活动构建思政教育的大舞台。

学校注重引导学生主动地去做有道德的事情。在校内，开展"日行一善"活动，引导学生每天为他人、为班级、为学校做一件好事；在校外，引导和教育学生安全、文明乘坐公交车；在家里，开展"日行一孝"活动，引导学生自己能做的事情自己做，做力所能及的家务、为父母洗脚端茶等，让同学们在细微的小事中体谅长辈的辛苦，从细微的小事做起感恩长辈，使文明、感恩、勤劳、节俭的道德种子在活动实践中开花结果、落地生根。

学校注重结合重大节日、纪念日开展主题教育实践活动。如在雷锋纪念日,宣讲身边的雷锋故事、评选"新时代雷锋式好少年";在清明节,讲英雄的故事、颂英雄的诗篇;在中秋节,讲中华习俗、团圆的故事;在重阳节,宣讲敬老爱老的事迹;在国庆节,举行红色经典诗歌诵读活动、畅谈观看国庆阅兵大典的感受等。这些活动不但对学生进行了爱国主义熏陶,更使学生在实践体验中感受着民族精神,传承着优秀传统文化。此外,学校积极开展帮助残疾人、关爱孤寡老人、关注留守儿童、社区卫生清扫等志愿服务活动。这些丰富多彩的实践体验让学校的思政教育工作"活"起来,增强了学生的社会责任感和实践能力,促进了学生自主养德能力的提高。

(四)特色共育助思政教育提质增效

1. 实行岗位责任制

习惯养成重在落实,贵在坚持。为了抓细抓实抓经常,学校倡导自主管理,实行岗位责任制,各中队每个队员都有自己的岗位,如晨读小老师、楼梯监督员、取餐组长、光盘小使者、灯官、黑板美容师等,做到班级人人有事做,事事有人管,提高了队员们的自主管理能力和自主养德水平。

2. 实施育人导师制

正像世界上没有两片相同的树叶一样,生活中很难看到两个绝对相同的孩子,每个孩子都是有个性的人。因此,学校实行导师全员育人模式,每位老师包干两三名特殊群体学生,包干育人导师经常以面谈、电话、微信等方式与学生及家长沟通交流,从思想、学业、安全、心理、生活等方面去指导孩子,帮助孩子健康成长。

3. 打造家长课堂

学校采取"请进来、走出去"的方式,邀请全国知名家庭教育专家为广大家长传经送宝。定期召开家长会,有经验的家长分享交流教育子女的故事。定期推送家庭教育微课,将学习从"线下"延伸到"线上",传播教育智慧,拓宽了家庭教育的途径。以亲子共读,同过母亲节、父亲节,以及爱心义卖、志愿服务等活动,增进亲子感情,促进孩子健康成长。通过家校配合,提升了育人实效。

案例五：辽宁省大连市旅顺经济开发区中心小学思政教育一体化建设的实践探索

辽宁省大连市旅顺经济开发区中心小学现有44个教学班，近2000名学生，100余名教师。建校以来，学校以"阳光教育"为办学特色，"聚焦立德树人根本任务，践行阳光教育"，培育"全人格"阳光学生打牢基础是学校的教育主张。实践中，学校深入落实立德树人的根本任务，发挥党建引领作用，积极推进思政一体化建设，紧紧抓住课程建设一体化、队伍发展一体化和实践活动一体化，坚持"融合与创新"举措，积极探索全时空教学、全过程互动、全课程育人的模式，大中小学校形成思政育人合力，培养德智体美劳全面发展的时代新人。

（一）优化学生育人目标的顶层设计，引领思政育人大方向

在办学中，学校始终坚持"小学校办大教育，小角色融大情怀"的特色办学方向，牢记立德树人根本任务，把培养德智体美劳全面发展的阳光少年作为"阳光教育"的重要组成部分，细化阳光少年德育目标：树自律之人；树感恩之人；树自然之人；树创新之人；树担当之人；树世界之人。积极开展红领巾"争章活动"评选十佳"阳光少年"。以社会主义核心价值观为"梁"、以"六德"为"柱"、以十大培养目标为支撑、以"阳光少年"荣誉争章为梯，搭建学生道德自主建构成长"脚手架"。

（二）培育温暖互动的阳光课堂文化，抓实课堂思政育人主渠道

学校和课堂在培养人的思想政治素质、促进人的全面发展中发挥着至关重要的作用，思政课是落实立德树人根本任务的关键课程。习近平总书记2022年4月25日在中国人民大学考察时提出"思政课的本质是讲道理"的重要论断，学校在课程落实中，建强作为"内核"的思政课，将《习近平新时代中国特色社会主义思想学生读本》教学融课堂、建党精神教学融课堂、教材内容融实践，同时从"思政课程"走向"课程思政"，着力挖掘其他课程的思政元素，扎根育心育苗，为学生道德自主建构填涂阳光底色。

1. 探索"双线五环"课堂模式，以思启智

学校践行"以生为本，以思启智"的思政教学思想，形成"双线五环"的小学道德与法治课堂教学模式，"双线"是指以"问题思辨"为主线，以大单元教学为纵轴，双线推进课堂教学改革。"五环"是指道德与法治课堂教学的五个环节。导入环节：结合生活，引出问题，在疑问中渗透思辨意识；活动环节：立足重点，设计活动，在慎思中积累认知体验；思辨环节：聚焦难点，交流碰撞，在辩论中提高思辨能力；建构环节：反省内求，自我调适，在反思中重构道德认知；践行环节：实践运用，知行合一，在笃行中深化道德情感。以道德与法治课堂为主阵地，发挥其政治引领和价值引领作用，让高效课堂引领学生实现道德的自主建构。同时协同挖掘不同学科课程中蕴含的思政育人资源和元素，重构内容，创设"素养导向，德技并修"教学目标，达到各类课程与思政课"内容"与"思想"同向同行评价，形成协同效应。

2. 建立思政科研共同体，助力思政课改革创新

习近平总书记明确指出："办好思政课关键在教师。"强调广大思想政治理论课教师，政治要强、情怀要深、思维要新、视野要广、自律要严、人格要正。学校采取"骨干引领·课题主导·建立思政科研共同体"教师培养培训模式，以课题引领团队，以课题引领"大思政"教学。

学校开展党员与教师"双向导师制"活动，依托党员骨干教师领衔的省、市级两个立项课题带动校内学科教师抱团专业发展。思政团队学科教师多次参加省市区举办的《习近平新时代中国特色社会主义思想学生读本》培训、新课标新教材培训、全省雷锋学院培训、大连市中小学思政课教师高端研修班培训。通过课题引领与学科培训使教师们深刻地感受到思政教师责任重大，把思政小课堂同社会大课堂结合起来，做学生心灵深处的领路人。近年来，学校教师团队多次承担区级以上的观摩课、优质课等，思政课题研修共同体逐渐成为优秀教师成长的聚集地、教育智慧的辐射源。

(三) 创设融合育人的"童·润"主题德育课程，拓宽"大思政"育人时空

教育部印发的《全面推进"大思政课"建设的工作方案》强调，全面推

进"大思政课"建设。习近平总书记就学校思政建设指出，"'大思政课'我们要善用之，一定要跟现实结合起来"。① 学校主张打开书斋之门，直面时代、贴近生活、根植实践，开展多姿多彩、内涵丰富的德育活动课程，促进学生全面发展。

1. 实施"四体验"实践课程

学校拓宽德育课程实践渠道，设置"四体验"实践课程校外基地：建立大连重工企业、福利院、消防队、大连交通大学、海霞社区等校外研学基地，开设"游遍大学""游遍书店""游遍博物馆""游遍大连"研学旅行课程。学生走出校园，开阔视野，增强了社会责任感，在参与社会生活中逐渐完善自身道德的自主建构。

2. 实施"四季校园节日"课程

"四季校园节日"活动课程有"春之动——文体节""夏之静——读书节""秋之思——科技节""冬之品——传统文化节"，学生在校园文化节日活动中体验生活、感悟成长，实现学生道德的自主建构。

3. 实施纪念日"润礼"课程

开设母亲节、父亲节、教师节等感恩节日课程；开设春节、中秋节、端午节、清明节、重阳节等传统节日课程；开设消防宣传日、世界水日等主题教育日课程，培养有礼有序有规范、孝亲敬长守公德的有"礼"少年，让学生在传统与传承中感受家国情怀、参与社会实践，道德的自主建构也孕育其中。

4. 实施主题活动"润涵"课程

开设儿童节、新年、国庆节、开学典礼、毕业典礼等庆典课程，举办庆建党百年合唱节、"喜迎二十大红歌班班唱"展演、"喜迎二十大、奋进新征程"主题大队会等活动，培养乐于参与、善于展现的有"涵"少年，让学生乐在其中、学在其中。

---

① "'大思政课'我们要善用之，一定要跟现实结合起来"（微镜头·习近平总书记两会"下团组"·两会现场观察）[N]．人民日报，2021-03-07．

（四）搭建大中小学思政教育一体化建设平台，构筑思政育人大格局

习近平总书记在中国人民大学考察调研时提出，鼓励各地高校积极开展与中小学思政课共建，共同推动大中小学思政课一体化建设。❶ 学校作为大连市大中小学思政一体化建设联盟的牵头校，积极推进大中小学思政一体化建设，统筹规划各学段社会实践的目标设计和内容衔接，加强整体性、体现递进性、增强协同性，进一步丰富育人资源、拓展育人空间，形成协同育人格局。

1. 搭建教学平台，红色课程内容一体化

学校联手大连市第五十八中学和辽宁对外经贸学院拓展研发大思政"红色课程"，深入探索有利于生成学生"国家认同"和"社会责任"等核心素养的课程平台。

一是上好思政课。将《习近平新时代中国特色社会主义思想学生读本》教学落实到课堂，三年级和五年级6位思政课教师利用各班每周一节自习课或班会课的时间，进行读本课的教学。学校教师录制的小学高年级学生读本《伟大事业都始于梦想》一课，在大连市小学道德与法治研训活动中进行了展示；辽宁对外经贸学院教授在学雷锋活动日为中小学生上了精彩的思政课"喜迎二十大，筑牢中国梦"，从什么是中国梦、小小少年如何从传承红色基因、努力刻苦学习、树立远大志向几个方面追梦，激励学生将习近平新时代中国特色社会主义思想付诸实际行动，将来成为国之栋梁。二是上好升旗课。以每周的升旗仪式和国旗下讲话作为爱国主义教育契机，大中小学生同升国旗，共唱国歌，庄严宣誓，同台在国旗下讲话，简约的朗诵、誓词慢慢内化为师生的自觉意识，外显为优秀行为习惯。三是上好仪式课。通过大中小学的入学仪式、入队仪式、入团仪式、入党仪式、颁奖典礼、毕业典礼等，赓续红色血脉，传承使命担当。四是上好校园红色文化体验课。中小学师生走进辽宁对外经贸学院校史室、模拟法庭等专业课堂，共同开展"走进大学观樱花""参观大学红色教育景点"研学旅行，"行走的课堂"践行了红色文化

---

❶ 习近平：走出一条建设中国特色世界一流大学新路［EB/OL］.（2022-04-25）［2023-09-20］. http：//www.qstheory.cn/zhuanqu/2022-04/25/c_1128595762.htm.

的理想信念、时代责任；同时开展大学生走进中小学爱国主义教育的校园打卡地，增强大中小学生的情感认同。通过丰富真实的红色文化体验，把学习教育成效内化为理想信念和爱校爱国行动。五是上好学科浸润课。辽宁对外经贸学院有计划长期开展对中小学的美育滋养、外语熏陶、心理护航、体育引动等浸润行动。小学曾携手大学联合举行"牵手高校　音乐课程体验"活动，在小学举行"大中小学生美术创意作品展"，居家线上教学期间，高校专家通过线上形式为附属小学分享了"传统手工艺制作——创意剪纸"课程，拓展了大中小学生思政课建设的空间形态。六是上好地方史课。将《旅顺记忆》《永矢不忘》系列地方史教材纳入大中小学思政课程体系中，开展地方红色资源融入大中小学思政课的教学活动，树立家国情怀。

2. 搭建师训平台，思政队伍发展一体化

大连旅顺经济开发区中心小学、大连市第五十八中学已成为辽宁对外经贸学院的附属学校，依托大学思政部师资资源，开展对中小学思政队伍的专业培训，大中小学建立科研一体化机制，形成具有专业特色的各学段思政学科课题组，定期开展课题研究成果交流汇报，大学给予中小学科研经费扶持、提炼成果指导；开设"学术讲堂"，大学教师为中小学师生开展心理健康等讲座，同时，中小学的领导、教师代表多次参加大学学术交流，聆听院士、博士的讲座。

3. 搭建活动平台，"大思政"实践活动一体化

自 2018 年以来，小学与辽宁对外经贸学院开展了"大手拉小手　一起共成长"大学生志愿者服务基地项目，大学生志愿者进校园参与附属小学英语、心理健康等多学科课程实践体验活动；中小学师生参加大学校园文化艺术节，辽宁对外经贸学院的大学生们在科技节走进中小学班级，为同学们讲解神奇的科学原理，小学举办的建校十周年庆典上，大中小学生欢聚一堂，共同参加庆典演出活动，共谋教育发展；特别是 2021 年恰逢中国共产党建党百年之际，大学生志愿者到中小学讲"四史"、讲英雄故事，与小学生共同开展"党史天天读""红歌天天唱"的全校巡演活动，在学雷锋纪念日之际，大中小学生联手开展了"大手拉小手，一起学雷锋"系列活动：远程参观雷锋班、雷锋连荣誉室，聆听雷锋故事，大中小学生与雷锋连战士交流互动，共同开展

了"佩戴红领巾""播放雷锋纪录片"等活动,激励大中小学生争当一颗对社会有用的"螺丝钉",让雷锋精神永放光芒。"演唱+演讲+故事"的思政模式,推动了大中小学生在实践场景下实现"知、情、意、行"有机统一。

案例六:甘肃省敦煌市北街小学德育创新实践探索

甘肃省敦煌市北街小学成立于2012年8月,现有学生1191人,在编专任教师72人。建校以来,学校以"面向全体、立德树人、特色兴校、和谐发展"为办学理念,以"文化立校、特色兴校、质量强校"为办学思路,始终秉持教书育人、德育为先的教育宗旨,构建了以"立德于心,成德于行"为目标的德育养成评价体系,先后荣获敦煌市"德育工作先进单位""甘肃省优秀少先队大队"等荣誉,学校德育工作稳中有进。

(一)坚持党的领导,德育工作更有高度

一是突出党建引领。习近平总书记强调,加强党对教育工作的全面领导,是办好教育的根本保证。学校坚持以习近平新时代中国特色社会主义思想为科学指引,深入学习贯彻党的二十大精神,深入学习贯彻全国教育大会精神,通过学习,统一思想,提高认识,坚定政治立场和方向,不断加强校党支部对学校德育工作的全方位领导,把德育工作融入思想道德教育、文化知识教育、社会实践教育各环节。注重找准党建和教育发展的结合点,积极开展"双培养"活动。一方面把在教育教学中成绩突出、具有强烈爱国主义情怀、思想要求进步的青年教师培养成党员发展对象;另一方面把党员培养成学校优秀的人才,由此推动党员队伍结构优化与整体素质提高。

二是突出党员示范带动。为了充分发挥党员的引领作用,学校组建党员先锋队,设立党员管理先锋岗、教学先锋岗、服务先锋岗,认领了党员责任区。学校实施"党员名师计划",挂牌名师工作室,把德能兼备的党员请进工作室,充分发挥党员名师的示范、辐射和指导作用。实施"三联一帮带"工程。党员教师深入班级管理,了解学情跟踪指导;与帮扶教师探讨教育问题,提出指导性建议;主动关心贫困学生的生活和学习,有针对性地进行辅导帮助。通过上述活动,党员在各自的工作岗位上率先垂范,对学校的管理、教

育教学和服务等工作起到了重要的推进作用。

此外，在开足开齐思政课的同时，进一步健全党支部书记、校长带头上思政课、抓思政工作机制。做到教学体系、教材体系、管理体系围绕德育目标来设计，教师围绕德育目标来教，学生围绕德育目标来学，建立学校思政教师中心教研组，市级思政名师工作室，培养认定市级思政课骨干教师，助推课堂教学质量提升。

（二）锚定师德师风，建设水平更有厚度

一是凝心聚魂，突出政治标准。教师是立教之本、兴教之源。学校不断健全教师定期理论学习制度，并通过多种形式深入开展思想政治教育，坚持不懈用习近平新时代中国特色社会主义思想凝心铸魂，引导教师坚定做先进思想的传播者、党执政的坚定支持者，大力弘扬教育家精神，着力打造师德高尚、业务精湛、结构合理、充满活力的高素质专业化教师队伍。

二是从严管理，明确标准底线。严格规范教师执教行为，不断完善师德师风管理制度，把良好师德师风作为教师职称评定、职务评聘的先决条件，融师德师风教育于法律约束之中。通过常态化开展师德师风培训以及"我最喜爱的好老师"评选等活动，将师德教育寓于主题活动之中，教师的奉献意识不断增强，底线意识和道德情操进一步提升。

三是强基固本，拓展实践路径。通过健全班主任管理、培训、考核、评价制度，做到考核全面、过程客观、结果公正，促进班主任能力素质提升。通过"走出去，请进来"的方式，选派班主任外出参加培训，引进优秀德育教育工作理念，使老师们的视野更开阔，知识技能、管理能力和综合素质得到全面提升。

（三）坚持五育并举，德育工作更有广度

一是爱国主义教育与规范养成并行。通过常态化开展主题班队会、手抄报、"爱我中华"朗诵比赛、观看红色影片、讲爱国英雄故事等形式，深挖爱国主义教育资源、丰富教育形式，纵深推进爱国主义教育。聚焦仪表、卫生、家庭和公共场所等方面，每月确定一个主题，每月组织开展一次养成教育主

题推广活动,通过学《守则》、用《规范》主题班会,做新时代文明小少年倡议等活动,结合学生实际,积极探索创立了《敦煌市北街小学学生习惯养成八步曲及起床八步曲》实施办法,以班级为单位,日日有评比、周周有评星,多举并措,促进了学生的习惯养成。

二是心理健康和感恩教育并举。学校高度重视心理健康教育,设立首个敦煌市校园心理辅导站,常态化组织开展心理健康辅导。低年级侧重养成习惯的咨询,中年级侧重学习方法的指导,高年级侧重自尊自爱的引导以及青春期教育。学校结合感恩教育,以"我为妈妈洗一次脚""感谢您,老师""祖国,生日快乐"等活动,把心理健康教育贯穿在学校教育教学活动的各个方面,有效促进了学生心理健康的发展。

三是劳动教育与社会实践并进。学校面向学生的全面发展,积极开展劳动教育及研学、做家务、学雷锋等实践活动,深化德育效果。学校开辟劳动教育基地,每班一小块"承包田",学生种植花草,开展劳动技能考核,一、二年级以整理书包、穿衣、戴红领巾为主,中高年级以扫教室、打扫院子、拖地为主,树立劳动意识,使学生在活动中受到品德教育。学校联合敦煌研究院,开设"莫高讲堂",教育引导学生学习敦煌文化,传承莫高精神。依托敦煌研究院"小小讲解员"志愿服务培训基地,组建学校"小小讲解员"志愿服务队,定期组织前往莫高窟进行实地讲解实践。充分利用敦煌历史文化资源,组织全校师生开展参观寻访、探寻敦煌文化研学路等教育实践活动,不断提升学生文化素养,增强学校德育工作的实效性。

四是环境教育与安全教育并重。为深入践行习总书记"两山"理念,增强学生环保意识,学校开展"我为校园添绿色"、"争当环保小卫士"和"三节"等教育活动,引导学生保护环境、节约资源。除经常性开展劳动、环保等主题教育外,始终把加强安全教育放在首位。制定各类预案制度、签订责任书,落实教师执勤、保安值班等制度,邀请消防、司法等人员进校园,通过专题讲座、宣传标语、应急演练等让安全教育扎根于学生心中,帮助学生做自身安全的第一责任人。

(四)凸显校园文化,氛围营造更有温度

一是坚持人文环境育人。学校重视学生思想品德养成教育,通过校园文

化墙宣传办学理念、办学宗旨、办学目标、校训校风。利用现有空间开设舞蹈室、音乐教室、数码钢琴教室、美术室、图书室、阅览室、多功能教室、梦想教室等功能室，开设文化橱窗，学生优秀作品上墙，浓厚校园文化处处滋润学生。

二是坚持特色文化育人。学校建有德育阵地"游艺廊"，以中国传统"六艺""礼、乐、射、御、书、数"为内容，丰富德育教育阵地。从文艺活动、诗歌朗诵、书画比赛、体育竞赛、科技创新等全方位陶冶情操，开发阳光大课间活动，锻炼意志品质。创设城市小学与青少年活动中心相融合办学模式，开设经典诵读、十字绣、舞蹈等特色社团，开展"让阅读成为习惯，让书香溢满校园"读书活动，举办读书竞赛、读书成果展、汉字听写大赛等，彰显特色、提升素养。

三是坚持红色文化育人。学校充分利用敦煌文化及周边红色资源，组织全校师生开展丰富多彩的活动，让红色基因深深扎根学生内心。每逢清明、建党节、国庆节等重大节日，学校组织党员干部开展系列纪念革命英烈活动与主题实践体验活动，如扫墓、敬献花圈等悼念活动，参观寻访、探寻红色研学路等教育实践活动。在活动中让师生见证伟大成就、聆听奋斗故事、讲述身边发展，在活动中洗礼党员的心灵，坚定党员为共产主义事业而奋斗的信念。同时校园内通过教学楼门厅、楼道、院墙、红色之声广播站等形式营造校园红色文化氛围，吟烈士诗篇、讲革命故事，播红色歌曲、看红色电影已成为学校传承红色基因的常态做法。

四是坚持制度文化育人。学校积极构建"管理育人、教育育人、服务育人、全员育人、全程育人"的德育机制，营造互相信任、互相支持、宽松和谐的人文环境。例如，完善"立德于心，成德于行"的德育养成评价体系，建立学生评价制度，对学生的思想道德、行为规范、心理健康等方面进行综合评价，评价结果及时反馈给学生家长，帮助其了解学生的发展状况和存在的问题。

此外，坚持网络文化育人。围绕"互联网+教育"，不断强化线上数字资源应用，充分利用校园广播、微信公众号、视频号、微信群等进行浸染式教育，让学生在潜移默化中接受理想信念教育和文化熏陶，养成良好的行为习惯。

（五）坚持校、家、社联动，协同育人

学校、家庭与社会协同育人是促进学生全面发展、健康成长的必然要求。学校坚持协同育人理念扎实推动德育工作。一是加强家校沟通。建立家长参与制度，发挥家长委员会的作用，加强与家长的沟通和合作，请家长参与学校德育工作，共同促进学生的健康成长。定期举办家长会，及时向家长反馈学生情况。定期邀请专家学者为家长举办家庭教育讲座，提高家长对德育的重视程度和家庭教育能力，为家庭教育与学校教育更好地配合奠定基础。二是注重挖掘社会资源。例如，依托莫高窟"小小讲解员"志愿服务培训基地，组建学校"小小讲解员"志愿服务队，累计培训小小讲解员300余名。此外，学校注重与社会机构合作，共同举办德育活动，开展德育讲座、志愿服务、公益活动等，为学生提供更广阔的德育平台。

案例七：中国人民大学附属中学一体化教研促进思政课教师专业成长的实践探索[*]

中国人民大学附属中学政治教研组在大中小学思政课一体化建设背景下，以海淀区政治学科教研基地为依托，积极参与"海淀区学科建设2.0行动"，成功申报"大中小学思政课教学一体化实践改进和教师研修课程研发实施"项目。在海淀区的指导和学校的支持下，借助国家教材"大中小学德育一体化教材研究"重点研究基地、海淀区"大中小学思政课一体化教研组"的力量，聚焦学习方式改进研究，促进学科团队成长，积累了一定经验。

（一）建章立制，加强顶层设计

学校高度重视思政课建设。领导班子围绕学习习近平总书记在学校思想政治理论课教师座谈会上的重要讲话、思政课教师队伍建设、思政课教学工作等相关主题，定期召开专题会议；完善相关制度，校领导定期走进思政课堂，参与听课评课、教学研讨、评价分析等教研组或备课组活动；坚持党建

---

[*] 原文发表于《北京教育（普教版）》2022年第6期。

引领，关心教师思想动态，定期联系思政课教师，了解思政课建设和教学落实情况。教研组立足大中小学循序渐进、螺旋上升地开设思政课的整体规划，着力在集体备课、校本课程开发、教师专业发展、经验交流等领域完善制度建设，切实增强思政课的思想性、理论性、亲和力和针对性。

（二）组建项目团队，以研究促进成长

在大中小学思政课一体化建设的思路引领下，教研组与清华大学、中国人民大学、北京师范大学等高校的相关专家建立了合作关系，既"引进来"，邀请高校教师到中学示范、指导、交流；也"走出去"，组织教师到高校开展现场观摩、集体备课活动。高校教师以其深厚的学术积累对课程建设提出建议，并定期举行学术讲座，在学科领域内对教学进行更为深入的指导。

结合小初高各学段的教学内容以及时政热点话题，选取"建党百年""十九届六中全会""新发展理念"等主题，定期组织一体化研究课。邀请小学、大学教师与本组教师共同组成项目微团队，对教学内容、教学方式、评价方式、资源支撑等方面进行研讨，将专家指导和同伴互助相结合，开展校本教研。

例如，在与中国人民大学马克思主义学院教师共同设计的以"脱贫攻坚"为主题的一体化教学案例中，初中教师杨颖晨针对学生的认知特点，选取国家电网"户户通电"这一典型案例，通过文字、图片、视频、图表等各种形式展现故事细节，以小见大，由点及面，将以理服人和以情动人相结合，将事理阐述和情感体验相结合，情理交融，增强了学生的政治认同，增强了"四个自信"，使学生更加发自内心地热爱党、拥护党、跟党走。

在项目推进过程中，教研组通过研究交流、听课评课、专家讲座、参观学习等活动，引导教师深入理解学科课程标准及相关要求，探索符合学生认知规律的教学方式，在研究中提高教师的课程理解能力、教学实施能力，以研究促进成长。

（三）创新教与学方式，探索有效教学策略

教研组引导教师落实《关于深化新时代学校思想政治理论课改革创新的

若干意见》《北京市大中小幼一体化德育体系建设指导纲要》等文件精神，将研究成果运用在教学实践中，针对不同学段的特点，创新教与学方式，有理有据有趣地讲好中国故事，不断提升育人品质。

着力落实"大思政课"，坚持理论性和实践性相统一，把学科理论观点的阐释寓于社会实践活动之中。鼓励学生关注时事热点问题，查阅资料、开展社会调查、进行合作探究，同时，教师精心设计与课堂教学相辅相成的经济类、政治类、文化类系列社会实践活动，引导学生投入社会实践中，在活动中激发学生兴趣，帮助学生在社会大课堂里获得知识，不断成长，感受青年学生的使命与担当。

案例八：辽宁省大连市普通高中创新实践学校整体推进思政教育一体化建设的实践探索

辽宁省大连市普通高中创新实践学校隶属于大连市教育局，是集思政教育、党史教育、传统文化、劳动教育于一体的创新实践学校，以"突出创新、立足实践、挖掘潜能、发展个性"为办学理念，以培养学生的创新精神、技术素养、实践能力和劳动精神为目标。在大连市教育局的统筹安排部署下，大连市25所公办高中高二年级学生来到学校进行为期一周的创新实践学习，学生根据自己的兴趣爱好，在16门专业学科中自主选择1门进行学习，为普通高中的创新人才培养及高中生的职业意识、人生规划等方面进行有效补充，共同促进学生全面而富有个性地发展。

为贯彻落实中共中央办公厅、国务院办公厅印发的《关于深化新时代学校思想政治理论课改革创新的若干意见》，大连市普通高中创新实践学校在为党育人、为国育才的高度，经过多年的研究实践，深入挖掘各类课程和教育教学方式中蕴含的思想政治教育资源，有效破解专业教育和思政教育的"两张皮"，全面构建了"三维四向"思政教育体系，建立了长效机制，把思想政治工作贯穿于教育教学全过程，努力将学生培养成德智体美劳全面发展的社会主义建设者和接班人，实现普通高中育人和育才的有机统一。学校先后被评为"大连市中小学思政教育一体化建设基地""思政一体化联盟单位""大连市课程思政示范学校"等，被大连市文化和旅游局、大连市公共文化服务中心授予"大连市非物质文化遗产——普兰店葫芦刻画手工技艺传习所",对普通高中思政教育的开展也起到了示范、引领与辐射作用。

(一)完善制度,整体规划

1. 确定领导团队和教改团队,完善组织建设

为更好地开展思政教育工作,精准定位,全局推进,学校成立以书记兼校长为第一责任人、组长,副校长为副组长,德育主任、教学主任和科研主任为主要落实负责人的领导小组,全面领导思政教育一体化建设工作,对思政教育一体化建设工作进行整体规划,明确各部门职责分工,制订工作方案、教师培训方案、名师工作室建设方案等。下设工作组,副校长担任组长,德育主任、教学主任、科研主任和16个模块块长为工作组成员,具体负责各学科思政课程开发、教学资源建设、制定各学科主题思政活动计划并具体落实、思政课程评价、思政课题研究和跨学科教学研究等。

成立教改团队,包括专家指导团队、校外联盟团队、名师工作室团队、课程研发团队和党史讲解团队。一是成立专家指导团队,成员包括大连教育学院思政一体化建设中心负责人、高中研训中心主任、思政学科教研员、非遗传承人、高校专业教授等,对课程思政改革工作进行全面指导,对课程思政内容进行严格把关;二是成立校外联盟团队,与大连市文化馆(大连市非物质文化遗产保护中心)、西岗区香炉礁街道、大连理工大学、辽宁师范大学、大连农业科学研究所等单位建立合作关系,对红色教育资源、非遗项目进行挖掘,实现思政教育资源共建共享;三是成立名师工作室团队,以1个市级名师工作室为引领,成立6个校级名师工作室,开展跨学科思政教育研究、课程研发、文化建设、资源开发等,切实发挥示范引领作用;四是成立课程研发团队,开展跨学科思政教育研究、课程研发、文化建设、资源开发等;五是成立党史讲解团队,10多名党员教师以党史教育长廊为载体讲好党史、新中国史、改革开放史、社会主义发展史,讲好在建党百年历程中涌现出的优秀革命故事、英烈故事、工匠劳模故事等。

2. 完善组织机制和管理制度,提供有力保障

一方面,学校制定了《大连市普通高中创新实践学校思政教育一体化建

设工作方案》，对指导思想、建设目标、组织机构、主要内容、主要任务、实施保障和工作要求共七个方面的工作进行了整体规划，指导工作实施。另一方面，建立了课程思政教学评一体化机制、教师奖惩机制、经费保障机制，对教师备课、上课、评价、教研等活动进行制度化规范管理，并将教师参与课程思政情况和教学效果作为教师考核评价、岗位聘用、评奖评优、选拔培训的重要内容，强化制度保障，加强条件支持，形成全校全员共同关注、重视、推动思政教育一体化建设的良好局面。

（二）构建实施"三维四向"思政教育体系

大连市普通高中创新实践学校将思政教育与日常教学紧密融合，深挖学科思政属性，加强课程思政，全面构建了"三维四向"思政教育体系，"三维"即从课程思政、主题思政、文化思政三个维度出发，"四向"即向培养劳动素养、传承红色基因、建设科技强国、弘扬优秀传统文化四个方向全面开始思政教育一体化建设，形成了以16个专业模块思政教育课程为主体，以红色党史教育为亮点，以思政主题活动为特色的"三维四向"思政教育体系。

1. 依托专业模块建设思政教育课程体系

学校构建了以16个专业模块思政教育课程为主体，以红色党史教育和励志教育为特色的思想政治教育课程体系，覆盖学科包括智能控制技术、服装设计、视觉艺术、现代家政、现代农业、影视创作、化学、物理、生物、汽车、建筑、拓展、机械、传统工艺、机器人、播音主持共计16个学科领域，学生们通过动手实践和创新学习，可体验超100种职业，全面培养学生的思想政治素养、劳动素养、科学素养、技术素养和职业素养。

学校设计开发了弘扬优秀传统文化、建设科技强国、培养劳动素养、传承红色基因四个方向的思政课程100余节，以大单元、大项目的理念开发思政教育教学项目，渗透劳动教育和职业体验，研发具有实际应用价值的项目作为教学内容的载体，将理论知识与真实世界建立联系，让学生体验项目设计的全过程，培养学生的跨界能力和创新实践能力，解决教材偏理论的问题，建立教学项目课程群。

2. 面向师生，建设"双向联动"思政教育主题活动体系

建设了"双向联动"思政教育主题活动体系，即面向教师和面向学生同时开展丰富多彩的思政主题活动。

面向学生的有思政活动周、科普教育、特色德育项目体验三大类，其中思政活动周包括"建党100周年海报设计"、"强国有我"课本剧、我的"中国芯"、"蛟龙探海——水下机器人"、"中国桥梁"、"中国新能源汽车"、"法医学中的DNA性别鉴定"、"人类ABO血型鉴定"、"汉服和中华传统服饰"等10余项主题活动，科普教育包括垃圾分类和近视防控课堂等，特色德育项目体验包括14个团队挑战项目和3项个人类挑战项目。面向教师的思政主题活动分为思政主题培训和思政教改研究活动两大类，包括课题立项研究、名师工作室建设、教师创新设计大赛、精品课大赛、读书分享会、教师论坛、跨模块学习等，为广大教师提供学习、交流、展示的平台。

3. 坚持"五导向"原则，开发思政教育教学资源

学校确定了"五导向"思政教育课程开发原则，即"突出创新、立足实践、挖掘潜能、发展个性、面向未来"，持续开发思政教育教学资源1000余个，包括思政教育教学项目的配套课件、教学设计、微课、数字资源等。整合编写并出版了校本教材4本，分别为《设计与制作（上）》《设计与制作（下）》《教学设计（上）》《教学设计（下）》；建立微课资源库，收录微课资源500余个，并上传至网络教学资源库，为学生的自主学习和教学资源共享搭建了平台；研发网上选课平台，为学生按照自身兴趣和发展特点自由选择课程提供平台；开通微信公众平台，将课程表、周工作计划、学生作品、运行方案、教学活动等信息在平台发布，实现教学管理信息化和无纸化办公。

4. 打造党史红色教育基地，传承红色基因

学校面向大连市近万名高中学生开设党史学习教育公共课，以党史教育长廊为载体，加强爱国主义教育、思想道德教育，把红色基因传承好，激发和提升师生的民族自豪感、认同感和归属感，确保红色江山永不变色，同时也成为街道、社区、政府、教育系统、高校党员队伍的党史红色教育基地。其中，学校与辽宁师范大学生命科学学院、大连理工大学建筑艺术学院、香

炉礁街道、工人村社区建立长期合作关系，签订《建立红色教育实践基地协议书》，每学期为教师、在校学生、党员、工作人员等提供一次红色教育，进一步扩大对外辐射作用。

5. 开设传统文化系列课程，弘扬优秀传统文化

学校以非物质文化遗产进校园作为继承和弘扬传统文化的重要抓手，建设传统文化教室，开设传统文化系列课程，包括普兰店葫芦刻画、中山区剪纸、辽南刺绣、篆刻、贝雕、陶艺等20余个非遗项目，通过体验汉服制作、扎染、制作传统花饽饽、中国茶艺、中国纸艺、舞龙、中国古建筑赏析等中国传统项目，让优秀传统文化进校园、进课堂、进头脑，以中华优秀传统文化涵养民族精神的根本，铸造校园文化的灵魂，让学生"知非遗""爱非遗""传·承·创·新"，培养传承技艺的能力，增强文化自信，培育工匠和劳模精神。

6. 开展思政教育文化建设，发挥文化育人功能

为充分发挥文化育人的作用，学校全力开展思政教育文化建设，其一是在教室文化建设中引入党史、传统文化思政元素；其二是打造红色校园文化，建设党史教育长廊，建设传统文化走廊，让师生从红色精神资源和传统文化中汲取积极的人生素养，培养爱国情怀。

案例九：河北省衡水科技工程学校（衡水技师学校）构建"三全育人"格局的实践探索

河北省衡水科技工程学校（衡水技师学校）成立于2011年4月，是衡水市委、市政府整合市直7所公办中专和市财政局直属的财税干校共同组建的市属国办综合性中等职业学校，实行一校两牌双规运行，属财政基本保证单位。学校坚持"厚德善技　知行合一"的办学理念，对接京津冀一体化产业布局，开设了7大类28个专业，其中11个省级骨干特色专业。办学层次涵盖三大产业，设有预备技师班、3+2大专班、3+2中高技连读班、成教大专班、普通中专班、中高级技工班等。深入推进企业新型学徒制改革，与瑞丰动力、斑马汽车、京华焊管实施"订单招生、冠名培养"，建有高标准实训室113个，是衡水市首批标准化工程达标院校。学校是国家级优质技工院校建设单

位，人社部工学一体化试点院校、中德先进职业教育（SGAVE）合作项目首批试点院校、省级质量提升工程名牌学校。先后荣获"全国教育系统先进集体""全国职业教育先进单位""全国职工教育职业培训先进集体"等30多项省级以上荣誉。

学校以习近平新时代中国特色社会主义思想为指导，深入学习贯彻党的二十大精神，坚持党对教育事业的全面领导，认真落实党委领导下的校长负责制，明确党委议事规则与校长办公会工作机制。结合职业教育特色，针对学生身心发展特点，逐步构建了"六导师联合、四阶段衔接、十平台系统"培养的"6410三全育人"体系，形成了以高质量党建引领学校高质量发展的新局面，思想政治教育工作取得了一定成效。

（一）党建引领，高位统筹思政教育工作

学校坚持以习近平新时代中国特色社会主义思想为指引，遵循"为党育人、为国育才"总要求，落实立德树人根本任务，加强党建引领，坚持德育为先，在推动知识传授、能力培养与理想信念、价值理念、道德观念的教育有机结合方面下真功夫。遵循思想政治工作规律、技术技能人才成才规律，把握学生思想特点和发展需求，努力推动思想政治教育与技术技能培养融合统一，践行培育劳模精神、劳动精神、工匠精神。扎实推进习近平新时代中国特色社会主义思想进教材、进课堂、进头脑，自上而下全面贯彻党的教育方针，构建了全员协同、全程覆盖、全方位渗透的"三全育人"思政教育一体化育人机制。

1. 加强党对思政教育的全面领导

学校认真贯彻落实党组织领导的校长负责制，发挥学校党组织领导核心和政治核心作用，履行德育和思想政治工作领导职责和主体责任。书记、校长作为德育工作、思想政治课建设第一责任人，带头推动思想政治课建设、带头联系思想政治课教师、带头走进思政课堂，每学期至少为学生上一次思想政治课或形势政策课。学校领导班子每学期都召开德育或思想政治课建设专题研究会议，学校研究制定了《关于强化立德树人推进课程思政的实施办法》《意识形态工作责任制清单》等制度。2022年4月，学校思政课教师研修基

地应运而生，在教育教学方面严格监管思政课和课程思政，高度重视发挥思政课育人功效，积极推进思想政治理论课改革创新，牢牢把握课堂主阵地，推进课程思政改革和"大思政"建设。充分依靠共青团、妇联、关工委、社区以及各种社会团体，协同推进加强学校党建工作，以高质量党建引领提升学校思政工作质量。进一步完善学校内部治理体系、人才培养体系，将"三全育人"综合改革纳入学校各项事业发展规划、年度工作计划和人才培养方案，贯穿学校党的建设全过程，实现全员全过程全方位育人。

2. 加强党的基层党组织建设

建好建强学校基层党组织，将党支部建在系部。选用政治素质高、业务能力强的骨干党员担任二级专业系部党支部书记，充分发挥党支部战斗堡垒和党员先锋模范作用。强化党组织政治功能，建立党组织统一领导、党政齐抓共管、多方协调互动、育人主体各司其职的全方位育人组织体系、制度体系、责任体系。注重德育工作管理人员、班主任的选聘和培养培训，建设了一支政治强、情怀深、思维新、视野广、自律严、人格正的德育工作队伍。

3. 加强党建带团建工作

学校党委高度重视、积极指导共青团建设，党委委员定期给学生讲党课，带领广大青年学习百年党史和党的二十大精神，传承红色基因，赓续红色血脉。遵循"党旗所指团旗所向，党有号召团有行动"的要求，引领团员青年树牢共产主义远大理想和中国特色社会主义共同理想。结合学生思想和行为特点，深入学习宣传习近平新时代中国特色社会主义思想，推动习近平新时代中国特色社会主义思想进教材、进课堂、进头脑。在团员中开展主题教育，举办"学党史 知党情 感党恩 跟党走"系列活动，引导青年学生向上向善、全心向党。围绕"我和我的祖国""新时代 新作为"等主题开展演讲、征文、辩论等竞赛活动，深化青年学生对习近平新时代中国特色社会主义思想的认知理解，把握主要内容和思想精髓，实现内化于心、外见于行。

4. 加强思政教育制度建设

为弘扬和践行社会主义核心价值观，畅通学生思想政治教育和职业道德教育渠道，培育劳模精神、劳动精神、工匠精神，优化传授科学文化与专业知识、培养技术技能、进行职业指导、全面提高学生素质的路径，学校制定出台了《衡水科技工程学校衡水技师学院关于全校思想政治理论课教学改革创新的指导意见》《衡水科技工程学校全面推进"大思政课"建设的工作方案》《衡水科技工程学校课程思政优秀案例评选方案》等一系列保障制度，对思政教育进行整体规划，统筹推进。

（二）师资优先，重点打造三支核心团队

1. 加强思政创新团队建设，促大思政课同向同行

书记、校长亲自挂帅组建思政课创新团队领导小组，思政教研室负责创新团队相关成员的协调管理，保障创新团队成员及时参加研究活动，科研处为团队提供开展研究活动的条件与环境。以"创新驱动、产教融合、共建共享、服务社会"为理念，建成了一支"校企混编、专兼结合"的思政教师教学创新团队。整个团队呈梯队型模式，知识结构合理，年龄跨越老中青。

思政课创新团队围绕"研、讲、教、学"四个维度，以落实立德树人为根本任务，以培养德智体美劳全面发展的社会主义建设者和接班人为使命，抓住教师队伍"主力军"、课程建设"主战场"、课堂教学"主渠道"，着力开展建设。一是着力新思想武装头脑。例如，深入学习贯彻习近平总书记关于职业教育的批示、重要论述以及思政课座谈会等讲话精神。二是着力教育教学能力提升。通过"请进来、走出去"广泛开展培训交流和教研活动，举办竞赛、公开课、观摩课，丰富数字化教学资源，强化思政课信息化、现代化教学手段等多种形式提高思政课教师的教育教学能力。三是着力一体化备课机制建设。实行思政课教师集体备课制度，全面提升教研水平。遴选学科带头人担任各门课集体备课牵头人，学校领导干部积极支持和主动参与。此外，重视思政课教师培训及科研能力提升。围绕思政课教师政治素养提升、新时代职业院校思想政治教育的创新与思考等主题开展教师培训。依托"职业学校思政教学的创新路径与方法"等课题研究，提升教师的科研能力。

2. 加强班主任工作室建设，促思政教育与班级建设结合

工作室的顶层设计由校内专家组和政策解读组构成。校内专家组由学校党委书记、校长、主管思政工作副校长组成，政策解读组由学校学生处主任

及八个系部学管主任组成。以科学的顶层设计和专业的思政指导保障育人理念先进性，促进思政教育做深做实。工作室的核心力量由主持人、赛事策划组和日常事务组构成，主持人负责开展班级管理、牵头开展思政教育科研和搭建班主任交流平台围绕工作室课题开展相关研讨、培训、指导等活动；赛事策划组由学校3名省班主任基本功大赛专家库人员组成，负责校级班主任业务能力策划、赛事安排、选手指导等工作；日常事务组负责工作室公众号维护及主题课件制作工作。通过工作室建设，促进骨干班主任快速成长。

3. 加强大师工作室建设，促思政教育与匠心技能培养结合

学校建有邢贵宁技能大师工作室（以下简称大师工作室）和白领仪"双师型"名师工作室。两个工作室作为省级工作室引导学生"德技兼修"，以劳动精神和工匠精神的塑造，激励学生精学细研专业技能，致力于加快培养一批青年高技能人才骨干，建立高技能人才技术技能创新和绝技绝活的传承机制，并将技术技能革新成果和绝技绝活加以推广。工作室的建设，发挥了工作室工匠精神培育和工匠人才培养的示范引领作用，诠释了劳模精神、工匠精神，促进了学生的思想政治教育和职业道德教育。

（三）全员、全程、全方位协同育人

学校坚持守正与创新相统一，问题导向和目标导向齐同步，以培育和践行社会主义核心价值观为统领，"家校社企朋"五位一体，不断推进"三全育人"体系改革。在实践中，突出全员协同、全过程覆盖、全方位渗透，构建了"六导师联合、四阶段衔接、十平台系统"培养的"6410三全育人"体系。这里的"十平台"主要包括专业课堂、技能赛场、党团讲堂、班主任工作室、大师工作室、名师工作室、心理咨询室、社团练场、文体广场和基地等方面。

1. 坚持全员育人

学校领导、中层干部、任课老师都确定为学生的人生"导师"，直接包联服务学生，根据学校教职员工、家委会成员和企业师傅的特点、专长，对学生实行"六导师联合培育"（党政导师、学管导师、思政导师、专业导师、社企导师、就业导师）。其中，党政导师主要由党政干部、任课老师、专家学

者、社会名人、优秀家长等担任。导师主要导引学生的思想、生活、学习、心理、情绪和困难，弥补了班主任单一管理体制的不足。从学生进校门到毕业，从每个学期开学到结束，从双休日到寒暑假，都有导师的思想政治教育贯穿始终。导师每学期组织团队活动，通过聚餐、郊游、远足等多种形式增进师生交流和朋辈学习。导师与所指导的学生建立的是相互尊重、彼此平等、相互了解、亦师亦友的关系。导师注重与家长的交流，定期家访特别是对重点学生家访，开展科学有效的家庭教育指导。团建提供了学生朋辈间学习、进步、成长的机会和空间，织就了"家校社企朋"协同育人的网络。

2. 坚持全程育人

全过程育人贯通入学前、在校中、实习期、毕业后等教育教学各环节，实现了四阶段梯次培养。一是入学前"引航"。通过家校融通，将校园文化和职教特征传递给学生及家长，对家庭基本情况做了初步了解，实现了育人工作前置化。二是在校中"导航"。通过开学安全第一课、破冰主题班会、国防教育、励志讲座等形式，开展理想信念教育，学习方法和兴趣培养，校园生活与健康成长，工匠精神、劳模精神等劳动教育。把价值观塑造、知识传授和能力培养紧密结合，大力开展职业规划教育和发展指导。三是实习期"护航"。加强校企合作，深入产教融合，护航学生由"学生人"到"职业人"的转变，培养爱岗敬业职业素养。四是毕业后"远航"。拓宽学生就业渠道，塑造适应社会、创造未来的可持续发展能力，提升学生择业和胜职水平。

3. 坚持全方位育人

学校按照规定开足开齐开好思想政治必修课程，并紧扣时事政策变化，以"思政课"为主干，其他课程为拓展，构建适合职教学生的思想政治理论课课程体系，提高学生政治认同、职业精神、法治意识、健全人格、公共参与五项核心素养。学校在加强思政课程建设体系的同时，不断拓展育人载体。

（1）"三融入"加强专业课课程思政。

一是修订课程教学大纲，融入思政元素。新教学大纲确立了价值塑造、能力培养、知识传授"三位一体"的课程目标，并结合课程教学内容实际，明确思想政治教育的融入点、教学方法和载体途径，评价德育渗透的教学成效，注重思政教育与专业教育的有机衔接和融合。二是修订课程教学课件，融入思政案例。根据修订的教学大纲制作体现课程思政特点的新课件（新教案），增加专业知识对学生的启迪和感悟环节，开展课程思政改革中的典型案例均含视频、照片、文字等多种素材。三是修订课程思政评价体系，融入匠心劳动内容。将课程思政理念有机融入人才培养方案，建立课程思政教学效果评价体系，在听课记录中体现课程思政内容，在"学评教"体系中体现育人评价元素，完善"学评德"体系，使德育元素成为"学评教"重要内容。开展示范观摩听课，重点对融入课程课堂教学的思政教育元素进行把脉。

（2）多元社团活动推动思政浸润。

学校紧扣时代主题，把握职教特色，依托社团阵地开展思政教育工作，形成了思政浸润常态化模式，即：以思政社团为引领，启智润心筑牢思想防线；以文体社团为风帆，修身怡情呵护阳光成长；以专业社团为桨橹，夯实技能促进成人成才；以双创工作为平台，自信展翼助力创新创业；以公益社团为依托，培根铸魂打造德技双馨。大力弘扬中华优秀传统文化，坚持文化素养培育与思想政治教育、专业技术技能培养有机融合，以兴趣为导向、以活动为抓手，持续开展书法进校园、武术进校园、"走进《诗经》"、"传统绳结艺术体验"、"戏曲文化探密"、"非遗文化研学"等特色活动，引领学生增强文化自信，成长为中华优秀传统文化的继承者、弘扬者和传播者。

（3）多彩实践深化思政教育。

突出实践课程的劳动属性，将实践课程有效对接学生志愿服务及社会实践，把思政小课堂同社会大课堂紧密结合。一是强化产教融合工学交替校企协同育人实践。充分挖掘和利用企业思政教育资源，鼓励引导校企共建德育基地。从产教融合型企业和校企合作企业中聘请劳动模范、技术能手、大国工匠、道德模范担任思政导师。不断完善实习实训教育实践基地，注重实习实训过程中的思政融入教育工作，将职业道德、职业精神、工匠精神教育贯穿学生实训实习全过程。二是着力打造"1579科工志愿服务网"，即志愿辐射一家特教学校、五位"三无老人"、七家敬老院和九类公益服务（脱贫攻坚、环境保护、关爱少年儿童、为老服务、阳光助残、卫生健康、应急救援与抗击疫情、节水护水与公益宣传、法律服务与普法宣传）。青年志愿者服务队利用每周固定的党团活动日，分小队开展志愿服务，暑期则依托大中专学生志愿者暑期文化科技卫生"三下乡"社会实践活动。

（4）多主题教育活动促进思政教育。

学校统筹思政课程教学、课程思政融入、主题班会团课等多元课程素材，推进资源共享、问题共研。开展月月有主题、周周有活动、日日有进步的系列活动，通过励志报告会、演讲比赛、读书比赛、征文比赛、艺术节、辩论赛、知识竞赛等活动，切实让学生有所触动、有所激励、有所感悟、有所启示。

此外，用好红色资源、赓续红色血脉、擦亮"红"的底色。开展"升红色国旗坚定红色信仰、唱红色歌曲传承红色文化、讲红色故事领悟红色精神、观红色影片接续红色基因、走红色基地寻访红色足迹、排红色剧本沉浸红色历史"的"六红洗礼"活动，帮助学生筑牢思想根基、厚植爱国情怀，传承红色基因、打好青春底色。

（5）双元共育打通瓶颈。

学校积极推进"家校""校社""校企""校际"等双元共育，实现多维度网格体系构建育人格局。例如，在家校联动方面，调动家长资源的同时，积极开展家长课堂、线上+线下多维家长会等，为家庭教育助力；在校社联动方面，与中国共产党第一个农村支部——中共台城特别支部、衡水市博物馆、烈士陵园等思政教育基地建立联系，定期开展社会实践及思政专题教育活动；在校企联动方面，与实习实训企业达成共识，基于"以立德树人促德技双馨"的联合协同育人理念共同开展大思政教育，将家国情怀、企业文化、职业素养有机结合；在校际联动方面，与新疆尉犁县职教中心开展"手拉手"助学活动等。